AMOR E VONTADE

Dados Internacionais de Catalogação na Publicação (CIP)
(Câmara Brasileira do Livro, SP, Brasil)

May, Rollo
Amor e vontade : Eros e repressão / Rollo May ; tradução de Áurea Brito Weissenberg. – 5. ed. – Petrópolis, RJ : Vozes, 2025.

Título original: Love and will
ISBN 978-85-326-7112-7

1. Psicologia 2. Amor 3. Sexo (Psicologia) 4. Vontade I. Título.

25-267601 CDD-152.41

Índices para catálogo sistemático:
1. Amor : Psicologia 152.41

Cibele Maria Dias – Bibliotecária – CRB-8/9427

ROLLO MAY

AMOR E VONTADE

EROS E REPRESSÃO

Tradução de Áurea Brito Weissenberg

EDITORA VOZES

Petrópolis

Tradução do original em inglês
intitulado *Love and Will.*

Direitos de publicação
em língua portuguesa:
1969, 2025, Editora Vozes Ltda.
Rua Frei Luís, 100
25689-900 Petrópolis, RJ
www.vozes.com.br
Brasil

Diagramação: Guilherme Ayres
Revisão gráfica: Alessandra Karl
Capa: Anna Ferreira Coelho

ISBN 978-85-326-7112-7 (Brasil)
ISBN 978-0-333-3005-2 (Estados Unidos)

Este livro foi composto e impresso pela Editora Vozes Ltda.

Sumário

Parte II – A Vontade

Parte III – Amor e vontade

Prefácio

Haverá quem se surpreenda com a aposição de amor e vontade no título desta obra. É velha convicção minha que os dois são interdependentes, devem andar juntos. São ambos processos conjuntivos do ser – uma busca de influenciar, amoldar, formar e criar a consciência alheia. Mas tal só é interiormente possível se a pessoa se abrir, ao mesmo tempo, à influência do outro. E vontade sem amor torna-se manipulação, conforme a era que precedeu imediatamente a Primeira Guerra Mundial está repleta de exemplos. O amor sem a vontade, nos tempos de hoje, torna-se sentimental e experimental.

Assumo a costumeira responsabilidade – e orgulho – de autor pelas ideias contidas neste livro. Mas nos oito anos em que esteve em processo de elaboração inúmeros amigos leram e discutiram comigo alguns dos capítulos. A estes desejo agradecer: Jerome Bruner, Doris Cole, Robert Lifton, Gardner Murphy, Elinor Roberts, Ernest Sehachtel e o falecido Paul Tillich. Jessica Ryan prestou sua contribuição intuitiva, unida a sugestões práticas, que merecem do autor mais do que gratidão.

Nos longos verões de New Hampshire em que esta obra foi escrita, muitas vezes levantei-me cedo e saí ao pátio de onde se descortina o vale estendendo-se até as montanhas ao norte e a leste, todo prateado sob o nevoeiro que precede a alvorada. Os pássaros, vozes eloquentes num mundo silencioso, já haviam iniciado seu coro de aleluias, aclamando um novo dia. O pardal, acompanhado pelo pintassilgo, cantava com um entusiasmo que quase o fazia cair do alto da macieira. No bosque, o tordo explodia em canções. O pica-pau martelava na faia. Os mergulhões, no lago, emitiam seu torturado lamento, quebrando a demasiada suavidade do conjunto. O sol despontava então acima das montanhas, revelando um New Hampshire incrivelmente verde, transbordante, ao longo do vale, de uma riqueza quase excessiva. As árvores pareciam ter crescido vários centímetros durante a noite e no prado vicejavam milhares de flores.

Eu sentia naquele instante o permanente fluxo e refluxo, o eterno regresso, o nascer, o reproduzir, o morrer e renascer. E compreendia que o ser humano faz parte desse constante movimento, de suas tristezas e alegrias. Não sou diferente de ninguém – exceto na escolha do campo de pesquisa. Foi sempre convicção minha a necessidade de procurar a realidade interior, confiante em que os resultados, os futuros bens, despontarão somente após terem sido semeados pelos valores de nossa história. Neste século XX de transição, quando nos defrontamos com o resultado final da queda de padrões espirituais, creio ser particularmente importante buscar as origens do amor e da vontade.

Rollo May
Holderness
New Hampshire, 1969

1

Introdução

Nosso mundo esquizoide

Cassandra: Apolo foi o vidente que me designou esta tarefa...
Coro: Já estavas absorta nas artes divinas?
Cassandra: Sim, mesmo antes eu já lia os destinos de minha cidade.
Agamemnon, Ésquilo

O mais surpreendente no que respeita ao amor e à vontade nos tempos de hoje é que, enquanto no passado nos eram apresentados como a *solução* dos dilemas, tornaram-se agora *problemas.* É verdade que amor e vontade fazem-se mais difíceis em épocas de transição; e a nossa é de transição radical. Desapareceram os velhos mitos e símbolos pelos quais nos orientávamos, a ansiedade campeia. Agarramo-nos uns aos outros, tentando persuadir-nos de que é amor o que sentimos. Não optamos, pelo temor de escolher uma pessoa ou uma coisa, perdendo assim a outra, demasiado inseguros para assumir o risco. Ruem as emoções e os processos integradores, entre os quais o amor e a vontade são os mais relevantes. O indivíduo é obrigado a interiorizar-se; torna-se obcecado pela nova forma do problema de identidade, ou seja, mesmo-que-saiba-quem--sou-nada-significo. Sou incapaz de influenciar os outros. O passo seguinte é a apatia. E depois a violência. Pois o ser humano é incapaz de suportar constantemente a experiência paralisante de sua própria impotência.

Tão grande era a ênfase sobre o amor como solução para os dilemas da existência que a autoestima das pessoas aumentava ou diminuía à medida que o tivessem ou não alcançado. Os que acreditavam tê-lo encontrado entregavam-se ao farisaísmo, confiantes naquela prova visível de salvação, assim como a riqueza calvinista costumava ser a prova tangível de um lugar entre os eleitos. Os que não o alcançavam sentiam-se não só espoliados, em maior ou menor grau, como viam solapada sua autoestima, em plano interior mais profundo e delicado. Sentiam-se marcados como párias de nova espécie, e em psicoterapia confessavam despertar pela madrugada, não por se sentirem particularmente solitários ou infelizes, mas obcecados pela convicção de haverem, de certo modo, desbaratado o grande segredo da vida. Enquanto isso, com os índices do divórcio cada vez mais altos, a crescente banalização do amor na literatura e na arte, e o fato de o sexo ser, para muita gente, cada vez mais acessível e desprovido de significado, o "amor" tornou-se progressivamente difícil, senão uma completa ilusão. Alguns elementos da nova esquerda política chegaram à conclusão de que o amor é destruído pela própria natureza da nossa sociedade burguesa e as reformas que propuseram tinham a finalidade específica de criar "um mundo onde o amor fosse mais possível"[1].

Em situação tão contraditória, o aspecto sexual do amor – o mais baixo denominador comum na escala da salvação – tornou-se, o que é bastante compreensível, a nossa maior preocupação; pois o sexo, enraizado no homem biológico, é sempre capaz de mostrar-se pelo menos um fac-símile do amor. Mas até ele tornou-se, para o homem ocidental, mais uma prova e uma penalidade. Os livros sobre sexo e técnicas amorosas, permanecendo embora na lista dos *best-sellers* durante semanas, soam falso: há quem perceba indistintamente que a busca frenética da técnica como medida salvadora está em proporção direta com o nosso grau de afastamento da salvação. É antigo e irônico hábito do ser humano correr mais rápido quando se sente perdido. Agarramo-nos com mais empenho a pesquisas, estatísticas e técnicas sexuais quando perdemos os valores e o sentido do amor. Sejam quais forem os méritos ou as falhas dos estudos Kinsey e da pesquisa Masters-Johnson, a verdade é que são sintomáticos de uma cultura na qual o significado pessoal de amor vem progressivamente desaparecendo. Supõe-se que o amor seja uma força motivadora, capaz de nos fazer pro-

---

1. Carl Oglesby, *A Prophetic Minority*, por Jack Newfield (Nova York, New American Library, 1966), p. 19.

gredir na vida. Mas a grande alteração de nosso tempo indica que a própria força motivadora é agora contestada. O próprio amor passou a ser problema.

Tão contraditório tornou-se na verdade, que alguns dos que se dedicam ao estudo da família concluíram que "amor" é apenas o nome dado ao controle exercido pelos membros mais poderosos sobre os demais. O amor, afirma Ronald Laing, é um disfarce da violência.

O mesmo pode dizer-se com respeito à vontade. Herdamos de nossos antepassados vitorianos a crença de que o único verdadeiro problema na vida era decidir racionalmente *o que fazer* – e depois a *vontade* acudiria, facultando-nos a realização. Agora não mais se trata de decidir o que fazer, e sim *decidir a maneira de decidir – o próprio fundamento da verdade é contestado.*

Será a vontade uma ilusão? Inúmeros psicólogos e psicoterapeutas, a partir de Freud, sustentam que sim. Os termos "força de vontade" e "livre-arbítrio", tão necessários ao vocabulário de nossos pais, desapareceram quase inteiramente dos debates contemporâneos, ou então são usados em sentido pejorativo. Procura-se o terapeuta para arranjar substitutos para a vontade perdida, para conhecer a maneira como o "inconsciente" deve dirigir nossa vida, ou a última técnica de condicionamento que capacite a pessoa a portar-se bem, ou a usar novas drogas que proporcionem uma razão para viver. Ou então aprender o último método de "demonstrar afeto", sem perceber que afeto não é algo que se procure conquistar por si mesmo e sim um produto acessório da maneira como a pessoa se entrega a uma situação. A questão é a seguinte: com que finalidade usar a situação? Em seu estudo da vontade, Leslie Farber afirma que neste fracasso do arbítrio reside a patologia central de nossa época, que deveria ser chamada "a era da vontade desordenada"[2].

Neste período de transição radical somos lançados de volta à própria consciência. Abalados, quase destruídos os fundamentos do amor e da vontade, não podemos fugir à necessidade de mergulhar profundamente para pesquisar em nossa própria consciência e na "consciência coletiva" da sociedade as fontes do amor e da vontade. Emprego o termo "fonte" no sentido de nascente de rio – o ponto de origem do manancial. Se encontrarmos as fontes de onde jorram o amor e a vontade conseguiremos talvez descobrir as novas formas que estas experiências essenciais exigem para se tornar viáveis na nova era que estamos penetrando. Neste sentido, nossa busca, como todas as explorações desse teor, é uma busca moral, uma vez que procuramos as bases da moralidade para uma nova era. Toda pessoa de sensibilidade encontra-se na posição de Stephen Dedalus: "Caminho... para amoldar na forja da minha alma a consciência incriada de minha raça".

---

2. Leslie Farber, *The Ways of the Will* (Nova York, Basic Books, 1965), p. 48.

O termo "esquizoide", que se encontra no cabeçalho deste capítulo, significa *desligado, evitando relacionamentos estreitos, insensível.* Não o emprego em relação à psicopatologia e sim como condição generalizada de nossa cultura e das tendências dos que a constituem. Anthony Storr, descrevendo-a mais do ponto de vista da psicopatologia individual, afirma que o esquizoide é frio, distante, superior, desligado. Isso talvez se traduza em violenta agressão e seja uma máscara complexa do anseio de amor recalcado. O alheamento do esquizoide é uma defesa contra a hostilidade e tem origem numa distorção do amor e da confiança, ocorrida na infância, e que faz com que a pessoa tema pelo resto da vida o verdadeiro amor, "uma vez que este ameaça a sua própria existência"[3].

Concordo até certo ponto com Storr, mas sustento que a condição esquizoide é uma tendência geral da nova época de transição, e que a "impotência e abandono" na infância, a que se refere, advêm não só dos pais como também de praticamente todos os aspectos da nossa cultura. Os próprios pais são expressão impotente e involuntária de sua cultura. O homem esquizoide é o produto natural do homem tecnológico. É um "modo de vida" cada vez mais utilizado – e pode explodir em violência. No sentido "normal", o estado esquizoide não exige recalque. Se é ou não capaz de mais tarde se transformar, a certa altura, em

---

3. Anthony Storr, *Human Agression* (Nova York, Atheneum, (1968), p. 85.

estado esquizofrênico, somente o futuro decidirá. Mas isso é muito mais difícil de acontecer, caso o indivíduo admita francamente e se defronte com a característica esquizoide de seu estado atual, como sucede com alguns doentes. Anthony Storr prossegue apontando que o indivíduo em tais condições "está convicto de não ser estimável e sente-se atacado e humilhado por críticas"[4].

Embora aprecie a descrição de Storr, existe um ponto em que ela falha. É quando o autor cita Freud, Descartes, Schopenhauer e Beethoven como exemplos de personalidades esquizoides. "No caso de Schopenhauer e Descartes é a própria alienação do amor que deu origem a sua filosofia". Quanto a Beethoven,

> Para compensar sua decepção e ressentimento contra os seres humanos reais, Beethoven imaginava um mundo ideal de amor e amizade... Sua música manifesta, talvez de maneira mais óbvia que a de qualquer outro compositor, considerável agressividade no sentido de poder, energia e força. É fácil imaginar que se ele não sublimasse a hostilidade graças à música, sucumbiria talvez a uma psicose paranoide[5].

O dilema de Storr é que se estes homens fossem considerados casos psicopatológicos e, em seguida, tidos como "curados", nós não possuiríamos suas criações. Assim, creio devermos admitir que o estado esquizoide

---

4. Ibid.

5. Ibid., p. 88.

pode ser uma maneira construtiva de enfrentar situações profundamente difíceis. Enquanto outras culturas impeliam o esquizoide a um trabalho criativo, a nossa o impele a um desligamento e mecanização cada vez maiores.

Dedicando-me aos problemas do amor e da vontade, não esqueço as características positivas de nossa época e as potencialidades de realização individual. É óbvio que quando uma era se desliga de suas amarras e todo mundo fica reduzido, até certo ponto, aos próprios recursos, mais gente revela-se capaz de tomar medidas para encontrar a si mesma e realizar-se. É também exato que ouvimos maiores clamores acerca do poder do indivíduo quando este menos o possui. Mas escrevo a respeito de problemas; são eles que clamam por nossa atenção.

Os problemas têm uma estranha característica que ainda não foi adequadamente apreciada: *predizem o futuro.* Os problemas de um período são as crises existenciais do que poderia mas não foi resolvido; e independentemente da nossa maneira de encarar a palavra "resolvido", se não houvesse novas possibilidades, não haveria crises – somente desespero. Os enigmas psicológicos expressam nossos desejos inconscientes. Surgem problemas quando achamos o mundo inadequado para nós, ou nós inadequados para ele; algo fere, agride e, segundo Yeats,

> Sentimos
> A dor da ferida
> O golpe da espada...

Problemas proféticos

Escrevo esta obra baseado na experiência de vinte e cinco anos de trabalho intensivo como psicanalista de pessoas que procuravam enfrentar e resolver seus conflitos. Na última década, particularmente, esses conflitos baseavam-se em geral no desvirtuamento de um aspecto do amor ou da vontade. Em certo sentido, todo terapeuta está, ou deveria estar, constantemente dedicado à pesquisa – pesquisa no sentido de busca das origens.

A essa altura ouço meus colegas de psicologia experimental desafiarem-me com o argumento de que os dados em psicoterapia são impossíveis de formulação matemática, além de obtidos com pessoas que representam os desajustados psicológicos da cultura. Ao mesmo tempo, ouço filósofos amigos insistindo em que nenhum modelo humano pode basear-se principalmente em elementos neuróticos e perturbações caracterológicas. Aceito ambas as advertências.

Mas nem os psicólogos de laboratório, nem os filósofos em seus gabinetes podem ignorar o fato de que obtemos informações extremamente significativas, e muitas vezes excepcionais, das pessoas que se submetem à terapia – informações reveladas somente quando o ser humano rompe com as habituais simulações, hipocrisias e defesas, atrás das quais todos nos escondemos numa conversação social "normal". É somente numa crise emocional e espiritual – a situação que conduz à procura do terapeuta – que as pessoas suportam a dor e a ansiedade de revelar as raízes profundas de seus problemas. Além disso, existe a estranha situação na qual, a menos que estejamos capacitados a *orientar* a pessoa, esta não revelará, e de certo modo *não poderá* mesmo fazê-lo, qualquer dado significativo. A observação de Harry Stack Sullivan com respeito à pesquisa em terapia continua válida até hoje: "Se a entrevista não for orientada de modo a ajudar a pessoa, o terapeuta obterá simulações e não verdadeira informação"[6].

É exato que os dados que colhemos dos pacientes talvez sejam de difícil ou até impossível classificação mais profunda. Contudo, falam tão diretamente dos conflitos humanos imediatos e de suas vivências, que a riqueza do sentido mais que compensa a dificuldade da interpretação. Uma coisa é discutir a hipótese de agressão resultante de frustração, e outra muito diferente observar a tensão de um paciente, o olhar faiscante de ira ou ódio, a posição contida, paralisada, os arquejos de dor mal abafados, quando revive a ocasião em que o pai, dezenas de anos atrás, o açoitou porque, sem culpa de sua parte, alguém roubara sua bicicleta – acontecimento capaz de gerar um ódio que naquele momento envolve todas as figuras paternas do mundo inteiro, inclusive a mim, que me encontro ao seu lado. Tais informações são empíricas no mais profundo sentido da palavra.

---

6. Comunicação pessoal.

Quanto a basear uma teoria humana em informações obtidas com "desajustados", eu desafiaria, por minha vez, aos colegas: *todo conflito humano não revelará, além das características humanas universais, os problemas idiossincrásicos do indivíduo?* Sófocles não escreveu apenas sobre a patologia de um indivíduo quando nos fez percorrer, passo a passo, o drama de Édipo, a luta angustiante de um homem para descobrir "quem sou e de onde vim". A psicoterapia busca as características e os acontecimentos mais específicos da vida de determinado indivíduo – e qualquer terapia que o esqueça se debilitará, perdida em generalidades nebulosas, não existenciais. Mas a psicoterapia busca também os elementos do conflito humano individual, fundamentais para as qualidades perduráveis da experiência humana de cada um – e toda terapia que o esqueça cerceará o consciente, tornando mais banal a existência do paciente.

A psicoterapia revela tanto a situação imediata da "doença" do indivíduo como os arquétipos e características que tornam humano o homem. São estas últimas características que se desviam de maneira específica em determinado paciente, resultando em problemas psicológicos. A interpretação dos problemas em psicoterapia é também uma revelação parcial da autointerpretação do homem por intermédio da história, nos arquétipos da literatura. *Orestes* de Ésquilo e o *Fausto* de Goethe, para indicar dois exemplos diversos, não são simples retratos de determinados personagens, um da Grécia do século V a.C., e o outro da Alemanha do século XVIII, mas símbolos das lutas que todos nós, de qualquer século ou raça, vivemos ao evoluir, buscando como seres humanos singulares uma identidade, lutando para nos afirmar com todas as nossas forças, tentando amar e criar, e fazendo o possível por enfrentar todos os outros acontecimentos da vida, inclusive a morte. Uma das vantagens de se viver numa época de transição – "era terapêutica" – é o fato de que ela nos impõe a oportunidade, ao procurarmos resolver nossos problemas pessoais, de descobrir novos significados no homem eterno e compreender mais profundamente as qualidades que tornam humano o homem.

São os nossos pacientes que expressam e vivem as tendências subconscientes e inconscientes da cultura contemporânea. Para o neurótico, ou a pessoa que sofre do que chamamos agora desvio de caráter, as habituais defesas da cultura são ineficazes – e esta é a sua característica – situação penosa, da qual estará mais ou menos consciente[7]. O "neurótico", ou a pessoa que sofre de perturbações do caráter, é aquele cujos problemas são tão sérios que não consegue resolvê-los pelos métodos nor-

---

7. Kenneth Keniston observa um ponto paralelo, isto é, que os problemas do nosso tempo recaem mais pesadamente não sobre os estúpidos e os brandos, e sim sobre os inteligentes. "A sensação de encontrar-se inevitavelmente preso num torno psicossocial é com frequência paralisadora, precisamente para as pessoas que têm maior compreensão da complexidade da sociedade em que vivem e que, portanto, poderiam planejar com mais inteligência o seu futuro". *The Uncommitted: Alianated Youth in American Society* (Nova York, Harcourt, Brace & World, 1960).

mais de sua cultura, tais como o trabalho, a educação, e a religião. O paciente não pode, ou não quer, adaptar-se à sociedade. Isto, por sua vez, pode ser devido a um ou ambos dos seguintes elementos inter-relacionados: primeiro – certas tendências traumáticas que ocorreram em sua vida e que o tornaram mais sensível que os demais e menos capacitado a viver com, e a dominar, a ansiedade. Segundo – originalidade e potencialidade maiores que as do homem comum, clamando por se expressar e levando à doença quando bloqueadas.

O artista e o neurótico

A relação entre o artista e o neurótico, muitas vezes considerada misteriosa, é totalmente compreensível do ponto de vista aqui apresentado. Tanto um como outro falam e vivem das profundezas subconscientes e inconscientes da sociedade que habitam. O artista age positivamente, comunicando o que sente aos demais seres humanos. O neurótico age negativamente. Experimentando os mesmos valores e contradições subjacentes de sua cultura, é incapaz de emprestar às suas experiências um significado transmissível a si mesmo e aos demais.

A arte e a neurose têm, ambas, uma função *profética*. Uma vez que a arte é comunicação jorrando de planos inconscientes, ela nos apresenta uma imagem do homem que no momento só se encontra presente naqueles membros da sociedade que, em virtude de uma extrema sensibilidade, vivem nos limites desta sociedade – com um pé no futuro, por assim dizer. Sir Herbert Read afirmou que o artista antecipa a experiência científica e espiritual da raça[8]. Os canaviais e as pernas de íbis dos desenhos triangulares encontrados em vasos neolíticos do antigo Egito prediziam a futura evolução da geometria e da matemática, que permitiram aos egípcios ler as estrelas e medir o Nilo. Considerando as magníficas proporções do Partenão, na Grécia, os vigorosos domos da arquitetura romana, as catedrais da Idade Média, Read aponta como em determinados períodos da história que a arte expressa valores e tendências ainda inconscientes, e que mais tarde serão formuladas pelos filósofos, líderes religiosos e cientistas daquela cultura. A arte precede a evolução social e tecnológica cerca de uma geração, quando a transformação é superficial ou a antecede de séculos, quando a alteração, como as descobertas matemáticas, são profundas.

Assim, encontramos artistas que expressam os conflitos de uma comunidade antes que eles emerjam conscientemente na sociedade como um todo. O artista – que é a "antena da raça", para usar a expressão de Ezra Pound – vive, nas formas que só ele pode criar, nas profundezas da consciência de seu ser, ao lutar contra, e amoldar seu mundo.

Mergulhamos aqui diretamente nas questões levantadas por esta obra. Pois o mundo representado pelos pin-

8. Sir Herbert Read, *Icon and Idea: The Function of Arts in the Development of Human Conciousness* (Cambridge, Mass., Harvard University Press, 1955).

tores contemporâneos, os dramaturgos e outros artistas é um *mundo esquizoide*. Revelam eles aquela condição de nossa sociedade que torna o amar e o querer particularmente difíceis. É um mundo em que, apesar de todos os meios de comunicação amplamente desenvolvidos, bombardeando-nos de todos os lados, a comunicação pessoal tornou-se extremamente difícil e rara. Os mais expressivos dramaturgos de nosso tempo, observa Richard Gilman, são precisamente aqueles que adotaram como tema a alienação e demonstraram, como Ionesco, Genet, Beckett e Pinter, que nosso atual destino de ser humano é existir em um mundo no qual a comunicação entre as pessoas foi destruída. Vivemos falando a um gravador, como em "A última gravação de Krapp", de Beckett; nossa existência torna-se cada vez mais solitária, à medida que se tornam mais numerosos os rádios, os televisores e as extensões de telefone em nossa casa. Em "A soprano careca", de Ionesco, há uma cena em que um homem e uma mulher encontram-se por acaso e iniciam uma conversação polida, bem-educada. Aos poucos vão descobrindo que ambos chegaram a Nova York pelo trem das dez da manhã, vindos de New Haven e, surpreendentemente, dirigem-se ambos ao mesmo endereço num prédio da Quinta Avenida. Incrível, vivem os dois no mesmo edifício de apartamentos e têm uma filha de 7 anos. Finalmente descobrem, espantados, que são marido e mulher.

Encontramos entre os pintores a mesma situação. Cézanne, reconhecidamente o pai da arte moderna, homem que viveu uma existência tão burguesa e tranquila como só a pode ter um francês da classe média, pintou aquele mundo esquizoide de espaços, pedras, árvores e rostos. Ele nos fala do velho reino da mecânica, mas nos força a viver num mundo de espaços livres e flutuantes. "Aqui nos encontramos para além das causas e dos efeitos", escreve Merleau Ponty, falando do pintor; "reúnem-se os dois na simultaneidade de um Cézanne eterno, que é ao mesmo tempo a fórmula do que desejava ser e realizar. Existe uma relação entre o temperamento esquizoide de um Cézanne e sua obra, porque esta revela um senso metafísico da doença... Neste sentido, ser esquizoide e ser Cézanne são a mesma coisa"[9]. Somente um esquizoide, isto é, somente um homem bastante sensível para penetrar os conflitos psíquicos ocultos poderia apresentar o nosso mundo como ele é, em seus aspectos mais profundos.

Mas na própria compreensão do mundo através da arte reside também *nossa proteção* contra os efeitos desumanizantes da tecnologia. O caráter esquizoide existe tanto no confrontar o mundo despersonalizante, como na recusa em ser por ele despersonalizado. Pois o artista encontra planos conscientes mais profundos, em que é capaz de participar da experiência e da natureza humanas, para além de aparências superficiais. Isto talvez seja mais

---

9. Maurice Merleau-Ponty, *Sense and Non-Sense* (Evanston, 111., Northwestern University Press, 1964), p. 21.

nítido em Van Gogh, cuja psicose não estava ligada à sua terrível luta para pintar o que sentia. Ou em Picasso, embora espalhafatoso, mas cujo *insight* do caráter esquizoide do mundo moderno manifesta-se nos touros fragmentados e camponeses dilacerados da *Guernica*, ou nos retratos destorcidos, de olhos e orelhas fora do lugar – quadros sem nome, apenas numerados. Não é surpreendente que Robert Motherwell observe estarmos na primeira era em que o artista não possui uma comunidade; como todos nós, é obrigado a criar a sua.

O artista apresenta a imagem despedaçada do homem, porém a transcende no próprio ato de transmudá-la em arte. É o seu ato criador que empresta significado ao niilismo, à alienação e aos outros elementos da condição do homem contemporâneo. Citando novamente Merleau-Ponty, ao escrever sobre o temperamento esquizoide de Cézanne: "Assim, a doença deixa de ser um fato absurdo e um destino para se tornar uma possibilidade geral da existência humana"[10].

O neurótico e o artista – uma vez que vivem ambos do inconsciente da raça – revelam-nos o que surgirá endemicamente no futuro da sociedade. O neurótico sente os mesmos conflitos resultantes de sua experiência do niilismo, da alienação etc., mas é incapaz de lhes dar uma forma significativa. Está preso entre a incapacidade de transformar esses conflitos em obras criativas e a impos-

---

10. Ibid.

sibilidade de negá-los. Conforme observou Otto Rank, o neurótico é o "artista manqué", o artista que não consegue transferir seus conflitos à arte.

Admitir isso como uma realidade não só nos faculta os direitos de pessoas criativas, como também o fundamento de nossa liberdade de seres humanos. Assim, enfrentar de saída o estado esquizoide de nosso mundo poderá proporcionar-nos bases para a descoberta do amor e da vontade em nossa época.

O neurótico profeta

Nossos pacientes predizem a cultura vivendo *conscientemente* o que a massa do povo conserva ainda *inconsciente*. O neurótico é predestinado pelo destino ao papel de Cassandra. Em vão Cassandra, sentada na escadaria do palácio de Micena, quando Agamemnon a trouxe de volta de Troia, chorou: "Oh, quem me dera a pura canção do rouxinol e um destino como o seu!"[11]. Ele sabe, em sua malfadada existência, que "a dor que transborda da triste canção é apenas a sua"[12], e que deve profetizar o destino que pressente. O povo de Micena julga-a louca, mas acredita também que fale a verdade e possua uma faculdade especial para prever os acontecimentos. Hoje, a pessoa

11. Ésquilo, *Agamemnon, The Complete Greek Tragedies,* publicadas por David Orene e Richmond Lattimore (Chicago, University of Chicago Press, 1953), p. 71.

12. Ibid., p. 70.

que tem problemas psicológicos carrega no próprio sangue o peso dos conflitos dos tempos e está destinada a predizer, através de seus atos e lutas, as crises que mais tarde irromperão de todos os lados na sociedade.

A primeira e a mais nítida demonstração desta tese encontra-se nos problemas sexuais que Freud descobriu em seus pacientes vitorianos, nas duas décadas que antecederam a Primeira Guerra Mundial. Esses problemas sexuais – até mesmo as próprias palavras – eram inteiramente negados e reprimidos pela sociedade da época[13]. Mas os problemas explodiram violentamente tomando forma endêmica duas décadas depois da Segunda Guerra Mundial. Na década de 1920, todo mundo vivia preocupado com o sexo e suas funções. Ninguém poderá afirmar que Freud foi disso a "causa". Ele refletiu e interpretou, por meio dos elementos fornecidos por seus pacientes, os conflitos ocultos de uma sociedade, cujos membros "normais" conseguiram, então, recalcá-los. Os problemas neuróticos são a linguagem do inconsciente mergulhando na consciência social.

Um segundo exemplo de menor monta encontra-se na grande hostilidade revelada pelos pacientes da década de 1930. Sobre isso escreveu Horney, entre outros; e o elemen-

---

13. O fato de que a pornografia e outros aspectos da sexualidade se encontrem também presentes na época vitoriana, conforme apontou Steven Marcus, em *The Other Victorians* (Nova York, Basic Books, 1964), não invalida a minha tese. Numa sociedade assim compartimentalizada haveria sempre recalque, que se manifestaria subterraneamente, em proporção com o bloqueio dos impulsos vitais.

to surgiu de maneira mais ampla e franca, como fenômeno consciente de nossa sociedade, uma década mais tarde.

Um terceiro exemplo, esse mais importante, encontra-se nos problemas de ansiedade. Em fins da década de 1930 e princípios da década de 1940, alguns terapeutas, inclusive eu próprio, impressionaram-se com o fato de que em diversos pacientes a ansiedade surgia *não só como sintoma patológico, ou recalque, mas também como estado caracterológico generalizado.* Minha pesquisa sobre a ansiedade[14], assim como as de Hobart Mowrer e outros, teve início em princípios da década de 1940. Naquele tempo, dava-se pouca atenção neste país à ansiedade independente de sintoma patológico. Lembro-me de ter argumentado, na prova oral para o doutorado, em fins da década, sobre o conceito de ansiedade normal; meus professores escutaram em respeitoso silêncio, mas de cenho franzido.

Sendo proféticos os artistas, o poeta W. H. Auden publicou em 1947 sua *Age of Anxiety* (Época de Ansiedade), e logo em seguida Bernstein escreveu uma sinfonia com o mesmo tema. Camus escrevia então (1947) sobre este "século do medo", e Kafka já havia criado vigorosas vinhetas da era que se aproximava, em seus romances, a maioria dos quais ainda não traduzidos[15]. As formulações do *establishment* científico, segundo o costume, arrastavam-

---

14. Publicado sob o título de *The Meaning of Anxiety* (Nova York, Ronald Press, 1950).

15.Cf. May. *The Meaning of Anxiety*, pp. 6-7.

-se muito aquém do que nos comunicavam os pacientes. Assim, na convenção anual da Associação Psicopatológica Americana, em 1949, reunida sob o tema "Ansiedade", o conceito de ansiedade normal, por mim apresentado numa conferência, foi ainda negado pela maioria dos psiquiatras e psicólogos presentes.

Mas na década de 1950 tornou-se óbvia uma radical transformação; todo mundo falava em ansiedade e havia em toda parte conferências sob este tema. O conceito de ansiedade "normal" tornou-se gradualmente aceito na literatura psiquiátrica. Normais e neuróticos pareciam todos cônscios de viver numa "época de ansiedade". O que fora apresentado pelos artistas e surgira nos nossos pacientes em fins de 1930 e 1940, era agora endêmico em todo o país.

O quarto ponto coloca-nos diante de questões contemporâneas – o problema da identidade. A princípio tratava-se de uma preocupação dos terapeutas e pacientes, nos fins de 1940 e princípios de 1950. Era descrito com base nos dados de estudos psicológicos feitos por Erikson em *Childhood and Society* (Infância e sociedade), 1950, na minha obra "O Homem à procura de si mesmo"*, escrita em 1953, em *The Quest for Identy* (A busca da identidade), de Allen Wheelis, 1958, e outras obras de psicoterapia e psicanálise. Notamos que o problema da identidade se tornava preocupação de toda pessoa culta nos fins daquela década

*Vozes, 2011.

e princípios da de 1960; veio a ser uma constante nas anedotas do *New Yorker*, e uma variedade de obras com esse tema tornaram-se *best-sellers* no seu campo. Os valores culturais, por meio dos quais as pessoas adquiriam senso de identidade, haviam desaparecido[16]. Nossos pacientes o souberam *antes* da sociedade em geral, mas não possuíam defesas para se protegerem de suas consequências perturbadoras e traumáticas.

Todos esses problemas incluem certamente um determinado impulso relacionado com as alterações da moda. Mas esse impulso não faria justiça à erupção histórica de problemas sociológicos e alteração social para que os possamos desdenhar como simples moda. Na verdade, van den Berg, numa obra estranhamente provocante, argumenta que *todos* os problemas psicológicos são produto das alterações sócio-históricas de uma cultura. Acredita ele que não existe "natureza humana", e sim uma natureza mutável do homem, dependente de alterações sociais; e que deveríamos chamar os conflitos dos nossos pacientes "socioses" e não "neuroses"[17]. Não é preciso aceitar integralmente van den Berg. Eu, por mim, acredito que os problemas psicológicos são pro-

---

16. O drama que mais nitidamente anunciou a morte dos valores trabalho e sucesso, preconizados por Horatio Alger, e pelos quais a maioria obteve o próprio senso de identidade e importância, foi "A morte do caixeiro viajante", publicado por Arthur Miller em 1949. O problema básico de Wilty Loman era, nas palavras de Miller, "nunca ter sabido quem ele era".

17. J. H. van den Berg, "The Changing Nature of Man", introdução à *A Historical Psychology* (Nova York, W. W. Norton & Co., 1961).

dutos de um tríplice inter-relacionamento dialético de fatores biológicos, individuais e histórico-sociais. Contudo, ele torna bem claro o seguinte: supor que os problemas psicológicos surgem "do nada", ou simplesmente emergem porque a sociedade está agora mais cônscia de determinada questão, ou concluir que os problemas existem somente porque encontramos novos vocábulos para diagnosticá-los é um grosseiro e destruidor simplismo. Encontramos novos vocábulos porque algo de importante está acontecendo em planos inconscientes e indistintos, exigindo expressão; e é nossa tarefa fazer o possível para compreender e expressar esses acontecimentos que despontam.

Os pacientes de Freud eram na maioria histéricos que, por definição, levavam energia recalcada que poderia ser descarregada pela interpretação do inconsciente feita pelo terapeuta. Hoje, porém, quando praticamente todos os nossos pacientes são neuróticos compulsivo-obsessivos (ou têm problemas de caráter, que é uma forma mais geral e menos intensa do mesmo), descobrimos que o principal bloqueio à terapia é a incapacidade de sentir do paciente. Tais pessoas, em geral intelectuais traquejados, são capazes de falar até o juízo final acerca de seus problemas, porém são incapazes de sentimentos autênticos. Wilhelm Reich descreveu os caracteres compulsivos como "máquinas vivas" e David Shapiro, em sua obra, refere-se tanto a isso como ao "recalque e uniformidade no viver e pensar" desses obsessivo-compulsivos.

Reich neste ponto penetrou bem à frente de seu tempo os problemas dos pacientes do século XX[18].

O surgimento da apatia

Citei anteriormente a afirmativa de Leslie Farber no sentido de que nossa época deveria ser chamada "a era da vontade desordenada". Mas o que se encontra sob essa vontade desordenada?

Aventurarei uma sugestão. Acredito que seja um estado de insensibilidade, a desesperadora possibilidade de que nada tenha importância, condição muito próxima da apatia. Pamela H. Johnson, após relatar os assassinatos nos pântanos da Inglaterra, viu-se incapaz de afastar a convicção de que "talvez nos estejamos aproximando do estado que os psicólogos chamam indiferença"[19]. Se a apatia ou indiferença é a disposição dominante nos dias de hoje, compreendemos em nível mais profundo por que o amor e a vontade se tornaram tão difíceis.

O que alguns de nós profeticamente descobrimos, intrigados, em nossos pacientes da década de 1950, emergiu abertamente nos últimos anos, perturbando de maneira profunda toda a nossa sociedade. Farei citações de meu

---

18. Cf. David Shapiro, *Neurotic Styles* (Nova York, Basic Books, 1965), p. 23.

19. P. H. Johnson, *On Iniquity: Reflections Arising out of the Moors Murder Trial* (Nova York, Scribners).

livro *O homem à procura de si mesmo*, escrito em 1952 e publicado no ano seguinte:

> Talvez surpreenda que eu diga, baseado em minha experiência clínica, assim como na de colegas psicólogos e psiquiatras, que o principal problema do homem na década central do século XX é o *vazio*[20].
>
> Embora haja quem ria do tédio sem significado de uma ou duas décadas passadas, para muita gente o vazio passou do estado de tédio para o de inutilidade e desespero, contendo promessa de perigos[21].
>
> ...O ser humano não pode viver no vácuo durante muito tempo. Se não evoluir *em direção* a alguma coisa, além de estagnar, verá suas potencialidades transformadas em morbidez e desespero e eventualmente em atividade destruidora[22].
>
> A sensação de vazio ou vacuidade... advêm em geral da impressão de *incapacidade* para agir eficazmente com respeito à própria vida, ou ao mundo em que se vive. O vazio interior é o resultado acumulado a longo prazo de uma convicção pessoal sobre si mesmo, isto é, a certeza de ser incapaz de agir com independência na orientação de sua vida, de alterar a atitude

---

20. Rollo Alav, *Mans's Search for Himself* (O homem à rocura de si mesmo. Ed. Vozes) Nova York, W. W. Norton & Co., 1953), p. 14. O problema, que me pareceu apresentar-se de forma nova e singular e a que chamei "vazio" nos pacientes, não recebeu nome muito bem escolhido. Referia-me a um estado muito próximo da apatia.

21. Ibid., p. 24.

22. Ibid.

> dos outros em relação a si mesmo, ou de eventualmente influenciar o mundo que nos rodeia. É assim que se adquire o profundo senso de desespero e inutilidade ressentido por tanta gente nos dias de hoje. E em breve, uma vez que o que se deseja e sente não pode ter verdadeira importância, a pessoa desiste de querer e sentir[23].
>
> A apatia e a insensibilidade são também defesas contra a ansiedade. Quando a pessoa enfrenta continuamente perigos que é incapaz de dominar, sua linha final de defesa é evitar inclusive o sentimento de perigo[24].

Somente em meados da década de 1960 o problema surgiu na forma de diversos incidentes que nos abalaram até as bases. O "vazio" vem se transformando em desespero, destruição, violência e assassinato; e é agora inegável que estes andam a passo com a apatia. "Durante mais de meia hora, 38 respeitáveis cidadãos de Queens observaram um assassino perseguir e esfaquear uma mulher, por três vezes, em Kew Gardens" relatou o *The New York Times* de março de 1964[25]. Em abril do mesmo ano, disse o *Times,* num editorial veemente a respeito de outro acontecimento em que uma multidão incitou um jovem desequilibrado, que se agarrava a uma saliência da parede de um hotel, a saltar, chamando-o de "maricas" e "covarde": "Seremos diferentes dos romanos que observavam e aclamavam, enquanto homens e animais se digladiavam

---

23. Ibid. pp. 24-23.

24. Ibid., p. 25.

25. *The New York Times,* 27 março de 1964.

no Coliseu?... A atitude daquela multidão de Albany representaria o modo de vida de inúmeros americanos?... Neste caso, os sinos dobram a finados para todos nós"[26]. Em maio daquele mesmo ano, um artigo do *Times* trazia o seguinte cabeçalho: "Os Gritos da Violentada Atraíram 40, Mas Ninguém Agiu"[27]. Diversos acontecimentos similares ocorreram nos meses seguintes, levando-nos a despertar da apatia o suficiente para compreender até que ponto estávamos apáticos e o quanto a vida moderna das cidades desenvolveu em nós o hábito do desligamento e da indiferença.

Sei que é fácil exagerar acontecimentos específicos e não tenho a menor vontade de me exceder ao apresentar a questão. Contudo, creio existir em nossa sociedade uma nítida inclinação para um estado de indiferença como atitude de vida, como estado caracterológico. A anomia acerca da qual os intelectuais haviam especulado há mais tempo parece emergir agora em medonha realidade nas próprias ruas e *subways*.

Como chamaremos a esse estado registrado por tantos de nossos contemporâneos – afastamento, frieza, alienação, insensibilidade, indiferença, anomia, despersonalização? Cada um desses termos expressa em parte a condição a que me refiro – condição na qual homens e mulheres sentem uma distância entre si próprios e os

26. Ibid., 16 de abril de 1964.

27. Ibid., 6 de maio de 1964.

objetos que costumavam despertar seu afeto e vontade[28]. Quero deixar em aberto, no momento, as origens de todos esses acontecimentos. Quando emprego o termo "apatia", apesar de suas conotações restritivas, é porque seu significado literal é o que mais se aproxima daquilo que estou descrevendo: "carência de sentimentos, paixão, emoção ou excitação – indiferença". Apatia e mundo esquizoide andam de par, como causa e efeito mútuos.

A apatia é particularmente importante por causa de seu estreito relacionamento com o amor e a vontade. O ódio não é o oposto do amor, e sim a apatia. O oposto da vontade não é a indecisão – que na verdade pode representar a luta no *esforço* para decidir, como em William James – e sim não se envolver, ficar desligado, não se relacionar com os acontecimentos relevantes. Então, é possível que jamais se apresente a questão da vontade. O inter-relacionamento de vontade e amor é inerente ao fato de que ambos os termos descrevem uma pessoa no processo de buscar, mover-se em direção ao mundo, procurando afetar aos outros, ou ao mundo inanimado, e dispondo-se a ser por eles afetada; de amoldar, formar, relacionar-se com o mundo, ou exigir que este com ela se relacione. É

---

28. Keniston, em *The Uncommitted,* ao falar dessa anomia, escreve: "Nossa era inspira pouco entusiasmo. No oeste industrial, e cada vez mais agora nas nações que não se comprometeram, existe falta de ardor; em vez disso, fala-se do crescente distanciamento entre os homens, da ordem social, do trabalho e dos divertimentos, e dos valores e heróis que, talvez num passado romantizado, parecem ter proporcionado ordem, significado e coerência à sua vida".

por isso que o amor e a vontade tornam-se tão difíceis numa era de transição, em que desapareceram todas as amarras que nos eram familiares. O bloqueio das maneiras de afetarmos aos outros e sermos por eles afetados é a desordem essencial tanto do amor como da vontade. A apatia, ou *a-pathos,* é uma fuga do sentir. Pode ter início numa certa frieza, na prática estudada de manter-se despreocupado, não se envolver. "Eu não queria me envolver", foi a resposta dos 38 cidadãos de Kew Gardens, interrogados sobre a razão de não terem agido. A apatia, operando como o "instinto de morte" freudiano, é um gradual afastamento de compromisso, até que finalmente a pessoa descobre que a própria vida passou.

Considerando a sociedade com novo olhar, os estudantes obtêm muitas vezes um *insight* mais nítido da questão do que as pessoas idosas, embora se inclinem a simplificar em excesso, atirando a culpa sobre as instituições. "Não obtivemos aqui nenhum vislumbre das emoções da vida intelectual", declarou o editor do *Spectator* de Columbia[29]. Um estudante, colunista do *The Michigan Daily,* escreveu: "Esta instituição fracassou inteiramente na tentativa de inculcar na maioria de seus estudantes algo que pelo menos se aproxime do apetite intelectual". Falava da tendência para "algo pior do que a mediocridade – isto é, a absoluta indiferença. Uma indiferença

29. James H. Billington, "The Humanistic Heartbeat Has Failed", *Life Magazine,* p. 32.

em relação à própria vida, talvez"[30]. "Estamos todos divididos em grupos, num cartão IBM", observou um estudante de Berkeley. "Decidimos reagir com as agitações de 1964, mas a *verdadeira* revolução só virá quando resolvermos queimar os cartões dos computadores, junto com os de convocação"[31].

Existe um relacionamento dialético entre a apatia e a violência. Viver na apatia gera violência; e em incidentes como os acima citados, a violência gera apatia. É o derradeiro e destruidor substituto, que surge para preencher o vácuo da carência de relacionamento[32]. Existem gradações de violência, desde o efeito chocante, relativamente normal, das diversas formas de arte moderna, passando pela pornografia e a obscuridade - que alcançam sua desejada reação através da violência às nossas formas de vida - até a extrema patologia dos assassinatos e crimes dos pântanos. Quando seca a vida interior, quando o sentimento diminui e aumenta a apatia, quando não se pode afetar, nem sequer *tocar* genuinamente outra pessoa, a violência explode como necessidade demoníaca de contato, como louco impulso, forçando esse contato da

30. Ibid.

31. Ibid.

32. "Apatia do público", diz o dr. Karl Menninger, *"t em st mesma uma manifestatio agressiva"*. Karl Menninger, numa conferência da Associação de Medicina Corretiva sobre a violência, em reportagem do *The New York Times,* 12 de abril de 1964.

maneira mais direta possível[33]. Este é um aspecto do bem conhecido relacionamento entre os impulsos sexuais e os crimes de violência. Magoar e torturar provam pelo menos que se pode afetar alguém. No estado alienado de comunicação de massa, o cidadão médio conhece dezenas de personalidades da televisão, que surgem sorridentes na tela do seu aparelho, à noite – *mas ele próprio é um eterno desconhecido.* Nesse estado de alienação e anonimato, penoso de se suportar, o homem comum talvez entretenha fantasias que vagueiem pelas fronteiras da verdadeira patologia. A disposição da pessoa anônima é a seguinte: já que não posso afetar nem abalar ninguém, quero pelo menos arrancar dos outros algum sentimento, escandalizando, forçando-os a uma emoção, ferindo e magoando; procurarei pelo menos fazer com que ambos sintamos alguma coisa, e obrigarei aos outros a me verem, a saber que existo! Inúmeras crianças e adolescentes forçaram o grupo a tomar conhecimento de sua pessoa graças a um comportamento destruidor; e embora condenados, verificaram que pelo menos a comunidade delas tomou conhecimento. Ser ativamente odiado vale quase

33. A profunda necessidade de nossa sociedade para comunicar-se e a revolta contra sua proibição revelam-se na divulgação de todas as formas de terapia de contato, desde Esalen até a terapia de grupo do psiquiatra mais próximo. Refletem todas as necessidades, mas estão erradas na tendência anti-intelectual e nos grandiosos objetivos atribuídos ao que é essencialmente uma medida corretiva. Erram também ao ignorar que se trata de um aspecto de uma sociedade inteira que deve modificar, e modificar em nível mais profundo, envolvendo o homem total.

tanto quanto ser ativamente apreciado; quebra a insuportável situação de anonimato e isolamento.

Mas, depois de observar os sérios efeitos da apatia, precisamos voltar ao fato de sua necessidade; e de que maneira poderia ser desviada para uma função construtiva na sua forma “normal esquizoide”. É nosso trágico paradoxo que na história contemporânea somos obrigados a nos proteger por detrás de uma espécie de apatia. “A apatia é um curioso estado”, observa Harry Stack Sullivan. “É um modo de sobreviver à derrota sem dano material, embora, caso esta seja demasiado prolongada, a pessoa acabe prejudicada com o passar do tempo. A apatia parece-me um milagre de proteção, por meio do qual uma personalidade inteiramente fracassada repousa, até poder agir de outra maneira”[34]. Quanto mais tempo se leva para enfrentar a situação, mais prolongada é a apatia, e esta é um encolher-se diante das contínuas exigências, um gelo face ao excesso de estímulo, um deixar que o barco corra quando se teme ser esmagado ao reagir. Qualquer pessoa que tenha andado em hora de movimento nos trens ou *subways*, com seus ruídos cacofônicos e multidões anônimas, não se surpreenderá com o que acabo de expor.

É fácil imaginar como as pessoas que vivem na era esquizoide precisam proteger-se do tremendo excesso de estímulo – proteger-se da barragem de palavras, e de

---

34. Harry Stack Sullivan, *The Psychiatric Interview* (Nova York, W. W. Norton & Co., 1954), p. 184.

ruídos de rádio e televisão, proteger-se das exigências em cadeia da indústria coletivizada e da multiplicidade de artigos fabricados em série. Num mundo onde os algarismos inexoravelmente assumem a liderança como meio de identificação, qual lava ameaçando sufocar e fossilizar todo ser vivente que encontre no caminho; num mundo onde a "normalidade" é definida como "manter a cabeça fria", onde o sexo é tão gratuito que a única maneira de preservar o foro íntimo é aprender a ter relações sem se envolver – num mundo esquizoide, que os jovens sentem de modo mais direto, uma vez que não tiveram tempo ainda de erguer as barreiras que embotam os sentidos dos mais velhos, não é surpreendente que a vontade e o amor se tenham tornado cada vez mais problemáticos e até, conforme acreditam alguns, inatingíveis.

Mas que dizer do emprego construtivo dessa situação esquizoide? Já vimos como Cézanne conseguiu orientar sua personalidade esquizoide para um modo de expressar as formas mais relevantes da vida moderna, resistindo, por meio da arte, às tendências debilitantes de nossa sociedade. Vimos que a posição esquizoide é necessária; indaguemos agora como, em suas dimensões sadias, pode também ser transformada num valor. O esquizoide construtivo enfrenta o vazio espiritual da tecnologia absorvente e não se deixa por ele esvaziar. Vive e trabalha com a máquina sem se mecanizar. Acha necessário permanecer desligado para obter o sentido da experiência, mas ao fazê-lo protege sua vida interior do empobrecimento.

O dr. Bruno Bettelheim encontra a mesma supremacia da pessoa desligada – que chamarei esquizoide – em suas experiências nos campos de concentração da Segunda Guerra Mundial.

> Segundo as convicções psicanalíticas então em voga... o isolamento dos companheiros e a distância emocional do mundo eram encaradas como fraqueza de caráter. Meus comentários... sobre a maneira admirável pela qual um grupo, que chamarei de "pessoas consagradas", portou-se nos campos de concentração revelam a minha surpresa diante desses indivíduos. Permaneciam inteiramente desligados do inconsciente, no entanto conservavam a antiga estrutura de sua personalidade, presos aos seus valores, face a extremas privações. Como pessoas, mal se deixavam tocar pela experiência do campo de concentração... Essas mesmas que, segundo a teoria psicanalítica então em vigor, deveriam ter personalidade fraca, capaz de facilmente se desintegrar, mostraram-se líderes heroicos, sobretudo por causa de sua força de caráter[35].

De fato, estudos demonstraram que os que melhor sobrevivem em espaçonaves, adaptando-se às privações sensoriais de tal existência – nossos companheiros do século XXI – aqueles que sabem desligar-se, retirando-se para o fundo de si mesmos. "Há razões para crer" – escreve Arthur J. Brodbeck, fazendo uma súmula das

35. Bruno Bettelheim, *The Informed Heart* (Glencoe, I11., The Free Press, 1960), p. 20-21.

provas, "que talvez seja justamente a personalidade esquizoide a mais capaz de suportar as exigências de uma prolongada viagem espacial"[36]. Ela conserva o mundo interior que o excesso de estímulo de nossa época poderia destruir. Esses introvertidos continuam a existir, apesar de estímulos sufocantes, ou de sua carência, pois criaram uma atitude esquizoide "construtiva" em relação à vida. Uma vez que precisamos viver no mundo como ele é, este destaque da atitude esquizoide construtiva é parte importante do nosso problema.

A apatia é a ausência da vontade e do amor, a declaração de que eles "não têm importância", a suspensão do compromisso. É necessária em tempos de tensão e agitação; e a atual quantidade de estímulos é uma forma de *stress*. Mas a apatia, agora em contraste com a atitude esquizoide "normal", conduz ao vazio e torna a pessoa menos capaz de se defender, de sobreviver. Por mais compreensível que seja o estado que descrevemos com o termo apatia, é também essencial procurarmos um novo fundamento para o amor e a vontade, que constituem suas principais vítimas.

---

36. Arthur J. Brodbeck, "Colocando a Evolução Estética Num Contexto Social: Programa de Análise de Valores", *Journal of Social Issues*, janeiro de 1964, p. 17.

Parte I

O amor

2
Paradoxos do sexo e do amor

A relação sexual é a contraparte do processo cósmico.
Antigo provérbio chinês

Um paciente narrou o seguinte sonho: "Eu estava na cama com minha mulher e entre nós achava-se o meu contador, que ia ter relações com ela. Meu sentimento a respeito é estranho – pareceu-me uma coisa correta".
Relatado pelo Dr. John Schimel

Existem quatro espécies de amor, segundo a tradição ocidental. Uma é *sexual,* ou o que chamamos sensualidade, libido. A segunda é *eros,* o impulso de amar para procriar ou criar – o ímpeto, segundo os gregos, em direção a formas mais elevadas de ser e relacionar-se. A terceira é *philia,* ou amizade, o amor fraterno. A quarta é ágape, ou *caritas,* como a chamavam os latinos, o amor dedicado ao bem do próximo, do qual o protótipo é o amor de Deus pelo homem. Toda experiência humana de amor autêntico é uma mistura, em proporções variáveis, das quatro espécies de amor.

Iniciamos com sexo não só porque é aí que começa a nossa sociedade, como também por ser o ponto de partida da experiência biológica de todos os homens. Cada um de nós deve o ser ao fato de que, em determinado momento da história, um homem e uma mulher saltaram a brecha, nas palavras de T. S. Eliot, "entre o desejo e o espasmo". Independente de ter sido tão banalizado em nossa sociedade, o sexo permanece a força procriadora, o impulso que perpetua a raça, a fonte do mais intenso prazer humano e também de sua mais profunda ansiedade. Na forma demoníaca, pode atirar o indivíduo a pantanais de desânimo e, quando aliado a eros, erguê-lo até as fronteiras do êxtase.

Os antigos aceitavam o sexo, ou concupiscência, sem complicações, assim como aceitavam a morte. Somente na época atual conseguimos, em escala bastante ampla, transformá-lo em nossa principal preocupação, exigindo que carregue o peso das quatro formas de amor. Independente do excesso de amplitude concedido por Freud aos fenômenos sexuais – no que ele é apenas a voz da luta entre a tese e a antítese da história moderna – permanece exato que a sexualidade é fundamental para a perpetuação da raça, além do que, sem dúvida, tem a *importância* que Freud lhe atribuiu, senão a *extensão*. Por mais que banalizemos o sexo em romances e peças teatrais, ou nos defendamos de sua força, graças ou ao ceticismo ou à frieza, a paixão sexual permanece alerta, surpreendendo-nos desprevenidos a qualquer momento, provando ser ainda o *mysterium tremendum*.

Mas tão logo consideramos a relação entre sexo e amor nos nossos tempos vemo-nos imediatamente envoltos num redemoinho de contradições. Procuremos, portanto, orientar-nos, iniciando com um rápido esboço fenomenológico dos estranhos paradoxos que rodeiam o assunto em nossa sociedade.

Deserto sexual

Na época vitoriana, quando estava em moda a negação dos impulsos, sentimentos e forças sexuais, e não se falava em sexo entre pessoas bem-educadas, uma aura de inviolável repulsa rodeava o assunto. Homens e mulheres tratavam uns dos outros como se não possuíssem órgãos sexuais. William James, aquele temível cruzado que viveu muito à frente do seu tempo em todos os outros sentidos, encarava o sexo com a polida aversão característica de fins do século. Nos dois volumes de seus *Princípios de psicologia*, obra que marcou época, somente uma página foi dedicada ao assunto, ao cabo da qual o autor acrescenta: "É desagradável discutir esses detalhes"...[1] Mas a advertência de William Blake, um século antes do vitorianismo – "Quem deseja mas não age gera pestilência" – foi amplamente demonstrada pelos psicoterapeutas do futuro. Freud, vitoriano que estudou o sexo, fez uma descrição correta do pantanal de sintomas neuróticos resultantes da amputação de parte tão vital do corpo humano e do *self*.

---

1. William James, *Principies of Psychology* (Nova York, Dover Publications, 1950; originalmente publicado por Henry Holt, 1890), II, p. 439.

Na década de 1920, mudança radical ocorreu quase de uma hora para outra. Uma crença tornou-se dogma nos círculos liberais: o oposto do recalque, a educação sexual, a liberdade de falar, sentir e expressar-se teria efeitos saudáveis, constituindo, evidentemente, a única posição viável para a pessoa esclarecida. No período surpreendentemente curto que se seguiu à Primeira Guerra Mundial, passamos do agir como se sexo absolutamente não existisse à obsessão sexual. Atribuímos agora mais relevância ao sexo do que qualquer outra sociedade desde a antiga Roma, e alguns sábios afirmam que nos preocupamos mais com o assunto que qualquer outro povo, na história de todos os tempos. Hoje, longe de apenas falar sobre sexo a um visitante marciano que caísse em Times Square daríamos a impressão de não possuir outro tópico de comunicação.

E a obsessão não é exclusiva dos americanos. Do outro lado do oceano, na Inglaterra, por exemplo, "dos bispos aos biólogos, todo mundo está por dentro". Um artigo de primeira página do *The Times Literary Supplement*, de Londres, aponta "todo o caudal escuso do utilitarismo pós-Kinsey e o soerguimento moral pós-Chatterly. Abra-se qualquer jornal, qualquer dia (aos domingos, principalmente) e é certo encontrar-se algum erudito expondo ao público suas ideias sobre anticoncepcionais, aborto, adultério, publicações obscenas, homossexualidade entre adultos de comum acordo, ou (se tudo o mais falhar) os padrões morais contemporâneos dos nossos adolescentes"[2].

2. *Atlas*, novembro de 1965, p. 302. Reproduzido do *The Times Literary Supplement*, Londres.

Em parte como resultado dessa transformação radical, inúmeros terapeutas raro encontram hoje pacientes que sofrem de recalque sexual, à maneira dos histéricos de Freud, no mundo que precedeu as duas grandes guerras. Na verdade, encontramos naqueles que nos procuram em busca de ajuda exatamente o oposto: muita conversa, muita atividade sexual, praticamente nenhuma queixa de inibições relativas a ir para a cama com tanta frequência e com tantos parceiros quantos lhes agrade. Mas queixam-se é de insensibilidade e ausência de paixão. "O estranho neste fervilhar de discussões é que aparentemente ninguém está apreciando a emancipação"[3]. Tanto sexo e tão pouco significado, ou mesmo diversão!

Os vitorianos não queriam que ninguém soubesse de seus impulsos sexuais; nós nos envergonhamos se não os temos. Antes de 1910, chamar uma senhora de "sexy" seria insultá-la; hoje em dia, ela aprecia o cumprimento e recompensa quem o fez voltando para a pessoa todos os seus atrativos. Nossos pacientes têm muitas vezes problemas de frigidez e impotência, mas observamos um detalhe estranho e comovente: lutam desesperadamente para que ninguém perceba que são insensíveis sexualmente. O homem ou a mulher da época vitoriana, quando bem-educado, sentia remorso caso experimentasse prazer sexual; hoje em dia, julgamo-nos culpados se *não* o sentimos.

É um paradoxo, portanto, que o esclarecimento não tenha resolvido os problemas sexuais de nossa cultura.

3. Ibid.

Claro que houve importantes resultados positivos, sobretudo em maior liberdade para o indivíduo. A maioria dos problemas exteriores amenizaram-se: conhecimento sexual pode ser adquirido em qualquer livraria, anticoncepcionais encontram-se em toda parte, exceto em Boston, onde ainda se acredita, como a condessa inglesa na noite de núpcias, que sexo "é demasiado bom para a gentinha comum". Casais podem, sem sentimento de culpa e em geral sem embaraço, discutir seu relacionamento sexual, procurando torná-lo mais satisfatório e significativo para ambos. Que essas vantagens não sejam subestimadas. A ansiedade social exterior e o sentimento de culpa decresceram. Tolo seria quem não se alegrasse com isso.

Mas a ansiedade *interior* e o remorso aumentaram. E de certo modo são mais mórbidos, mais difíceis de enfrentar, impondo ao indivíduo uma carga mais pesada do que a ansiedade e o remorso externos.

O desafio que a mulher recebia do homem era simples e direto – iria ou não iria para a cama? – uma indicação direta de sua posição em relação aos *mores* culturais. Mas hoje em dia os homens não mais perguntam: "Irá ou não irá?" e sim: "Será ou não capaz?" O desafio deslocou-se para a aptidão pessoal da mulher, isto é, sua capacidade de sentir o tão importante orgasmo, que deve parecer um ataque epiléptico. Embora concordemos em que a segunda pergunta coloque o problema da decisão sexual mais próximo de onde se deve encontrar, não podemos ignorar o fato de que a primeira é muito mais fácil de enfrentar.

Uma de minhas pacientes temia a relação sexual porque o homem "não me achará muito hábil no amor". Outra tinha medo "porque eu nem sei como agir", e supunha que o amante consideraria essa ignorância uma deficiência. Outra morria de medo de um segundo casamento, pois não sentiria orgasmo, uma vez que jamais sentira na primeira união. Muitas vezes a hesitação da mulher encontra-se formulada da seguinte maneira: "Ele não gostará de mim o bastante para voltar".

Nas décadas anteriores podia-se lançar a culpa sobre os costumes severos e preservar a autoestima, dizendo a si mesmo que a falta não era sua. E isso deixava algum tempo para decidir o que se queria de fato fazer, para preparar uma verdadeira opção. Mas quando a questão se reduz à habilidade, o senso de aptidão e a autoestima entram em jogo imediatamente, e todo o peso do encontro é deslocado para o interior – para a capacidade de vencer a prova.

Estudantes universitários, em luta contra as autoridades docentes por causa do horário em que se permitem moças nos quartos dos rapazes, são estranhamente cegos ao fato de que muitas vezes as regras são de grande valia. O regulamento proporciona ao estudante tempo para encontrar a si mesmo. Ele dispõe assim de espaço para considerar um meio de agir sem se comprometer antes de estar preparado para tal, antes de adquirir experiência, aventurando-se experimentalmente em relacionamentos, o que faz parte de todo processo de crescimento. Melhor não se comprometer abertamente, com franqueza, do que se embrenhar em relações sexuais sob pressão, fazendo violência aos sentimentos, envolvendo-se fisicamente, sem se comprometer psicologicamente. Talvez o estudante desafie as regras, mas pelo menos estas lhe dão uma estrutura a ser desafiada. Minha opinião é válida, tanto em caso de obediência como desobediência ao regulamento. Inúmeros estudantes, compreensivelmente ansiosos diante da nova liberdade sexual, recalcam a ansiedade ("deve-se *gostar* da liberdade") e depois compensam a ansiedade adicional criada pelo recalque atacando as autoridades por não lhes concederem mais liberdade!

O que não enxergamos em nosso liberalismo míope com relação ao sexo foi que lançar o indivíduo a um ilimitado oceano de livre-escolha não proporciona por si mesmo liberdade. Pelo contrário, é capaz de aumentar o conflito interior. Não chegou a ser totalmente humana a liberdade sexual que buscávamos.

Nas artes, descobrimos também que é uma ilusão supor que a mera liberdade resolveria o problema. Consideremos, por exemplo, a dramaturgia. No artigo intitulado *Is Sex Kaput?* (Fracassou o sexo?), Howard Taubman, ex-crítico teatral do *The New York Times,* resumiu o que observamos todos em peça após peça: "Entregar-se a uma atividade sexual era como dispor-se a fazer compras numa tarde chuvosa; o desejo nada tinha a ver com a história e mesmo a curiosidade não era muito marcante"[4]. Conside-

4. Howard Taubman, "Is Sex Kaput?", *The New York Times,* segunda parte, 17 de janeiro de 1965.

remos ainda o romance. "Na revolta contra os Vitorianos", escreve Leon Edel, "os extremistas conheceram seu grande dia. Até agora empobreceram o romance em vez de enriquecê-lo"[5]. Edel destaca com sensibilidade o ponto crucial: nas "explicações" realistas ocorreu uma *desumanização* do sexo na ficção. "Há encontros sexuais nas obras de Zola", insiste, "mais verdadeiros, com mais conteúdo humano, que qualquer descrito por D. H. Lawrence"[6].

A luta contra a censura e pela liberdade de expressão foi com certeza uma grande batalha, mas não se terá transformado numa camisa de força? Os escritores, tanto os romancistas como os dramaturgos, "preferem empenhar a máquina de escrever a entregar um manuscrito sem as obrigatórias cenas de implacável documentação anatômica do comportamento sexual dos personagens..."[7] Nosso "esclarecimento dogmático" derrotou a si mesmo; termina destruindo a própria paixão sexual que se propunha proteger. Na grande maré de registros realistas esquecemos, no palco, no romance e até em psicoterapia, que a imaginação é o sangue de eros e que o realismo não é nem sexual, nem erótico. Na verdade, não existe coisa alguma *menos* sexy do que a total nudez, conforme uma hora num campo de nudistas o provará. É necessário o concurso da imaginação (que mais tarde chamarei intencionalidade)

---

5. Leon Edel, "Sex and the Novel" (Sexo e a Novela), *The New York Times*, parágrafo 7, parte 1, 1º de novembro de 1964.

6. Ibid.

7. Cf. Taubman.

para transmudar a fisiologia e a anatomia em experiência *interpessoal* – em arte, na paixão, no eros, em um milhão de formas com o poder de nos abalar ou encantar.

Um "esclarecimento" que se reduz a simples detalhe realístico não será uma fuga à ansiedade contida na relação entre a imaginação humana e a paixão erótica?

Salvação através da técnica

O segundo paradoxo é que na *nova ênfase sobre a técnica sexual e amorosa o tiro sai pela culatra.* Ocorre-me com frequência que existe um relacionamento inverso entre o número de obras de ensinamento prático saídas das gráficas de uma sociedade e o volume de paixão sexual, ou mesmo prazer, experimentado pelas pessoas que as leem. É claro que nada existe de mau na técnica em si, seja para jogar golfe, representar ou fazer amor. Mas a ênfase na técnica sexual, quando excede determinado ponto, inclina a uma mecanização do ato amoroso, acompanhada de alienação, sentimento de solidão e despersonalização.

É um dos aspectos da alienação que o amante, com sua velha arte, tende a ser suplantado pelo operador de computadores, com sua moderna eficiência. Os casais dão muita atenção às regras e aos horários no amor – prática confirmada e padronizada por Kinsey. Caso se atrasem, tornam-se ansiosos e sentem-se compelidos a ir para a cama, queiram ou não. Meu colega, o Dr. Schimel, observa: "Meus pacientes suportaram estoicamente, sem o notar, um tratamento destruidor às mãos do cônjuge, mas considerariam um atraso no esquema sexual como falta de amor"[8]. O homem acha que está, de certo modo, perdendo sua masculinidade se não seguir a tabela, e a mulher julga que perderá seus atrativos caso haja um período muito prolongado sem que o homem faça pelo menos uma tentativa. A expressão "entre dois homens", que as mulheres usam referindo-se aos seus casos amorosos, sugere um espaço de tempo, como que um entreato. Complicadas tabelas e contabilidades – quantas vezes amamos esta semana? Ele (ou ela) foi bastante atencioso à noite? As ações preliminares foram bastante prolongadas? – lançam dúvidas sobre a possibilidade da sobrevivência da espontaneidade no mais espontâneo dos atos. O computador ronda os bastidores do drama amoroso, como Freud dizia rondarem os pais de antigamente.

Não surpreenderá, portanto, nesta preocupação com a técnica, que a pergunta típica sobre o ato amoroso não seja "Havia significado, paixão, ou prazer no ato?" e sim "Como me saí?"[9] Tomemos, por exemplo, o que Cyril

---

8. John L. Schimel, "Ideologia e práticas sexuais", *Sexual Behavior and the Law,* ed. Ralph Slovenko (Springfield, 111., Charles C. Thomas, 1965), pp. 195, 197.

9. Às vezes uma paciente, ao narrar de que modo um homem tentou seduzi-la, diz que ele se descreve como amante eficiente, prometendo que a relação sexual será altamente satisfatória para ela. (Imagine-se o Don Giovanni de Mozart apresentando tal argumento!) Em justiça à natureza humana mais elementar devo acrescentar que essa "publicidade" em nada contribui para o sucesso do sedutor, que eu me lembre.

Connolly chama "a tirania do orgasmo", a preocupação em alcançar um clímax simultâneo, que é outro aspecto da alienação. Confesso que quando se fala em "orgasmo apocalíptico" pergunto a mim mesmo: "Para que tanto esforço? Que abismos de dúvida pessoal, que vazio interior estarão procurando preencher com essa grande preocupação com efeitos grandiosos?"

Até os sexologistas, cuja atitude em geral é "quanto mais sexo, mais alegria", começaram a erguer as sobrancelhas diante do excesso de ansiedade para alcançar o orgasmo e a grande importância dada a "satisfazer" o parceiro. O homem faz questão de perguntar a mulher se ela "gozou", ou se está se sentindo bem, usando eufemismos para uma experiência onde nenhum eufemismo é possível. Nós, homens, somos advertidos por Simone de Beauvior e outras autoras que procuram interpretar o ato amoroso, que esta é a última coisa que uma mulher deseja ouvir em tal momento. Além do mais, a preocupação técnica rouba-lhe precisamente o que ela mais deseja física e emocionalmente, isto é, o abandono espontâneo do homem no momento do clímax. Este abandono lhe proporciona todos os êxtases e emoções de que é capaz. Quando deixamos de lado toda a confusão de papéis e desempenho o que permanece é o seguinte: a importância da simples intimidade no relacionamento – o encontro, a crescente excitação que se ignora até aonde levará, a afirmação e a doação de si mesmo – tornando memorável o encontro sexual. Não será esta intimidade que nos faz rememorar com frequência o acontecimento, quando sentimos necessidade de aquecer-nos junto a qualquer calor que a vida nos proporciona?

É estranho que em nossa cultura o que constitui a trama de um relacionamento – o partilhar de gostos, fantasias, sonhos, esperanças de futuro e temores do passado – torne as pessoas mais tímidas e vulneráveis do que o simples ato de irem juntos para a cama. Desconfiam mais da ternura que acompanha a nudez psicológica e espiritual do que a nudez física da intimidade sexual.

O novo puritanismo

O terceiro paradoxo é que a tão alardeada liberdade sexual tornou-se uma nova forma de puritanismo. Escrevo a palavra com *p* minúsculo porque não quero confundi-lo com o original puritanismo. Este, como na paixão de Hester e Dimmesdale em *The Scarlet Letter* (A letra escarlate), de Hawthorne, era algo muito diferente[10]. Re-

---

10. É possível verificar em diversas fontes que os verdadeiros puritanos dos séculos XVI e XVII eram uma raça diferente das formas deterioradas do nosso século. Roland H. Balnton, no capítulo "Puritanismo e a Era Moderna", do livro *What Christianity Says About Sex, Love and Marriage* (O que diz o cristianismo a respeito do sexo, amor e casamento), Nova York, Reflection Books, Association Press, 1957, escreve: "O ideal puritano de relacionamento entre marido e mulher pode ser resumido nas palavras "um terno respeito". Citando Thomas Hooker: "O homem cujo coração é conquistado pela mulher a quem ama sonha com ela dia e noite, preocupa-se quando desperto, contempla-a quando senta à mesa, fica ao seu lado quando viaja e fala-lhe em cada lugar aonde chega". Ronald Mushat Frye, num trabalho sensível, intitulado "Ensinamentos do puritanismo clássico sobre o amor

firo-me ao puritanismo que nos foi legado pelos nossos antepassados vitorianos e que se aliou ao industrialismo e à compartimentalização emocional e moral.

Segundo minha definição, consiste de três elementos. Primeiro – um estado de alienação física. Segundo – a separação de emoção e razão. Terceiro – o uso do corpo como se fosse uma máquina.

---

conjugal", *Studies from the Renaissance,* 11 (1955), apresenta provas concludentes de que o puritanismo clássico inculcava um sentido de vida sexual no casamento como a "Coroa de todas as nossas alegrias", "Fundamento na razão, leal, justo e puro" (p. 149). O autor acredita que "permanece o fato de que a educação na Inglaterra, com uma visão mais liberal do amor conjugal, nos séculos XVI e princípios do XVII, foi em grande parte obra daquele setor do protestantismo inglês chamado puritanismo" (p. 149). Os puritanos eram contra a concupiscência e o agir baseado nos atrativos físicos fora do casamento, mas acreditavam firmemente no aspecto sexual do matrimônio e no dever de todos em conservá-lo vivo durante toda a vida. Uma confusão posterior associou-se ao ascetismo da continência no casamento. Frye declara: "Lendo amplamente os escritores puritanos e outros protestantes dos séculos XVI e princípios do XVII nada descobri senão oposição a esse tipo de "perfeição" ascética" (p. 152).

Basta estudar com atenção as igrejas da Nova Inglaterra, construídas pelos puritanos e seus sucessores, para ver o grande refinamento e dignidade das formas, que revelam certamente uma atitude apaixonada em relação à vida. Eles tinham a dignidade da paixão controlada, em contraste com o nosso atual padrão de expressar e dispersar a paixão. A deterioração do puritanismo em nossas atitudes seculares atuais foi causada pela confluência de três tendências: o industrialismo, a compartimentalização emocional vitoriana, e a secularização de todas as atitudes religiosas. O primeiro introduziu o modelo mecânico específico; a segunda, a desonestidade emocional, que Freud bem analisou; e a terceira arrebatou as dimensões profundas da religião, transformando-as nas formas superficiais de preocupação como a maneira de "portar-se" em questões como fumar, beber e atitude em relação a sexo, que acima atacamos. (A quem desejar ler encantadoras cartas de amor entre marido e mulher desse período, recomendamos a biografia em dois volumes de John Adams, por Page Smith. E também os escritos sobre os puritanos, de autoria de Perry Miller.)

Em nosso novo puritanismo, má saúde está equacionada com pecado[11]. O pecado significava ceder aos impulsos sexuais; agora significa não encontrar plena expressão sexual. O puritano contemporâneo afirma ser imoral *não* manifestar a libido. Aparentemente isso é válido em ambos os lados do oceano: "Existem poucas coisas mais deprimentes do que um intelectual progressista decidido a ir para a cama com alguém, por senso de dever moral..." – escreve o *Times Literary Supplement,* de Londres. "O puritanismo de ideais mais elevados do mundo é o moderno advogado da salvação através da paixão corretamente orientada..."[12]. Antigamente a mulher sentia remorsos quando ia para a cama com um homem; agora sente-se vagamente culpada se, após alguns encontros, ainda se nega; seu pecado é "recalque mórbido", recusa de "doar-se". E o parceiro, que é sempre muito esclarecido (ou pelo menos finge ser), recusa-se a amenizar-lhe o remorso mostrando-se francamente irado (se ela pudesse lutar contra ele, o conflito seria muito mais fácil). Ele, porém, fica à distância, de mentalidade aberta, pronto, ao fim de cada encontro, a empreender uma cruzada para ajudá-la a sair de seu estado depressivo. E isso naturalmente faz com que a negativa seja ainda mais embebida em remorso.

Tudo isso significa que as pessoas precisam não só desembaraçar-se sexualmente, como também de, ao fa-

11. Esta formulação me foi originalmente sugerida pelo D. Ludwig Lefebre.

12. *Atlas,* novembro de 1965, p. 302.

zê-lo, não se apaixonar ou comprometer-se de maneira indecorosa – o que seria interpretado como exigência pouco saudável em relação ao parceiro. *Os vitorianos procuravam o amor sem envolvimento com o sexo. O homem contemporâneo procura sexo sem amor.*

Certa vez, diverti-me traçando um esboço impressionista da atitude da pessoa esclarecida, nos dias de hoje, em relação ao sexo e ao amor. Gostaria de partilhar com o leitor esse esboço, que se chama "O novo sofisticado":

> O novo sofisticado não foi castrado pela sociedade, mas, como Orígenes, castrou-se a si mesmo. Sexo e corpo não são para ele algo com que se deve viver, e sim instrumentos a serem cultivados como a voz de um locutor de televisão. O novo sofisticado expressa sua paixão dedicando-se freneticamente ao princípio moral de dispersar toda paixão amando a todos, até que o amor seja reduzido a algo que não assusta a ninguém. Tem medo mortal de suas paixões, a menos que estejam sob controle, e a teoria da expressão total é justamente seu freio. Seu dogma de liberdade é o recalque e o princípio de plena saúde libidinosa, plena satisfação sexual, é a negação do eros. Os antigos puritanos recalcavam o sexo e eram apaixonados; o novo puritano recalca a paixão e entrega-se ao sexo. Sua finalidade é conter o corpo, escravizar a natureza. O rígido princípio de plena liberdade não passa de uma camisa de força. Age assim porque teme o corpo, e suas raízes compassivas na natureza, teme o solo e seu poder procriador. É o baconiano dedicado a dominar a natureza, obter conhecimentos, a fim

> de adquirir mais poder. E domina a sexualidade (como se obriga o escravo a trabalhar até que qualquer veleidade de revolta desapareça) simulando precisamente expressão total. Sexo torna-se um instrumento, como o arco e a flecha, o macete ou o enxó do homem das cavernas. Sexo é a nova máquina, a *Machina Ultima.*

Esse novo puritanismo introduziu-se na psiquiatria e psicologia contemporâneas. Argumenta-se, em algumas obras sobre a orientação de casais, que o terapeuta só devia usar a palavra "foda" ao discutir à relação sexual e insistir em que os pacientes a usem, pois qualquer outro vocábulo contribui para uma dissimulação. O que é significativo aqui não é o uso do termo em si: a pura concupiscência, animal porém autoconsciente, e o abandono físico chamado corretamente foder não pode ser riscado do espectro da experiência humana. Mas o interessante é que o uso da palavra, antigamente proibida, seja agora obrigatório – um dever pela razão moral da autenticidade. Não há dúvida de que existe dissimulação em negar o lado biológico da cópula. Mas é também dissimulação usar o termo foder para a experiência sexual quando o que se procura é um relacionamento de intimidade pessoal que será recordado amanhã e muitas semanas depois. O primeiro é dissimulação a serviço da inibição; o último, a serviço da alienação do *self*, uma defesa do *self* contra a ansiedade de um relacionamento íntimo. Assim como o primeiro foi o maior problema nos tempos de Freud, o último é o problema particular de nossa era.

O novo puritanismo traz consigo uma despersonalização de toda a nossa linguagem. Em vez de amor temos "sexo"; em contraste com relação sexual temos "foder"; em vez de ir para a cama, "deitamos" alguém ou (Deus nos ajude, a nós e a língua que falamos!) somos "deitados". Esta alienação tornou-se a ordem do dia, a tal ponto que em algumas escolas de treinamento psicoterapêutico jovens psiquiatras e psicólogos aprendem que é "sadio" usar somente palavrões durante a terapia: é provável que o paciente esteja disfarçando algum recalque se falar em "amar", de modo que se torna nosso dever – o novo puritanismo encarnado! – dizer-lhe que ele está apenas fodendo. Todos parecem interessar-se tanto, por destruir os últimos vestígios de pudicícia vitoriana que esquecem totalmente que essas palavras se referem a diferentes espécies de experiência humana. É provável que a maioria das pessoas tenha experimentado as diversas formas de relacionamento sexual descritas pelos diferentes termos e saiba fazer distinção entre elas. Não estou fazendo um juízo de valor das diversas experiências; cada qual é própria a uma espécie de relacionamento. Toda mulher deseja, em determinada ocasião, ser "deitada" – transportada, arrebatada, "forçada" a sentir paixão, mesmo que a princípio esteja insensível, como na famosa cena entre Rhett Butler e Scarlett O'Hara, em "E o vento levou...". Mas se apenas isso acontecer na vida sexual, a alienação pessoal e a rejeição do sexo estarão muito próximas. Se o terapeuta não fizer uma distinção entre as experiências presidirá à redução e ao truncamento da consciência do paciente, confirmará o cerceamento de sua percepção física, assim como de sua capacidade de relacionar-se. É esta a maior crítica ao novo puritanismo: limita grosseiramente os sentimentos, bloqueia a infinita variedade e a riqueza do ato e contribui para o empobrecimento emocional.

Não é surpreendente que este novo puritanismo estimule forte hostilidade entre os membros de nossa sociedade. E essa hostilidade, por sua vez, manifesta-se com frequência em referências ao próprio ato sexual. Dizemos "foda-se" como termo pejorativo, para demonstrar que o outro só vale para ser usado e depois atirado fora. A concupiscência biológica encontra-se aqui em seu *reductio ad absurdum*. Na verdade, a palavra foda é o expletivo mais comum na linguagem contemporânea para expressar violenta hostilidade. Não creio que seja por simples acaso.

Freud e o puritanismo

É fascinante como a psicanálise freudiana estava entrelaçada tanto com o novo liberalismo sexual como com o puritanismo. Sociólogos de araque tendem a atribuir a Freud o papel de iniciador ou pelo menos de primeiro porta-voz da nova liberdade sexual. Mas o que não veem é que Freud e a psicanálise expressavam o novo puritanismo tanto positiva como negativamente.

O puritanismo psicanalítico é positivo na ênfase sobre a rigorosa autenticidade e retidão intelectual, exemplificadas pelo próprio Freud. É negativo quando proporciona um novo sistema pelo qual o corpo e o *self* podem ser considerados, correta ou erroneamente, um mecanismo para gratificação por meio de "objetos sexuais". A tendência psicanalítica a falar de sexo como de uma "necessidade", no sentido de tensão a ser reduzida, favorece esse puritanismo.

É necessário explorar o problema, portanto, para ver de que modo os novos valores sexuais de nossa cultura são submetidos a uma curiosa transformação quando racionalizados psicanaliticamente. "Psicanálise é calvinismo de bermudas", declarou o Dr. C. Macfie Campbell, presidente da Associação Americana de Psiquiatria em 1936-1937, ao discutir os aspectos filosóficos da psicanálise. O aforismo é só em parte verdadeiro, mas essa parte é significativa. O próprio Freud admirava profundamente Oliver Cromwell, o líder puritano, e deu a um de seus filhos esse nome. Philip Rieff, no estudo "Freud: sua mentalidade moralista", observa que essa "afinidade com o puritanismo militante não era excepcional entre os intelectuais seculares judeus e indica preferência por um determinado tipo caracterológico, revestido de independência e retidão intelectual, e não uma crença ou doutrina particular"[13]. Em seus ascéticos hábitos de trabalho, Freud revela um dos mais significativos aspectos

---

13. Philip Rieff, *Freud: The Mind of the Moralitt* (Nova York, Viking Press, 1959), citado por James A. Knight – "Calvinismo e psicanálise: Estudo Comparativo", em *Pastoral Psychology,* dezembro de 1963, p. 10.

do puritanismo, isto é, *o uso da ciência como mosteiro*. Sua dedicação compulsiva era rigorosamente orientada para alcançar seus objetivos científicos, que transcendiam tudo o mais na vida (e, pode-se dizer, a própria vida) e pelos quais sublimava a paixão em sentido bastante real, e não figurativo.

O próprio Freud tinha vida sexual bastante limitada. Sua expressão sexual começou tarde, cerca dos 30 anos, e desapareceu cedo, cerca dos 40, segundo seu biógrafo Ernest Jones. Aos 41, Freud escreveu ao amigo Wilhelm Fliess queixando-se de depressão e acrescentando: "Também a excitação sexual não tem mais valia para uma pessoa como eu". Outro incidente aponta para o fato de que nessa idade sua vida sexual já havia quase totalmente terminado. Freud revela em "A interpretação dos sonhos" que em determinada ocasião, quando estava com cerca de 40 anos, sentiu-se fisicamente atraído por uma jovem e quase involuntariamente estendeu a mão para tocá-la. E comenta a sua surpresa por "ainda" descobrir em si mesmo a capacidade de sentir-se tão atraído[14].

Freud acreditava no controle e na orientação da sexualidade e estava convicto de que isso tinha valor específico tanto para o desenvolvimento cultural como para a formação do caráter. Em 1883, no decorrer de seu prolongado noivado com Martha Bernays, escreveu à futura esposa:

---

14. Knight, p. II.

> ...não é agradável, nem edificante observar as massas se divertindo; nós, pelo menos, não temos muito gosto para isso... Lembro-me de algo que ocorreu quando assistia a uma representação da *Carmen:* a multidão dá vazão aos apetites e nós nos contemos. Nós nos contemos, a fim de manter a integridade, poupar a saúde, a capacidade de gozo, as emoções; nós nos poupamos para algo, sem saber o quê. E esta constante supressão dos instintos naturais nos proporciona o refinamento... E o caso extremo de pessoas como nós, que se unem para toda a vida, que se dominam e sofrem durante anos, a fim de permanecer fiéis, e que provavelmente não sobreviveriam a uma catástrofe que lhes arrebatasse o ente amado...[15]

A base da doutrina freudiana da sublimação reside nesta crença de que existe uma determinada quantidade de libido em cada indivíduo, e de que este pode privar-se, "economizar" emocionalmente, de maneira a aumentar sua apreciação do outro. E que se a pessoa desgastar a libido diretamente na sexualidade não poderá utilizá-la, por

---

15. Marcus, *The Other Victoriant,* pp. 148-147. A carta de Freud continua: "Toda a nossa conduta pressupõe estarmos protegidos da miséria e existir a possibilidade de nos libertarmos cada vez mais dos males sociais. Os pobres, as massas, não poderiam sobreviver sem epiderme rija e maneiras despreocupadas. Por que desprezariam os prazeres do momento se nenhum outro os aguarda? Os pobres estio demasiado desprotegidos, demasiado impotentes para se portarem como nós. Quando vejo as pessoas se distraindo sem qualquer senso de moderação, penso invariavelmente que é uma compensação por serem um alvo impotente de todos os impostos, epidemias, doenças e males das instituições sociais".

exemplo, na criação artística. Num positivo elogio da obra de Freud, Paul Tillich observa, não obstante, que "o conceito de sublimação é a convicção mais puritana de Freud"[16].

Não faço um simples julgamento depreciativo da psicanálise ao apontar sua ligação com o puritanismo. O movimento puritano original caracterizava-se, nos seus melhores representantes e antes da deterioração geral nos moralismos vitorianos, em fins do século XIX, por admiráveis qualidades de dedicação à integridade e à verdade. O progresso da ciência moderna muito deve a ele e provavelmente não existiria sem essas virtudes dos monges seculares dos laboratórios científicos. Além do mais, uma evolução cultural com a psicanálise é tanto causa como efeito: *reflete* e *expressa* as tendências que estão emergindo em nossa cultura, assim como as amolda e influencia. Se tivermos consciência do que está acontecendo poderemos, mesmo que ligeiramente, influenciar a direção das tendências. E criar então, esperançosamente, novos valores relevantes para a nova situação cultural.

Mas se tentarmos esvaziar de conteúdo a psicanálise seremos lançados a uma contradição, não só dos próprios valores, como de nossa autoimagem. É um erro esperar que a psicanálise fique com o encargo de nos proporcionar valores. Ela pode, desdobrando e revelando motivos e desejos anteriormente negados e ampliando o consciente,

---

16. Paul Tillich, num discurso, "Psicanálise e Existencialismo", pronunciado na Conferência da Associação Americana de Psicologia Existencial e Psiquiatria, fevereiro de 1962.

abrir caminho para que o próprio paciente descubra novos valores e com eles se transforme. Mas não poderá jamais, por si mesma, assumir o encargo de escolher os valores que transformarão a vida da pessoa. A grande contribuição de Freud foi dar à injunção socrática "conhece a ti mesmo" uma nova profundidade, que compreende, na verdade, um novo continente – o dos motivos recalcados, inconscientes. Freud elaborou, além disso, técnicas para os relacionamentos pessoais em terapia, baseados nos conceitos de transferência e resistência, trazendo esses planos à percepção consciente. Seja qual for o grau de popularidade da psicanálise, permanece verdadeiro que as descobertas de Freud e outros neste campo são contribuição inestimável, não só no setor do tratamento psicológico como no da moral, no sentido de acabar com a hipocrisia e o farisaísmo.

O que desejo esclarecer é que em nossa cultura muita gente, desejosa do nirvana proporcionado por mudança automática no próprio caráter e decréscimo de responsabilidade com a transmissão de sua psiquê a um processo técnico, vêm simplesmente *contrabandeando da psicanálise um novo conteúdo para seu velho puritanismo,* graças à "livre-expressão" e ao hedonismo. O fato de a mudança de atitude em relação ao sexo e aos *mores* ter ocorrido com tanta rapidez – virtualmente na década de 1920 – argumenta igualmente a favor da suposição de que mudamos os trajes e os papéis, mas não o caráter. Omitiu-se a abertura dos sentidos e da imaginação para o enriquecimento que constitui o prazer, a paixão e o amor significativo; relegamos tudo isso aos processos técnicos. Nessa espécie de amor "livre" não se aprende a amar; e a liberdade deixa de ser uma libertação para se transformar numa camisa de força. O resultado foi que os nossos valores sexuais tornaram-se confusos e contraditórios e o amor físico apresentou os paradoxos quase insolúveis que agora observamos.

Não desejo sublinhar demasiado o caso, nem perder de vista, em momento algum, os benefícios positivos da moderna flexibilidade de costumes sexuais. As confusões a que aludimos andam de par com verdadeiras possibilidades de liberdade para o indivíduo. Os casais podem confirmar que o sexo é fonte de prazer e gozo; livres do erro de que sexo, como ato natural, é mau, podem tornar-se mais sensíveis aos verdadeiros males de seu relacionamento, tal como a mútua manipulação. Livres num grau que os vitorianos jamais conheceram, podem explorar maneiras de enriquecer sua relação. Mesmo a alta no índice dos divórcios, com os sérios problemas daí resultantes, tem o efeito psicológico positivo de tornar mais difícil aos casais racionalizar um mau casamento pelo dogma de estarem "presos" um ao outro. A possibilidade de encontrar novo companheiro torna necessário assumir a responsabilidade da escolha do que possuímos, fiquemos com ele ou não. Existe ainda a possibilidade de criar uma coragem a meio caminho – e que inclui ambos – entre a concupiscência biológica e o desejo de um relacionamento rico de significado, uma consciência mútua mais profunda e os outros aspectos do que chamamos compreensão humana. A coragem pode ser desviada do simples combate aos costumes sociais à capacidade interior de comprometer-se com outro ser humano.

Mas esses pontos positivos, torna-se agora bem claro, não advêm automaticamente. Tornam-se possíveis somente à medida que as contradições que acabamos de descrever forem compreendidas e resolvidas.

Motivos do problema

Em minha função de supervisor de dois institutos de psicanálise acompanho um caso de cada um dos seis psiquiatras ou psicólogos estudando para analista. Cito os seis pacientes desses jovens médicos não só porque conheço muita coisa a seu respeito, mas também porque, uma vez que não são meus pacientes, posso vê-los com mais objetividade. Cada um deles tem relações sexuais sem aparente sentimento de vergonha ou culpa – e em geral com diferentes parceiros. As mulheres – quatro dos seis – declaram todas não sentir grande coisa no ato sexual. Os motivos de duas delas parecem ser agarrar-se ao homem e cumprir o mandamento que diz que a certa altura a relação sexual "é o que todo mundo faz". A terceira tem o motivo particular da generosidade: considera o ato sexual uma coisa agradável para se oferecer a um homem – e faz tremendas exigências ao companheiro para que este, por sua vez, cuide bem dela. A quarta mulher parece ser a única que experimenta verdadeiro desejo sexual, além de que seus motivos são um misto de generosidade e ira em relação ao homem ("Eu o *forçarei* a me proporcionar prazer!"). Os dois pacientes do sexo masculino eram anteriormente impotentes e no momento, embora capazes do ato, têm ocasionais problemas de impotência. Mas o fato relevante é que jamais demonstram sentir muito prazer na relação sexual. Seu principal motivo ao procurá-la é, aparentemente, provar a própria masculinidade. A finalidade específica de um dos homens, na verdade, parece mais ser o relato ao analista da aventura da noite anterior, medíocre ou satisfatória, uma espécie de intercâmbio de confidências de homem para homem, em lugar do gozo do próprio ato amoroso.

Continuemos nossa pesquisa num plano mais profundo: "quais os motivos ocultos dessa maneira de agir? O que leva as pessoas, hoje em dia, à preocupação compulsiva com o sexo, em lugar de negá-lo compulsivamente, como faziam antes?"

A luta para provar a própria identidade é evidentemente um dos motivos centrais – objetivo presente tanto nos homens como nas mulheres, conforme observou Betty Friedan em *Mística feminina**. Isto ajudou a divulgar a ideia de *igualdade* dos sexos e *intercâmbio* dos papéis sexuais. O igualitarismo é procurado ao preço da negação não só das diferenças biológicas – básicas, para

* Vozes, 1971.

dizer-se o mínimo – entre homem e mulher, como as diferenças emocionais, das quais se deriva grande parte do prazer do ato sexual. A contradição reside aqui no fato de que a necessidade compulsiva de provar que se é idêntico ao parceiro significa que a pessoa está recalcando sua sensibilidade singular – e é isso exatamente o que solapa o senso de identidade. Esta contradição contribui para a tendência, em nossa cultura, de nos tornarmos mecanizados, inclusive na cama.

Outro motivo é a esperança de vencer a própria solidão. Aliado a isso existe o desesperado esforço para fugir ao sentimento de vazio e à ameaça da apatia: parceiros arquejam e estremecem, esperando encontrar uma reação correspondente no corpo de alguém, só para provar que não estão mortos; procuram uma resposta, um anseio no outro, a fim de provar que estão vivos seus próprios sentimentos. Segundo um velho conceito, isso se chama amor.

Tem-se às vezes a impressão de que os homens estão treinando para se tornarem atletas sexuais. Mas qual é o grande prêmio do jogo? Não só os homens, como também as mulheres, lutam para provar sua força sexual – precisam manter-se em dia com a tabela, demonstrar paixão, sentir o tão alardeado orgasmo. É agora bem aceito em círculos psicoterapêuticos que, dinamicamente, o excesso de preocupação com a potência é em geral uma compensação por sentimentos de impotência.

O uso do sexo para provar a própria potência em todos esses diferentes domínios tem conduzido a uma ênfase mais acentuada na habilidade técnica. E observamos aqui um estranho padrão que se anula a si mesmo: a excessiva preocupação com a técnica sexual está correlacionada com a diminuição da sensibilidade sexual. São ridículas as técnicas desse *approach*. Exemplo: a aplicação de uma pomada anestésica ao pênis, antes da relação sexual. Sentindo menos, o homem consegue adiar por mais tempo o orgasmo. Soube por colegas que é frequente a prescrição desse "remédio", pois a ejaculação prematura não é fora do comum. "Um paciente", conta o Dr. Schimel, "estava desesperado por causa de suas *ejaculações prematuras*, mesmo quando estas ocorriam após dez minutos ou mais de penetração. Um vizinho seu, que era urologista, recomendou-lhe uma pomada anestésica, a ser usada antes da cópula. O paciente mostrou-se plenamente satisfeito com a solução e muito grato ao urologista"[17]. Totalmente disposto a renunciar a qualquer prazer pessoal, queria apenas provar que era um macho competente.

Um paciente meu contou-me que procurara um médico por causa de problema de ejaculação prematura e que lhe fora receitada a pomada anestésica. Para surpresa minha e do Dr. Schimel, o paciente aceitou a solução sem protestos nem conflitos. O remédio não preenchia a exigência necessária, não o ajudava a representar melhor seu papel masculino? Mas quando o rapaz me procurou estava totalmente impotente, a ponto de não ter sabido enfrentar a atitude pouco elegante da mulher, que, tiran-

---

17. Schimel, p. 198.

do o sapato, agredira-o na cabeça enquanto ele dirigia. Naquela medonha caricatura de casamento, o homem tornara-se de todo incapaz. Seu pênis, antes de ficar insensível por meio de drogas, fora aparentemente o único elemento com bastante "senso", isto é, recolhera-se o mais depressa possível.

Procurar *sentir menos* para *sair-se melhor!* Eis um símbolo tão macabro quanto vivido do círculo vicioso em que está encerrada grande parte de nossa cultura. Quanto mais necessário provar a própria potência, tanto mais a pessoa encara o ato sexual – o mais íntimo e pessoal de todos os atos – como algo a ser julgado por padrões externos; e quanto mais a pessoa se considerar uma máquina a ser ligada, ajustada e orientada, menos sentimentos terá por si mesmo e pelo parceiro; e quanto menos sentimentos, tanto mais escasso o verdadeiro apetite sexual e habilidade. O resultado desta conduta é que com o tempo *o amante mais eficiente se tornará impotente.*

Vibra uma nota pungente quando lembramos que esta excessiva preocupação em "satisfazer" o parceiro é uma expressão, embora pervertida, de um elemento sólido e básico do ato sexual: o prazer e a experiência de autoafirmação de sentir-se capaz de *doar-se* ao parceiro. O homem fica às vezes profundamente grato à mulher que se deixa ser por ele gratificada, que permite que ele lhe proporcione um orgasmo, para usar a expressão que é tantas vezes o símbolo dessa experiência. Existe um ponto entre a concupiscência e a ternura, entre sexo e ágape, e que tem um pouco de ambos. Há inúmeros homens em nossa cultura incapazes de sentir a própria identidade como homem ou como criatura humana se não conseguirem satisfazer a uma mulher. A própria estrutura de inter-relacionamento humano é de tal sorte que o ato sexual não atinge o clímax do prazer e do significado se homem e mulher não sentem que causaram prazer um ao outro. E é a incapacidade de sentir esse prazer do outro que muitas vezes existe sob a sexualidade exploradora do violentador e a sexualidade compulsiva do sedutor tipo Don Juan. O último precisa realizar repetidamente o ato sexual porque vive sempre insatisfeito, apesar de potente e tecnicamente capaz de um orgasmo satisfatório.

O problema não é o desejo e a necessidade em si de satisfazer o parceiro, e sim o fato de que esta necessidade é interpretada apenas em sentido técnico – proporcionar sensação física. O que se omitiu do próprio vocabulário (e por isso as palavras soam "quadradas" quando as pronunciamos) é o partilhar de sentimentos e fantasias, que constitui a riqueza psíquica interior e que em geral leva algum tempo, permitindo que a sensação transcenda a si mesma, passando à emoção, e a emoção se transforme em ternura e às vezes amor.

Não é surpreendente que as tendências contemporâneas para a mecanização do sexo tenham muito a ver com o problema da impotência. A característica distintiva da máquina é executar os *movimentos* sem qualquer *sensação*. Um esclarecido estudante de medicina, que contava entre as razões para procurar a análise para sua impotência sexual, teve um sonho revelador. Pedia-me, em sonho, para colocar na sua cabeça um cano que lhe penetrasse o corpo e saísse pelo pênis, pois estava convicto de que assim teria uma ereção admirável. O que faltava de todo a este brilhante representante de nossos tempos sofisticados era a compreensão de que *o que concebia como solução era a causa do problema*, isto é, ele se imaginava como uma "máquina de amar". A simbologia era extremamente expressiva: o cérebro – o intelecto – estava presente, mas, verdadeiro símbolo de nossa era alienada, ultrapassava a sede das emoções, o tálamo, o coração e os pulmões, chegando ao estômago. Caminho direto da cabeça ao pênis – sem passar pelo coração![18]

Não disponho de estatísticas referentes à atual incidência de casos de impotência para poder compará-las com as de períodos anteriores, nem creio que alguém as possua. Minha impressão, contudo, é que a impotência vem aumentando hoje em dia, apesar (ou por causa) da irrestrita liberdade sexual. Todos os terapeutas parecem concordar em que há mais homens com esse problema, entre os que os procuram – embora não se possa dizer com certeza se se trata de maior incidência, ou de mais profunda conscientização e maior capacidade para falar no assunto. Evidentemente o tópico é um daqueles sobre os quais é quase

18. Leopold Caligor e Rollo May, em *Dreams and Symbols* (Nova York, Basic Books, 1968), p. 108n, afirmam igualmente que os pacientes de hoje, em conjunto, parecem preocupados com a cabeça e as partes genitais nos sonhos, esquecendo o coração.

impossível obter estatísticas válidas. Mas o fato de a obra referente à impotência e frigidez, *Human Sexual Response*, ter permanecido tantos meses no alto da lista de *best-sellers*, embora cara e pesadona, parece ser prova de que o homem anda em busca de ajuda para o problema. Seja qual for a razão, está se tornando cada vez mais difícil para um homem, jovem ou velho, aceitar um "sim" de uma mulher.

Para observar as estranhas manifestações do novo puritanismo basta abrir um exemplar de *Playboy*, aquela temível publicação vendida principalmente a universitários e religiosos. Encontrando-se jovens nuas, com busto artificialmente inflado, ombro a ombro com artigos de autores conceituados, conclui-se de saída que a revista está do lado "esclarecido". Mas, examinando-se mais a fundo, percebe-se uma estranha expressão naquelas jovens fotografadas: desligadas, mecânicas, vazias, sem atrativo – a personalidade esquizoide típica no sentido negativo do termo. Vê-se que não são absolutamente *sexy* e que *Playboy* passou a folha de parreira dos órgãos genitais para o rosto. Nas "cartas ao editor", a primeira, intitulada "Padre Playboy", conta a história de um religioso que "explica a filosofia de Hefner a públicos de jovens e representantes do clero", dizendo que "a verdadeira ética e moral cristã não são incompatíveis com a filosofia de Hefner", e – com entusiástica aprovação – que "a maioria dos clérigos de paróquias elegantes vivem muito mais como *playboys* que como ascetas"[19]. E há outra carta

19. *Playboy*, abril de 1957.

sob o título "Jesus era *playboy*" – uma vez que amou Maria Madalena, boa alimentação, conforto e castigou os fariseus. E a gente se pergunta por que toda essa justificativa religiosa e por que, uma vez que estão "libertadas", as pessoas simplesmente não se dispõem a gozar dessa libertação?

Mesmo que se adote o ponto de vista de que as cartas ao editor são sempre forjadas, ou outro mais generoso, de que constituem exemplos entre centenas, tudo vem a dar no mesmo. O que emerge é a imagem do homem americano – um solteiro suave, desligado, seguro, que considera a mulher um "acessório de *playboy*", um item de indumentária elegante. Observa-se ainda que a revista não publica anúncios de fundas para hérnia, ou cabeleiras postiças, enfim qualquer coisa que destrua essa imagem. Percebe-se que os bons artigos (que, francamente, podem ser adquiridos por qualquer editor de bom gosto, disposto a desembolsar uma boa quantia) emprestam autoridade a essa imagem masculina[20]. Harvey Cox conclui que *Playboy* é fundamentalmente antissexual e "o mais recente e escorregadio epi-

20. Esses artigos, escritos por pessoas ilustres, podem ser tendenciosos, como a famosa entrevista concedida a *Playboy* por Timothy Leary, amplamente utilizada na publicidade, afirmando que o LSD faculta à mulher "centenas de orgasmos" e que "uma experiência com LSD que não inclua uma união física total é incompleta". Na verdade, o LSD aparentemente "desliga" as funções sexuais. Essa entrevista inspirou uma réplica de um escritor, autoridade tanto em LSD como em sexo, o Dr. R. E. L. Masters, que escreveu: "Tais atribuições ao LSD são não só falsas como perigosas... Um ou outro caso raro apoiaria algumas de suas afirmações, sem dúvida, mas o autor sugere que constituem a regra, não a exceção, e isso é inteiramente falso" (carta mimeografada, que circulou num grupo reduzido).

sódio na constante recusa do homem a ser humano". Acredita Cox que o "fenômeno total, do qual *Playboy* é apenas uma parte, ilustra vividamente a medonha nova espécie de tirania"[21]. O poeta-sociólogo Calvin Herton, comentando *Playboy* em relação à moda e ao mundo dos divertimentos, chama-o de porta-voz do novo fascismo sexual[22].

De fato, a revista tocou algo de significativo na sociedade americana: Cox acredita que seja "o medo recalcado de se envolver com mulheres"[23]. Vou mais longe afirmando que, como exemplo do novo puritanismo, haure sua dinâmica de ansiedade recalcada no homem americano e chega a sublinhar o medo ao compromisso, que é o temor recalcado da impotência. A revista está lindamente concatenada para ampliar a *ilusão de potência* sem jamais colocá-la à prova ou em dúvida. Não se comprometer (levar as coisas com frieza) é elevado ao modelo ideal do *playboy*. E isso é possível porque a ilusão é hermética, ministrada a homens temerosos em relação à própria potência, e capitalizando sobre sua ansiedade. O caráter da ilusão revela-se ainda no fato de que os leitores de *Playboy* são significativamente mais escassos após a faixa dos 30 anos, quando os homens não podem fugir ao intercâmbio com mulheres de verdade. A ilusão é reforçada pelo fato

21. "A doutrina do macho de *Playboy*", em *Christianity and Crisis*, XXI/6, 17 de abril de 1961, página sem numeração.

22. Discussão em simpósio sobre sexo, Universidade do Estado de Michigan, fevereiro de 1969.

23. Ibid.

de que o próprio Hefner, ex-professor de escola dominical e filho de devotos metodistas, quase nunca se ausenta de sua vasta propriedade ao norte de Chicago. Ali escondido, trabalha rodeado de coelhinhas, nos intervalos de suas bacanais à base de Pepsi-Cola®.

A revolta contra o sexo

Na confusão de motivos que observamos acima – quase todos estão presentes no ato sexual, exceto o desejo de amar – não surpreende que haja uma diminuição de sentimento e que a paixão esteja a ponto de desaparecer. Esta diminuição toma às vezes a forma de uma espécie de anestesia (sem pomada, desta vez) em pessoas capazes de executar muito bem os aspectos mecânicos do ato sexual. Estamos habituados a ouvir do divã a queixa: "Nós fizemos amor, mas eu não senti coisa alguma". E o poeta diz o mesmo que os pacientes. T. S. Eliot escreve em *The Waste Land* que depois "que uma bela mulher se inclina para a loucura", e o empregado espinhento que a seduziu à hora do chá se retira,

> Ela se volta e olha um instante o espelho,
> Mal lembrando que o amante partiu;
> Sua mente só esboça um pensamento:
> "Bem, tudo acabado; que bom que já passou".
> Quando uma linda mulher se inclina à loucura e
> Caminha pelo quarto novamente sozinha,
> Alisa os cabelos com gesto automático
> E põe um disco no gramofone".
> (III: 249-256)

Sexo é a última fronteira, observa significativamente David Riesman em *The Lonely Crowd.* Gerald Sykes, na mesma veia, diz: "Neste mundo cinzento de flutuações de mercado, estudos cronológicos, regulamentação de impostos e exames psicotécnicos, o rebelde descobre que o sexo é a única coisa livre que lhe resta"[24]. É certamente verdade que o entusiasmo, a aventura, o teste das próprias forças, a descoberta de vastos e emocionantes domínios de sensação e experiência, em si mesmo e nas relações com os outros, e a valorização do *self* acompanham estas "experiências fronteiriças", que se encontram normalmente presentes na sexualidade, como parte da evolução psicossocial de cada um. Sexo, em nossa cultura, foi vigoroso nas décadas que se seguiram a de 20, quando quase todas as outras atividades estavam se "voltando para o outro", esvaziadas de entusiasmo e espírito de aventura. Mas, por diferentes razões – sendo uma delas o fato de que o sexo em si tinha que suportar o encargo da valorização da personalidade também em quase todas as outras esferas – a novidade e o desafio da fronteira foram-se perdendo cada vez mais.

Pois vivemos agora numa era pós-Riesman, sentindo as implicações a longo prazo do comportamento "orientado para o outro", o modo de vida refletido por radar. A última fronteira tornou-se uma vibrante Las Vegas, ou então deixou de existir. Os jovens não adquirem mais o senti-

---

24. Gerald Sykes, *The Cool Millennium* (Nova York, 1967).

mento de identificação pessoal revoltando-se na sexualidade, uma vez que nada existe contra que se revoltar. Estudos sobre o vício de entorpecentes entre os jovens revelam que eles dizem o seguinte: a revolta contra os pais, "a sensação de sentir-se dono do próprio nariz", obtida antigamente por meio do sexo, é agora procurada nas drogas. Observa um desses estudos que os universitários manifestam "um certo tédio em relação ao sexo, enquanto que as drogas são sinônimo de excitação, exotismo, aventura proibida e a *permissiveness* tão divulgada em nossa cultura"[25].

Não é mais novidade que para tantos jovens o que antigamente se chamava "fazer amor" seja agora um "frívolo arquejo epiderme a epiderme", na expressão profé-

---

25. Um estudo com alunos de três universidades da área de Nova York/Nova Jersey, orientado pela Dra. Sylvia Hertz, presidente do Conselho do Distrito de Essex sobre Viciados em Entorpecentes, revelou, segundo o *The New York* Times de 26 de novembro de 1967, que "O uso de drogas tornou-se muito divulgado, relegando o sexo para segundo plano".

Como o sexo começou a perder a força, na arena onde se prova a individualidade pela rebeldia, misturando-se com o uso das drogas, a nova fronteira, tornaram-se ambos ligados à preocupação relativa aos atos de violência. Surgem aqui e ali alguns esforços anacrônicos para utilizar o sexo como veículo de revolta contra a sociedade. Quando eu estava conferenciando num colégio da Califórnia, meu motorista estudante contou-me que havia uma sociedade no campus dedicada, conforme indicava o nome, ao "Sexo Ilimitado". Observei que não vira ninguém na Califórnia fazendo tentativas de limitar o sexo. Neste caso, para que existiria a sociedade? Respondeu que na semana anterior o número total de membros (seis ou sete estudantes) havia se despido ao meio-dia e saltado, todos juntos, no laguinho dos peixes, existente no centro do campus. A polida havia acorrido e prendido o grupo. Respondi que se alguém quisesse ser preso, o processo era ótimo, mas não via em que sentido a experiência tinha algo a ver com sexo.

tica de Aldous Huxley; e que nos digam que têm dificuldades em compreender os poetas; e que ouçamos com frequência o desalentado refrão: "Fomos para a cama, mas não aconteceu nada".

Não há mais nada contra que se revoltar, foi o que eu disse? Bem, evidentemente existe uma ainda: o próprio sexo. A fronteira, a definição de identidade, a valorização do *self* podem ser, e às vezes são mesmo para certas pessoas, uma revolta contra toda a sexualidade. Não estou certamente advogando tal coisa. O que desejo apontar é que a revolta contra o sexo – esta moderna "Lisístrata" em trajes de robô – rosna junto aos portões das nossas cidades, ou senão, ronda pelo menos. A revolução sexual volta-se finalmente contra si mesma, não com estrondo, e sim com um gemido.

Assim, não é para admirar que, à medida que o sexo se mecaniza, diminuindo a paixão irrelevante e até o prazer, o problema percorra um círculo completo. E descobrimos, *mirabile dictu,* uma evolução da atitude *anestésica* para a *antisséptica.* O próprio contato sexual tende a ser afastado, evitado. Este é um outro aspecto, certamente menos construtivo, do novo puritanismo, que volta, finalmente, a um novo ascetismo, graficamente expresso numa encantadora quintilha humorística, nascida de sofisticado ambiente universitário:

> Veio notícia do Deão
> Que com a máquina de ensinar
> Édipo Rex
> Teria aprendido sexo
> Sem mesmo tocar a Rainha.

Marshall McLuhan, entre outros, aprova esta revolta contra o sexo. "Sexo, segundo o conhecemos no momento, talvez em breve desapareça", afirmam McLuhan e Leonard. "Os conceitos, ideais e práticas já estão sendo alterados, tornando-se quase irreconhecíveis... O encarte de *Playboy* – a garota de busto e nádegas imensos, fotografados em nítido detalhe – marca a agonia mortal de uma era"[26]. McLuhan e Leonard prosseguem predizendo que eros não desaparecerá na nova era sem sexo, e sim se difundirá, e que toda a existência será muito mais erótica do que agora nos parece possível.

A última afirmação seria bastante confortadora. Mas, como sempre, os penetrantes *insights* de McLuhan relativos aos fenômenos *presentes* estão infelizmente encaixados numa estrutura histórica, o "pré-tribalismo", com sua chamada distinção amenizada entre macho e fêmea, e que não tem absolutamente nenhum fundamento nos fatos[27]. E McLuhan não apresenta prova alguma de sua previsão otimista, segundo a qual o novo eros, e não a apatia, suce-

---

26. Marshall McLuhan e George O. Leonard, "The Future of Sex", *Look Magazine*, 25 de julho de 1967, p. 58. O artigo aponta significativamente para as pesquisas referentes ao sexo: "Quando os pesquisadores 'provam' que não existe revolução sexual entre os nossos jovens, demonstrando que a frequência de relações sexuais não aumentou muito, mostram que nada entenderam do assunto. Na verdade, a frequência das relações talvez diminua no futuro *por causa* de uma verdadeira revolução de atitudes, sentimentos e utilização do sexo, especificamente no que se refere aos papéis masculino e feminino" (p. 57).

27. Não sendo antropologista, conferenciei com Ashley Montague a respeito. Seu juízo me foi expresso oralmente.

derá ao desaparecimento de *vive la différence*. Na verdade, há no artigo surpreendentes confusões, resultantes do culto dos autores pela nova era eletrônica. Comparando Twiggy aos raios X e Sophia Loren a um Rubens, indagam: "Que revela a radiografia de uma mulher? Não um retrato realista e sim uma imagem envolvente. Não uma mulher específica, e sim um *ser humano*"[28]. Bem! Uma radiografia não revela absolutamente um ser humano e sim um fragmento despersonalizado de osso ou tecido, que só pode ser interpretado por um técnico altamente especializado e no qual nem num milênio reconheceríamos um homem ou uma mulher que conhecemos, e muito menos que amamos. Esta visão "tranquilizadora" do futuro é assustadora e deprimente ao extremo.

E se eu preferir Sophia Loren a Twiggy para um devaneio erótico serei riscado da nova sociedade?

Nosso futuro é levado mais a sério pelos participantes dos debates sobre este tópico realizado no Centro para o Estudo das Instituições Democráticas, de Santa Bárbara. Seu relatório, intitulado "A sociedade assexual", encara francamente o fato de "não" estarmos nos precipitando a uma sociedade bissexual, ou plurissexual, e sim assexual: os meninos usam cabelos compridos e as meninas andam de calças... O romantismo desaparecerá; na verdade, já quase desapareceu de todo... Com a Renda Anual Garan-

---

28. McLuhan e Leonard, p. 58. As palavras foram sublinhadas pelos autores.

tida e A Pílula, as mulheres quererão casar? Para quê?"[29] A sra. Eleanor Garth, que participou dos debates e escreveu o relatório, aponta a transformação radical que pode ocorrer no plano da procriação e da educação das crianças. "E quando chegar o tempo em que o óvulo fertilizado possa ser implantado no útero de uma mercenária e a progênie selecionada num banco de espermas? A mulher resolverá por uma cópia do marido, se é que marido ainda existe?... Nenhum problema de ciúmes, de transferência afetiva... E as crianças criadas em incubadeiras?... O amor comunitário desenvolverá as qualidades humanas que julgamos resultantes da atual educação infantil? As mulheres em tais condições perderão o instinto de sobrevivência e se orientarão para a morte, como a atual geração de homens americanos?... Não levanto a questão em jurisprudência" – acrescenta. – "Considero horríveis algumas das possibilidades"[30].

A sra. Garth e suas colegas do Centro reconhecem que a questão que verdadeiramente sublinha esta revolução não é a maneira de utilizar os órgãos sexuais e as funções sexuais em si mesmas, e sim o que acontecerá à própria condição humana. "O que me perturba é a possibilidade do desaparecimento de nossas qualidades humanas, geradoras de vida, com a velocidade da evolução

29. Eleanor Garth, "Sociedade Assexual", *Center Diary*, publicada pelo Centro de Estudos das Instituições Democráticas, 15 novembro-dezembro de 1966, p. 43.

30. Ibid.

das ciências naturais e o fato de que aparentemente ninguém questiona as alternativas positivas ou negativas de tal evolução"[31].

A finalidade de nossa discussão nesta obra é precisamente agitar a questão das possíveis alternativas para o bem ou para o mal – isto é, a destruição ou o revigoramento do que constitui "as qualidades humanas, geradoras de vida", no homem.

31. Ibid.

3
Eros em conflito com o sexo

> Eros, o deus do amor, ergueu-se para criar a terra. Antes, tudo era silencioso, nu e imóvel. Agora, tudo é vida, alegria, movimento.
>
> *Mito da Grécia Antiga*

> Afrodite e Ares tiveram inúmeros belos filhos... Eros, pequenino, foi nomeado deus do amor. Embora criado com terna solicitude, este segundo gênito não cresceu como as outras crianças. Permaneceu pequeno, rosado, bochechudo, de asas transparentes, rosto malicioso, marcado por covinhas. Alarmado por sua saúde, Afrodite consultou Têmis, que respondeu oracularmente: "O Amor não pode crescer sem a Paixão".
>
> *Mito grego posterior*

No último capítulo observamos que os paradoxos contemporâneos a respeito de sexo e amor têm uma coisa em comum, isto é, a *banalização do sexo e do amor*. Anestesiando os sentidos para obter melhor desempenho, utilizando o sexo como instrumento para provar a própria identidade e perícia, usando a sensualidade para ocultar a sensibilidade castramos o sexo, tornando-o insípido e vazio. Sua banalização é sublinhada e favorecida pela comunicação em massa. A pletora de livros sobre o assunto que inunda o mercado tem algo em comum: simplifica ao extremo o amor e o sexo, tratando o tópico como um misto de aprender a jogar tênis e comprar um seguro de vida. Neste processo roubamos ao sexo o seu vigor evitando eros, e terminamos desumanizando a ambos.

Minha tese neste capítulo é a seguinte: o que jaz sob a castração do sexo é a *separação de sexo e eros*. De fato, colocamos um *contra* o outro, usando o primeiro precisamente para evitar os envolvimentos geradores de ansiedade erótica. Em debates aparentemente esclarecidos sobre a questão sexual, em especial os que se referem à suspensão de censura, argumenta-se muitas vezes que o que falta a nossa sociedade é plena liberdade de expressão do eros. Mas o que se descobre sob as aparências, conforme revelam não só os pacientes em terapia, como a literatura, a dramaturgia, e até a natureza de nossa pesquisa científica, é exatamente o oposto. Fugimos do eros usando o sexo como veículo de fuga.

Sexo é a droga mais disponível para apagar da consciência os aspectos eróticos geradores de ansiedade. Para consegui-lo foi preciso definir sexo de maneira cada vez mais circunscrita: quanto mais com ele nos preocupamos, mais truncada e restrita se torna a experiência humana a ele relacionada. Nós nos atiramos à *sensação sexual, a fim de evitar a paixão erótica.*

A volta do eros recalcado

Minha tese foi formulada à base de diversos estranhos fenômenos que observei tanto entre meus pacientes como na sociedade em geral – erupções psíquicas dotadas de um elemento curiosamente explosivo. Tais fenômenos ocorreram em setores nos quais, do ponto de vista do bom-senso, menos seriam de se esperar, nos dias de hoje. A maioria das pessoas vive confiante em que a evolução tecnológica nos libertou, em grande parte, dos riscos da gravidez acidental e das doenças venéreas, e que, *ipso fado,* a ansiedade que se costumava sentir com respeito ao sexo e ao amor foi agora banida para os museus. As vicissitudes descritas pelos romancistas dos séculos anteriores – quando uma mulher se entregava a um homem, isso significava gravidez ilegítima e ostracismo social, como em *The Scarlet Letter* (A letra escarlate); ou o trágico desmoronamento da estrutura familial e suicídio, como em *Ana Karenina;* ou doença venérea, como no mercado da realidade social – estão ultrapassadas. Agora, graças a Deus e à ciência, dizemos nós, estamos livres disso tudo! Conclui-se que o sexo é livre, e o amor é fácil, e de imediata aquisição, como o que os estudantes chamam de "Zen instantâneo". E quem falar nos conflitos mais profundos, antigamente associados aos elementos demoníacos, é anacrônico e absurdo.

Contudo serei bastante indelicado perguntando: não haverá um gigantesco e extenso recalque sublinhando a questão? Um recalque não do sexo, mas de algo que existe sob a química do corpo, necessidades mais vitais, profundas e compreensíveis que o sexo? Um recalque sancionado pela sociedade, sem dúvida – mas justamente por essa razão mais difícil de discernir e mais eficaz nos resultados? Evidentemente não ponho em dúvida os progressos contemporâneos da medicina e da psicologia como tais: ninguém em sã consciência deixaria de estar grato pela evolução dos anticoncepcionais, o estrogênio, os tratamentos de doenças venéreas. E considero uma verdadeira felicidade ter nascido nesta época de amplas possibilidades, e não no período vitoriano, com seus rígidos costumes. Mas esta questão é falaz. Nosso problema é mais vital e absolutamente real.

Lendo o jornal da manhã ficamos sabendo que se pratica anualmente um milhão de abortos ilegais nesta América esclarecida; que os filhos ilegítimos são cada vez mais numerosos. Segundo as atuais estatísticas, uma menina em seis das que têm agora 13 anos se tornará mãe solteira antes dos 20 anos – duas vezes e meia a incidência de dez anos atrás[1]. Este aumento ocorre sobretudo entre as jovens das classes proletárias, mas há também um crescimento significativo entre as de classe média e alta, pro-

1. Departamento Americano de Estatísticas de Saúde, *Medicai World News*, março de 1967, pp. 64-68. Esses relatórios informam também que as doenças venéreas aumentaram 4% ao ano entre os adolescentes. Tal aumento pode ter causas diferentes das da gravidez ilegítima, mas sustenta minha tese geral. A segunda estatística vem de um relatório do Teamsters Joint Council 16, publicado no *The New York Times*, de 1º de julho de 1968.

vando que não se trata apenas de um problema dos grupos desfavorecidos. Na verdade, o aumento radical não se situa entre as porto-riquenhas e as negras, e sim entre as jovens *brancas* – a porcentagem de nascimentos ilegítimos saltou de 1,7 há dez anos para 5,3 em 1969. Encontramo-nos diante de uma estranha situação: *quanto mais controle de natalidade, mais numerosos os filhos ilegítimos.* Não discordarei se o leitor se apressar a observar que o necessário é modificar a bárbara legislação que rege os abortos e incrementar a educação sexual, mas eu poderia, e deveria, erguer um embargo. Os conselhos em favor de melhor educação sexual podem agir como um tranquilizante, por meio do qual evitamos fazer a nós mesmos as perguntas mais assustadoras. Será que a verdadeira questão está mesmo ao nível das intenções conscientes, racionais? Não se encontrará num plano mais profundo, que chamarei adiante de intencionalidade?

Kenneth Clark, referindo-se a uma jovem negra de classe inferior, observa: "A negra marginal utiliza-se do sexo para obter afirmação pessoal. Se é desejada, isso quase lhe basta... o filho é o símbolo de sua feminilidade e ela talvez ganhe em ter algo de seu"[2]. A luta para provar a própria identidade e valor pessoal talvez seja mais franca entre as jovens de classe inferior, mas está também presente entre as de classe média, que sabem dissimular melhor, por meio de comportamento social mais hábil.

---

2. Kenneth Clark. *Dark Guetto: A Study In the Effect of Powerlessness* (Nova York, Harper & Row, 1965). Este excerto é de partes do livro mencionado em *Psychology Today,* 1/5, setembro de 1967, p. 38.

Tomemos, por exemplo, uma paciente de classe média alta, com quem trabalhei. Seu pai era banqueiro de uma cidade pequena, a mãe, uma senhora correta, que sempre afetara uma atitude "cristã" em relação a todos, mas que parecia, a julgar pelos dados colhidos durante a terapia, excepcionalmente rígida, ressentindo-se mesmo contra o nascimento da filha. Minha paciente era bem-educada, com pouco mais de 30 anos, editora bem-sucedida de uma grande firma de publicações e evidentemente bem-versada em sexo e anticoncepcionais. No entanto, havia tido duas gravidezes ilegítimas vários anos antes de iniciar tratamento comigo. Ambos os casos eram motivo de dolorosos sentimentos de culpa e conflito, embora ela houvesse tido um logo em seguida ao outro. Com pouco mais de 20 anos casara com um homem que, intelectual como ela própria, era emocionalmente desligado e cada um tentará, por diferentes espécies de irritação agressivo-dependente, levar o outro a infundir algum significado e vitalidade a uma união vazia. Após o divórcio, enquanto vivia sozinha, oferecera-se para ler à noite para os cegos. Engravidou pelo rapaz cego para quem lia. Embora isso, com o subsequente aborto, muito a houvesse perturbado, engravidou novamente pouco depois.

É absurdo achar que se pode compreender tal comportamento baseando-se em "carência sexual". Na verdade, o fato de *não sentir* desejo sexual foi o fator preponderante que a conduziu ao relacionamento sexual resultante nas duas gravidezes. É preciso estudar a imagem que ela tinha de si mesma e de seus métodos de busca de um lugar significativo para si mesma no mundo se quisermos descobrir a dinâmica das gravidezes.

Do ponto de vista diagnóstico, era o que chamamos uma personalidade esquizoide tipicamente contemporânea: inteligente, fluente, eficiente, bem-sucedida profissionalmente, mas desligada no relacionamento pessoal e temerosa de amizades íntimas. Sempre se julgara uma pessoa vazia, de pouca sensibilidade, incapaz de sentir o que quer que fosse por muito tempo, mesmo quando tomava LSD – o tipo que suplica ao mundo que lhe proporcione uma paixão, alguma vitalidade. Atraente, possuía numerosos amigos, mas as relações com eles tinham também a "secura", a ausência de entusiasmo, que ela tanto desejava. Descrevia o ato sexual com o homem com quem era mais íntima no momento dando a impressão de serem dois animais unindo-se para obter calor, enquanto os sentimentos dela eram de desespero generalizado. No começo do tratamento teve um sonho que se repetia de diversas formas: via-se num quarto, os pais no compartimento ao lado, separados por uma parede que não chegava ao teto; por mais que batesse na parede ou gritasse, não conseguia que a ouvissem.

Um dia, veio para a hora de terapia direto de uma exposição de arte declarando haver descoberto o símbolo que mais corretamente descrevia os sentimentos a respeito de si mesma: as silhuetas solitárias de Edward Hopper, nos quadros onde há só uma figura – uma solitária recepcionista num teatro elegante e brilhantemente iluminado, porém vazio; uma mulher sentada sozinha junto a uma janela de casa vitoriana, à beira-mar, nos dias vazios fora da estação; uma pessoa solitária num balanço de varanda, em casa que lembrava as da cidade pequena onde a minha paciente se criara. Os quadros de Hopper dão na verdade um significado pungente ao desespero mudo, ao vazio dos sentimentos humanos e à ânsia batizada com o clichê de "alienação".

É comovente que sua primeira gravidez esteja relacionada com um ser humano *cego*. O que nos impressiona aqui é a sua generosidade fundamental em desejar doar algo ao rapaz e também provar alguma coisa a si mesma. Mas acima de tudo ficamos impressionados com a aura de "cegueira" que rodeia toda a história da gravidez. Ela era uma das muitas pessoas, neste mundo de conforto e poder tecnológico, que, do ponto de vista humano, movimentava-se entre os cegos, que não se podem ver uns aos outros, onde o tato é um manuseio desajeitado, um mover dos dedos sobre o corpo alheio, numa tentativa de reconhecer a ele ou a ela, mas incapaz de fazê-lo na escuridão circundante.

Poderíamos concluir que ela engravidou: 1) para afirmar sua autoestima, provando que alguém a queria, uma vez que o marido não a desejava; 2) como compensação pelo sentimento de pobreza emocional, o que é obtido literalmente pela gravidez, uma vez que esta preenche o ventre, se tomarmos ventre ("hystera") como símbolo de vácuo emocional; 3) para expressar sentimentos agressivos contra a mãe e o pai, com seu *background* opressivo e hipócrita de classe média. Nada disso é preciso mencionar.

Mas que dizer a respeito do desafio mais profundo existente, na verdade inerente, às contradições dela e da sociedade, que negam nossas intenções racionais e bem-intencionadas? É absurdo pensar que essa jovem, ou qualquer outra, engravida por simples ignorância. Vivendo numa época em que, para a mulher de classe média e alta, os anticoncepcionais e o sexo são mais que disponíveis e a sociedade proclama em todos os tons que a ansiedade com respeito ao assunto é arcaica, encorajando-a a viver livre de qualquer conflito referente ao amor, como explicar *a ansiedade que resulta precisamente dessa nova liberdade?* Ansiedade que lança um peso na consciência individual e na capacidade de escolha pessoal que, se não insolúvel, é pelo menos bastante grande; ansiedade que em nossa época sofisticada e esclarecida não pode ser resolvida à maneira da mulher histérica vitoriana (pois hoje em dia todos devem ser livres e desinibidos), e que por conseguinte volta-se para dentro e resulta em inibição dos *sentimentos,* sufocando a *paixão,* em lugar de inibir as ações, conforme ocorria com a mulher do século XIX.

Observo, em suma, que a mulher em tal situação é vítima parcial de um gigantesco recalque, seu e da sociedade – o recalque do eros e da paixão e a ultradisponibilidade do sexo como técnica de repressão. O corolário é que nosso "esclarecimento dogmático" contém elementos que nos subtraem os próprios meios de enfrentar esta nova ansiedade interior. Estamos vivendo uma "volta ao recalque", a volta de um eros que não aceita negativas, por mais que seja subornado de todos os lados pelo sexo; uma volta do recalque numa modalidade primitiva, destinada exatamente a zombar do recuo dos sentimentos.

O mesmo se encontra em nosso trabalho com os homens. Um jovem psiquiatra, em análise de treinamento, preocupava-se sobretudo com o temor de ser homossexual. Com vinte e poucos anos, jamais tivera relações sexuais com uma mulher e, embora não fosse homossexual ativo, recebera demasiadas propostas de outros homens para levá-lo a pensar que emanava tal impressão. No decurso da terapia, veio a conhecer uma mulher e, após algum tempo, os dois começaram a ter relações sexuais. Metade das vezes em que se encontraram, pelo menos, não usaram anticoncepcionais. Por diversas vezes chamei-lhe a atenção para o fato de que a mulher acabaria grávida; ele, embora soubesse disso muito bem, graças aos estudos de medicina, concordava e agradecia. Mas como continuasse a ter relações sem anticoncepcionais, mostrando-se, certa vez, muito ansioso quando ela deixou de ficar menstruada, passei a sentir-me também meio preocupado e irritado por sua maneira aparentemente estúpida de agir. Surpreendi-me de súbito compreendendo que, ingênuo, eu estava dando uma interpretação errônea ao que se passava. Disse então: "Parece que você *quer* engravidar essa mulher". A princípio negou enfaticamente, mas em seguida passou a ponderar a veracidade do que eu havia dito.

Qualquer conversa a respeito de métodos, e do que *deveriam* fazer, era irrelevante. Naquele homem, que nunca se sentira macho, uma força vital o impelia não só a afirmar-se como homem – e emprenhar uma mulher é muito mais decisivo do que a simples capacidade de ter relações – como também a tomar pé na natureza, experimentar o processo procriativo fundamental, entregar-se a um processo biológico primitivo e vigoroso, partilhar de uma pulsação mais profunda do cosmos. Só compreenderemos tais problemas ao ver que nossos pacientes foram roubados precisamente dessas profundas fontes da experiência humana[3].

Observamos em inúmeras gravidezes ilegítimas – ou o seu equivalente – um desafio ao sistema social, que proscreve o afeto, e onde a tecnologia é considerada um substituto dos sentimentos, uma sociedade que apresente ao homem uma existência árida e sem sentido e lhe dá, sobretudo à nova geração, uma experiência de despersonalização mais penosa do que o aborto ilegal. Ninguém que tenha trabalhado com doentes durante um longo período de tempo pode ignorar que a agonia psicológica e espiritual da despersonalização é mais difícil de suportar

3. Dá-se o mesmo entre os índios da América do Sul, onde o símbolo da capacidade de procriar é tão importante que destrói todos os esforços de enfermeiras e médicos esclarecidos para divulgar a limitação da natalidade. A mulher prontamente confessa que não quer ter mais filhos, mas o "marido" – em geral simples companheiro – considera uma nódoa em seu machismo não ter um filho por ano e a abandona em favor de outras, se com ela não provar sua potência.

do que a dor física. Na verdade, muitas vezes a pessoa se agarra à dor física (ou ao ostracismo social, à violência ou à delinquência) considerando-a um bem. Ter-nos-emos tornado tão "civilizados" a ponto de esquecer que uma jovem talvez *anseie* por procriar e o faça não só por razões psicológicas, mas também para romper com o árido deserto de uma existência sem sentimentos, para destruir por uma vez, senão por todas, o padrão repetitivo do sexo-para-evitar-o-vazio-do-desespero (Que faremos amanhã?, indagava T. S. Eliot pela boca da rica cortesã. "Que faremos sempre?"). Ou que anseie por engravidar porque seu coração jamais se esvaziou de paixão e ela é impelida a expressar o que lhe é negado e que ela própria nega conscientemente neste "frio milênio"? Engravidar é, pelo menos, algo *real* e prova à mulher e ao homem que ambos são *verdadeiros*.

A alienação é sentida como uma perda da capacidade de ser intimamente pessoal. Ouço muitas vezes as pessoas exclamarem: Ansiamos por falar, mas nossas "vozes secas" são como "ratos correndo sobre vidro quebrado"[4]. Vamos para a cama porque não conseguimos ouvir um ao outro; vamos para a cama por sermos demasiado tímidos para olhar nos olhos um do outro; e na cama sempre se pode voltar a cabeça[5].

---

4. T. S. Eliot, "Homens vazios", *Collected Poema* (Nova York, Harcourt, Brace & Company, 1034), p. 101.

5. O que mais chama atenção no filme "A doce vida" não é o sexo, e sim o fato de que, embora todo mundo se sinta *sexy* e emocional, nin-

Não surpreende que haja uma revolta contra os costumes que se julga causarem alienação; um desafio às normas sociais que prometem virtude sem esforço, sexo sem risco, sabedoria sem luta, luxo sem trabalho – contanto que se concorde em amor sem paixão e, em breve, até sexo sem sentimento. A negação dos métodos demoníacos significa apenas que os espíritos terrenos voltarão para nos assombrar sob um novo disfarce; Gaea será ouvida e, quando as trevas voltarem, a madona negra estará presente, se não houver nenhum branco.

Nosso erro consiste, evidentemente, não nos progressos científicos e no esclarecimento como tais, mas no seu uso como uma capa para encobrir a ansiedade relativa ao sexo e ao amor. Marcuse afirma que numa sociedade livre, não recalcada, à medida que o sexo se desenvolve tende a unir-se ao erotismo. É claro que nossa cultura fez exatamente o oposto: separamos o sexo do erotismo e, em seguida, tentamos recalcar o segundo. A paixão, que é um elemento do erotismo repelido, reverte e perturba toda a existência da pessoa.

---

guém escuta os outros. Desde a primeira cena, em que o barulho do helicóptero abafa os gritos dos homens e das mulheres, até a última, em que o herói se esforça por ouvir a menina do outro lado do rio, mas não consegue por causa do ruído das ondas, ninguém escuta os outros. No castelo, bem no instante em que um homem e uma mulher estão a ponto de declarar um mútuo amor autêntico, comunicando-se por meio de ecos, ela não consegue ouvir sua voz da outra sala e imediatamente se deixa arrastar pela tentação de sexualidade promíscua com alguém que ali passava por acaso. A coisa mais desumanizante é a chamada emoção sem qualquer relacionamento; o sexo é a droga mais imediata para ocultar o terror desta desumanização.

Que é eros?

Nos dias de hoje, eros é considerado sinônimo de "erotismo", ou excitação sexual. *Eros* era o nome dado a um diário dos arcanos sexuais, contendo "Receitas afrodisíacas" e artigos do tipo pergunta e resposta: "P. – O porco-espinho se une sexualmente? R. – Com todo o cuidado". É de admirar que todos tenham esquecido que eros, segundo autoridade da importância de um Santo Agostinho, é a força que impele o homem para Deus. Erros grosseiros tendem a tornar inevitável a anulação do eros, pois em nossa época de superestímulo não precisamos de excitação que deixou de excitar. É essencial, portanto, esclarecer o significado deste termo crucial.

Eros criou a vida na terra, é o que nos conta a antiga mitologia grega. Quando o mundo estava árido e sem vida, foi Eros quem "tomou suas flechas doadoras de vida, penetrando o frio seio da terra", e "imediatamente a superfície castanha ficou recoberta de luxuriante verdura". Este é o quadro simbólico e atraente de como Eros *incorpora* o sexo – as setas fálicas que penetram – como o instrumento pelo qual se cria a vida. Eros soprou então nas narinas das formas em barro do homem e da mulher e lhes deu "o espírito da vida". Desde então Eros foi distinguido pela função de doar o espírito vital, em contraste com a função sexual como válvula de escape da tensão. Eros era então um dos quatro deuses originais, sendo os outros Caos, Gaea (mãe terra) e Tártaro, (o abismo negro do Hades, nas profundezas da terra). Eros, diz Joseph

Campbell, é sempre, apesar do disfarce, o progenitor, o criador da vida[6].

Sexo pode ser definido de maneira bastante adequada em termos fisiológicos com a excitação das tensões fisiológicas e sua satisfação. Eros, pelo contrário, é a vivência das intenções pessoais e o significado do ato. Enquanto sexo é um ritmo de estímulo e resposta, eros é um estado do ser. O prazer do sexo é descrito por Freud e outros como a redução da tensão; no eros, pelo contrário, não desejamos ser libertados da excitação, e sim nos agarramos a ela, nela nos comprazemos e até a aumentamos. A finalidade do sexo é a gratificação e o alívio de tensão, enquanto que o eros é o desejo, a ânsia e a eterna procura de expansão.

Tudo isso está de acordo com as definições do dicionário. O Webster define sexo (do latim *sexus*, significando "separação") como algo relativo a "distinções fisiológicas... o caráter de macho e fêmea, ou... as funções distintivas de macho ou fêmea"[7]. Eros, pelo contrário, é definido como "ardente desejo", "ânsia", "aspiração de amar, dotada muitas vezes de qualidade sensual"[8]. Os latinos e os gregos tinham denominações diferentes para sexo e amor, como nós; mas o estranho aos nossos ouvidos é que os latinos raramente falavam em *sexus*. Para eles, sexo não

---

6. Joseph Campbell, *Occidental Mythology*, vol. 111, *The Masks of God* (Nova York, Viking Press, 1964), p. 235.

7. *Webster's Collegiate Dictionary*, 3ª ed. (Springfield, Mass., G&C. Merriam Company).

8. *Webster's Third New International Dictionary* (Springfield, Mass., G&C. Merriam Company, 1661).

era problema; preocupavam-se com o *amor.* Todo mundo conhece o vocábulo grego *eros,* mas quase ninguém o ouviu designando "sexo". É a palavra de onde derivamos o termo zoológico *phylon*, tribo ou raça, raiz inteiramente diferente da do vocábulo grego *philia,* que significa amor no sentido de amizade.

Sexo é, portanto, um termo zoológico, corretamente aplicado a todos os animais, assim como aos seres humanos. Kinsey era zoólogo e, de acordo com sua profissão, estudava o comportamento sexual do homem do ponto de vista zoológico. Masters é ginecologista e estuda sexo do ponto de vista dos órgãos sexuais e da maneira de os manipular: sexo é, assim, um padrão das funções neurofisiológicas e o problema sexual consiste no que se faz com os órgãos.

Eros, por outro lado, assume as asas da imaginação humana e transcende todas as técnicas, zombando dos livros de orientação, entrando em órbita acima de nossas regras mecânicas, amando em vez de manipular órgãos.

Pois eros é a força que nos *atrai.* Sua essência é atrair-nos da dianteira, enquanto que o sexo nos impele pela retaguarda. Isto se revela na linguagem diária, ao dizermos que uma pessoa nos "fascina", ou "enfeitiça", ou que as possibilidades de um novo emprego nos "atraem". Algo em mim responde à outra pessoa, ou ao emprego, atraindo-me naquela direção. Participo de formas, possibilidades, planos mais altos de significado, dimensões neurofisiológicas, mas também de dimensões estéticas e éticas. Conforme acreditavam os gregos, o conhecimento e até a bondade ética exercem tal impulso. Eros é o que nos impele à união com aquilo a que pertencemos – união com nossas próprias possibilidades, união com pessoas significativas do nosso mundo, em relação a quem descobrimos nossa autorrealização. Eros é a ânsia que leva o homem a dedicar-se à busca de *areté*, uma existência boa e nobre.

Sexo, em suma, é o tipo de relacionamento caracterizado pelo intumescimento dos órgãos (para o que procuramos um alívio prazeroso) e enchimento das gônadas (para o qual buscamos um alívio satisfatório). Mas eros é o modo de relacionamento no qual não procuramos alívio e sim cultivo, procriação e formação de um mundo. *No eros buscamos a ampliação do estímulo.* Sexo é uma necessidade, mas eros é um desejo; é esta mistura de desejo que complica o amor. Com respeito à nossa preocupação com o orgasmo nos debates sobre sexo, entre nós americanos, podemos concordar em que a finalidade do ato sexual no sentido zoológico e fisiológico é na verdade o orgasmo. Mas não para eros. Eros procura a união com o outro em alegria e paixão, e a procriação de novas dimensões de experiência, que ampliem e aprofundem o ser de ambos. É uma experiência comum, apoiada tanto pelo folclore como pelo testemunho de Freud e outros, que após o alívio sexual a tendência é adormecer – ou então, conforme a piada, vestir-se, ir para casa e *depois* dormir. Mas no eros desejamos o oposto: ficar despertos, pensando no amado, recordando, saboreando, descobrindo novas facetas do prisma do que os chineses chamam "experiência de múltiplo esplendor".

É esta ânsia de união com o parceiro a ocasião da ternura humana. Pois eros – não o sexo como tal – é a fonte da ternura. Eros é o anseio de unir-se, de estabelecer o pleno relacionamento. Isto talvez se traduza, a princípio, numa união em formas abstratas. O filósofo Charles S. Peirce estava sozinho em sua casa de Milford, Connecticut, elaborando sua lógica matemática, mas isso não o impediu de sentir eros; o pensador deve estar "animado por um verdadeiro eros", escreveu, "para a tarefa da investigação científica". Ou talvez se trate de uma união com formas estéticas, ou filosóficas, ou com novas formas éticas. Porém é mais óbvia como o impulso para a união sexual entre dois indivíduos. Estes, ansiando como todos os demais vencer a separação e o isolamento que herdamos como indivíduos, podem participar de um relacionamento que, no momento, não é constituído de duas experiências individuais isoladas e sim de uma genuína união. Ocorre um partilhar que é um novo *Gestalt,* um novo ser, um novo campo de força magnética.

Fomos erroneamente conduzidos por nossos modelos econômicos e biológicos a pensar que a finalidade do ato amoroso é o orgasmo. Os franceses têm um ditado que, referindo-se a eros, encerra muita verdade: "A finalidade do desejo não é a satisfação e sim seu prolongamento". André Maurois, falando de sua preferência pelo amor cuja finalidade não é o orgasmo e sim uma conclusão acidental, cita outro francês: "Todo começo é encantador".

O momento mais significativo do ato amoroso, a julgar pelo que as pessoas recordam da experiência e os sonhos dos pacientes, não é o momento do orgasmo, e sim o da penetração do pênis do homem na vagina da mulher. É o instante que nos abala, que encerra a grande maravilha, trêmula e tremenda – ou o desapontamento e desespero, que significam o mesmo, do ponto de vista oposto. É este o momento em que as reações da pessoa à experiência amorosa são mais originais, mais individuais, mais verdadeiramente genuínas. Este, e não o orgasmo, é o momento de união e de compreensão de termos conquistado o outro.

Os antigos fizeram de Eros um "deus", ou mais especificamente, um demônio, maneira simbólica de comunicar uma verdade fundamental da experiência humana, isto é, que eros sempre impele a nos transcender. Quando Goethe escreveu "A mulher nos arrasta para o alto", seu verso poderia ser lido mais exatamente como "Eros, unido à mulher, arrasta para o alto". Esta verdade é tanto interior, pessoal e *subjetiva,* como exterior, social e *objetiva,* isto é, uma verdade que existe em nosso relacionamento com o mundo objetivo. Os antigos, aceitando o sexo como uma função normal do corpo, simplesmente, não viram necessidade de transformá-lo num deus. É provável que Antônio tivesse seus impulsos sexuais inteiramente satisfeitos pelas concubinas que acompanhavam o exército romano; foi somente ao encontrar Cleópatra que eros entrou no quadro e ele se viu transportado a um novo mundo, de gozo e destruição ao mesmo tempo.

Os artistas sempre conheceram instintivamente a diferença entre sexo e eros. Na peça de Shakespeare, o amigo de Romeu, Mercutio, mexe com ele a respeito da namorada anterior, descrevendo-a em moderno estilo anatômico:

> Conjuro-te, pelos brilhantes olhos de Rosalina,
> Por sua bela testa e lábios escarlates,
> Bonitos pés, pernas retas, coxas trêmulas,
> E por todos os domínios adjacentes.
> (*Ato II*, cena 1)

Parece um romance realista contemporâneo, terminando a descrição física da heroína com as esperadas "coxas trêmulas" e alusão às adjacências. Pois Mercutio não está apaixonado; do seu ponto de vista exterior, o fenômeno parece ser o sexo conforme o utilizaria qualquer jovem de Verona interessado na beleza feminina.

Mas Romeu usa tal linguagem? Pergunta absurda! Encontra-se em estado de *eros* com Julieta:

> Oh! ela ensina as tochas a arder
> Parece estar suspensa da face da noite
> Qual rica joia da orelha de um etíope;
> Beleza demasiado rica e preciosa para a terra!
> (*Ato l*, cena V)

É interessante recordar que Romeu e Julieta eram membros de famílias inimigas. Eros salta a barreira da inimizade. Na verdade, frequentemente pergunto a mim mesmo se o eros em nós não será excitado e reclamado *especialmente* pelo "inimigo". Eros fica estranhamente fascinado com o "forasteiro", a pessoa de classe proibida, o estrangeiro de cor e raça diferente. Shakespeare permanece fiel ao significado de eros quando faz com que o amor de Romeu e Julieta, embora trágico, reúna os Montecchios e Capuletos e toda a cidade de Verona.

Eros em Platão

Existe um bom fundamento na velha sabedoria humana para o impulso que todos sentimos de nos unir ao ser amado, prolongar o gozo, aprofundar seu significado e entesourá-lo. Isto ocorre em nossos relacionamentos não só com pessoas, mas também com objetos, como uma máquina que estamos fabricando, ou uma vocação a que nos dedicamos.

Para descobrir as raízes de nossa compreensão do eros voltamo-nos para *O Symposium*, que ainda surpreende e encanta os leitores com a atualidade de seus *insights* relativos ao amor[9]. O diálogo de Platão descrevendo o banquete – justamente chamado a mais famosa festa da história – é inteiramente dedicado à discussão de

---

9. Ao argumento de que Platão se referia a pederastia, o amor de homens por meninos, e que os gregos davam mais valor à homossexualidade que heterossexualidade, respondo que Bros tem as mesmas características independentes da forma de amor a que a pessoa se refere. Não creio que isso seja uma depreciação dos *insights* de Platão em relação ao amor. Além do mais, "há provas de que Sócrates não praticava a pederastia", escreve o Professor Morgan, e "nenhuma evidência convincente de que Platão o fizesse. A mim, a questão parece interessar somente aos estudiosos da história ateniense. A interpretação filosófica do amor platônico permanece inteiramente independente do problema da homossexualidade e heterossexualidade... Caso Platão vivesse hoje em dia, sua linguagem refletiria provavelmente nossos diferentes costumes sociais, mas não exigiria qualquer revisão fundamental por esse motivo... Em ambos os ambientes culturais, o homem, devorado por impulsos meramente carnais, é condenado como bestial, tolo, infantil e sub-humano; a ideia do amor platônico é tão válida hoje como no passado". Douglas N. Morgan, *Love: Plato, the Bible and Freud* (Englewoods Cliffs, N. Prentice Hall, 1964), pp. 44-45.

eros. O cenário é a casa de Agaton, onde Sócrates, Aristófanes, Alcibíades e outros celebravam a conquista do prêmio dramático pelo anfitrião, no dia anterior. A noite transcorre enquanto cada um deles manifesta seus pensamentos e experiências relativas ao eros.

– "Que é o amor?" – pergunta Sócrates, numa passagem crucial. E cita a resposta de Diotima, célebre mestre do amor: "Não é mortal, nem imortal, mas fica entre os dois... É um grande espírito (demônio) e como todos os espíritos um intermediário entre o divino e o mortal... É o medianeiro unindo o abismo que separa os homens e os deuses e, portanto, nele tudo se reúne..."[10].

Eros não é um deus no sentido de estar acima do homem, e sim a força que une todas as coisas e todos os homens, o poder de *formar* tudo o que existe. Não emprego levianamente a palavra "formar" – significa dar forma interior, buscar pela devoção do amor a forma singular da pessoa ou objeto amado e unir-se a essa forma. Eros é o deus ou demiurgo, prossegue Platão, que constitui o espírito criador do homem. Eros é o impulso que leva o homem a unir-se a outra pessoa, não só sexualmente ou por outras modalidades de amor, mas nele excitando a ânsia do conhecimento, impelindo apaixonadamente a procurar a união com a verdade. Por intermédio do eros, tornamo-nos não só poetas e inventores, mas também alcançamos a bondade ética. Amor, sob a forma de eros, é a

10. W. H. Auden, ed., *The Portable Greek Reader* (Nova York, Viking Press, 1948), p. 487.

força que gera, e essa geração é "uma espécie de eternidade e imortalidade" – o que quer dizer que tal criatividade é o ponto mais próximo da imortalidade a que o homem poderá chegar.

Eros é o impulso para unir-se e procriar no plano biológico. Mesmo entre os pássaros e os animais, diz Diotima, encontramos o "desejo de procriar" e ficam "agoniados quando infectados pelo amor, que começa com o desejo de união..."[11]. Os seres humanos estão em perene mutação –

> cabelos, carne, ossos, sangue, o corpo inteiro estão sempre mudando. E isso é exato não só em relação ao corpo, como também à alma, cujos hábitos, humores, opiniões, desejos, prazeres, dores, temores jamais permanecem os mesmos em qualquer um de nós, mas estão sempre indo e vindo; é igualmente exato em relação ao conhecimento, o mais surpreendente para os mortais: também as ciências em geral se ampliam e decaem, de modo que com respeito a elas nunca somos os mesmos...[12]

Em toda essa transformação, o que une a diversidade? É eros, a força que nos impele para o todo, o impulso para dar sentido e forma à nossa dissemelhança, molde a nossa debilitante disformidade, integração para lutar contra as inclinações desintegradoras. Neste ponto precisamos de uma dimensão de experiência tanto psicológica e emocional como biológica. Isto é o eros.

---

11. Ibid., p. 493.
12. Ibid., pp. 493-494.

É o eros que impele para o que é sadio na psicoterapia. Em oposição às doutrinas contemporâneas de ajuste e homeostase, ou alívio de tensão, existe no eros uma eterna procura, uma expansão do *self*, um contínuo impulso que leva o indivíduo a se dedicar à busca perene das formas mais elevadas da verdade, beleza e bondade. Os gregos acreditavam que esta contínua regeneração do *self* é inerente ao eros.

Sabiam também que existe sempre uma tendência para que ele seja reduzido ao simples desejo sexual – *epithymia*, ou concupiscência. Mas insistiam em que o biológico não fosse negado e sim *incorporado* e *transcendido* no eros:

> Os que estão grávidos apenas no corpo procuram as mulheres e geram crianças – tal é o caráter do seu amor; sua prole, segundo esperam, conservará sua memória e lhes dará a imortalidade que desejam no futuro. Mas as almas grávidas – pois existem com certeza homens mais criativos na alma do que no corpo – concebem que é correto para a alma conceber ou conter. E que são tais concepções? – sabedoria e virtude em geral. E tais criadores são poetas e artistas merecedores do nome de inventor[13].

Mergulhamos no eros não só quando experimentamos nossas energias biológicas e concupiscentes, mas também quando somos capazes de nos abrir e participar, via imaginação e sensibilidade emocional e espiritual, em formas e significados que nos transcendem no mundo interpessoal e da natureza que nos rodeia.

---

13. Ibid., p. 495.

Eros é o elemento da união por excelência, a ponte entre o ser e o tornar-se, reunindo fato e valor. Eros, em suma, é a força criadora original de Hesíodo transmutada em poder, encontrando-se tanto "dentro" como "fora" da pessoa. Vemos que eros tem muito em comum com o conceito de intencionalidade apresentado neste livro – ambos pressupõem que o homem se incline a unir-se ao objeto não só do seu amor, mas também do conhecimento. E esse mesmo processo implica que o homem já participe até certo ponto do conhecimento que procura e da pessoa a quem ama.

Mais tarde, em Santo Agostinho, eros foi considerado a força que impele para Deus. Eros é a ânsia de união mística que emerge da experiência religiosa de união com Deus, ou da experiência "oceânica" de Freud[14]. Existe ainda um elemento de eros no amor do próprio destino – *amor fati,* conforme dizia Nietzsche. Quando falo em destino não me refiro às desgraças específicas ou acidentais que nos ocorrem, e sim à aceitação e à afirmação do estado de finitude do homem, limitado como ele é em inteligência e força, a lutar perenemente com a fraqueza e a morte. O mito de Sísifo apresenta o destino do homem da forma mais crua que se possa imaginar; contudo, Camus aí encontra para o homem que tem a coragem de aceitar a própria consciência, algo que desperta o eros, algo para amar:

---

14. Isto se ajusta à função unificadora de Eros; a origem da palavra religião (re-ligio) significa reunir.

> Deixo Sísifo no sopé da montanha! ... Este universo sem mestre não lhe parece nem estéril, nem fútil. Cada átomo daquela pedra, cada escama mineral da montanha cheia de trevas é em si mesmo um mundo. A própria luta para chegar às alturas basta para encher o coração do homem. Precisamos imaginar que Sísifo é feliz[15].

Eros impele para a autorrealização, mas não se trata absolutamente da afirmação egocêntrica de caprichos subjetivos, ou desejos, num mundo passivo. A ideia de "dominar" a natureza ou a realidade teria horrorizado os gregos e seria prontamente qualificada de *hybris*, ou orgulho desordenado, que é uma afronta aos deuses e um convite certo à condenação do homem. Os gregos manifestaram sempre um respeito que chegava às raias da reverência pelo mundo objetivo. Encantavam-se com este mundo – com sua beleza, suas formas, seus infinitos desafios à curiosidade, seus mistérios a explorar, e sentiam-se por ele sempre atraídos. Não que aceitassem a crença sentimental contemporânea, segundo a qual a vida *em si mesma* é boa ou má; tudo depende daquilo a que o homem se dedica. Sua visão trágica possibilitava-lhes deliciar-se com a vida. Impossível vencer a morte pelo "progresso" ou o acúmulo de riquezas; então, por que não aceitar o destino e acreditar no próprio ser e no Ser de que se faz parte?

---

15. Albert Camus, *The Myth of Sisyphus* (Nova York, Alfred A. Knopf, 1955), p. 123.

"A beleza não deve ser amada eternamente?" canta Eurípides. A pergunta é retórica, mas não a resposta. A beleza será amada não por causa de desejos infantis, ou por impulsos sexuais recalcados, ou por contribuir para o ajuste, ou por nos tornar felizes – mas simplesmente por ser bela. A beleza exerce sobre nós um impulso; somos atraídos para a vida pelo amor.

O que tem tudo isso a ver com psicoterapia? Creio que muita coisa. Quando Sócrates observa, com enganadora simplicidade, que "a natureza humana dificilmente encontrará melhor auxiliar que eros", podemos aplicar suas palavras ao processo da psicoterapia, assim como ao impulso interior em direção à saúde psíquica. O próprio Sócrates, conforme o vemos e ouvimos nos *Diálogos*, será talvez o maior modelo de psicoterapeuta. Sua prece ao final de *Phaedo* poderia ser gravada nas paredes do consultório de todo psicoterapeuta:

> Amado Pan, e todos os outros deuses que habitam este local, deem-me beleza no íntimo da alma; e que o homem interior e exterior seja um só. Que eu reconheça que o sábio é rico, e que eu possua somente a quantidade de ouro que um homem moderado possa carregar.

Freud e eros

Mas os antigos gregos sabiam, e toda cultura e todo indivíduo aprende, que reagir como uma pessoa total em nossos encontros com a vida requer uma intensidade, disciplina e abertura de espírito que não é fácil de manter. A tendência a dissecar o eros, a reduzi-lo a simples gratificação sexual ou concupiscência, ocorre então. Encontramos hoje diversos grupos que procuram negar eros. São os idealistas que, como Denis de Rougemont, identificam eros com a paixão sexual em sua dúbia atitude de repulsa. Pois eros é sempre um inevitável embaraço a qualquer categoria puramente mental ou religiosa.

Existem também os naturalistas, como Freud nos seus primórdios. Ele lutou corajosamente para reduzir o amor à libido, conceito quantitativo que se ajustava ao padrão helmotziano de física do século XIX, ao qual era afeiçoado. Tão grande era a sua necessidade de negar eros que o termo não se encontra no índice de sua "Introdução Geral à Psicanálise". Nos dois primeiros volumes da *Life and Work of Freud* (Vida e obra de Freud), de Ernest Jones, o termo também não é mencionado no índice, enquanto que existem cerca de trinta debates sobre a libido, só no segundo volume. No terceiro, Jones escreve: "Existem somente umas poucas alusões anteriores (antes de *Beyond the Pleasure Principie* (Para além do princípio do prazer, 1920) a Eros nos escritos de Freud". Jones apresenta apenas duas referências, e muito pequenas, do "erótico" utilizado como simples sinônimo de "sexual". Somente no último volume, Freud descobre verdadeiramente eros. E o encontra como um aspecto da experiência humana que não só deve ser distinguido da libido, mas que de maneiras importantes a ela se *opõe*. E aqui ocorre algo importante:

Freud reconhece que a libido plenamente gratificada, via instinto da morte, conduz à autodestruição. Então eros – o espírito da vida – é invocado para salvar a libido da anulação e de suas próprias contradições.

Mas estamos nos adiantando a nossa história. Precisamos distinguir três planos ao discutir Freud neste tópico. Primeiro, sua influência popular, que evidentemente foi bem grande. Se seus conceitos de "impulso" e "libido" no sentido popular forem literalmente tomados, o freudianismo – no sentido popular – leva diretamente à banalização do sexo e do amor, por mais opostas que sejam as verdadeiras intenções do autor[16].

Freud procurou enriquecer e ampliar o conceito do sexo, incluindo tudo, desde o carinho e a amamentação, até a criatividade e a religião. "Usamos a palavra 'sexualidade' no mesmo sentido que a língua germânica emprega o vocábulo '*lieben*'"[17]. A amplitude do termo sexo refere-se especificamente à cultura vitoriana vienense, pois

16. Não há dúvida de que o próprio Freud não tinha a menor intenção de banalizar o amor e o sexo. Teria ficado perplexo se visse que sua ênfase no fundamento sexual da vida é procurada como uma espécie de vingança em nossa sociedade, levada ao seu *reductio ad absurdum*. E ficaria abismado com Kinsey e Masters, que definiram o sexo de um modo que omite exatamente o que Freud mais desejava preservar – a intencionalidade do amor sexual e seu amplo significado na constelação psicológica da experiência humana. Por mais que Freud usasse frases fisiológicas como "o encher e esvaziar das vesículas seminais", conservava sempre em sua visão do sexo o sentido do *mysterium tremendum*, na expressão de Schopenhauer: "a paixão sexual é a semente da vontade de viver".

17. Morgan, p. 136.

quando uma importante função humana é recalcada, como era então o sexo, acaba colorindo sorrateiramente todas as outras atividades humanas.

Em segundo lugar, existe o sentido freudiano dos termos instinto sexual, impulso e libido. Tratando-se de pensador de tamanha riqueza intelectual, achamos que Freud é ousadamente ambíguo no seu emprego, modificando alegremente seu sentido de estágio em estágio na evolução de seu pensamento. Seus conceitos de libido e impulso sexual contêm elementos demoníacos que transcendem a definição fisiológica de sexo, conforme indicaremos adiante. Em princípios de sua carreira, seus amigos insistiram com ele para usar o termo "eros" por ser mais polido, evitando o opróbrio despertado pelo vocábulo sexo; porém Freud, com firmeza – e acerto, neste sentido – recusou-se a uma acomodação. Nesse período parecia julgar que eros significava o mesmo que sexo. Ateve-se aqui ao modelo de amor sexual (libido) que consiste numa quantidade econômica fixa em cada pessoa e torna qualquer espécie de amor que não seja a união sexual um simples recalque da sexualidade "de objetivo inibido".

A ideia de Freud de que possuímos somente uma determinada quantidade de amor leva-o a dizer que quando uma pessoa ama alguém sofre uma diminuição no amor que tem por si mesma.

> Observamos... uma antítese entre ego-libido e objeto-libido. Quanto mais um deles é usado, tanto mais o outro se esvazia. O ápice da evolu-

> ção de que é capaz o objeto-libido pode ser observado no estado de apaixonamento, quando o sujeito parece renunciar à própria personalidade em favor de um objetivo-catexe[18].

Há aqui uma analogia com o que chamei o medo da perda de si mesmo pelo apaixonamento. Mas, baseado em minha experiência clínica, acredito que expressá-lo pelo modelo hidráulico do sexo destrói os valores críticos em jogo. A ameaça da perda do próprio ser ao apaixonar-se advém da confusão e choque de ser lançado a um novo universo de experiências. O mundo de súbito se amplia e nos confronta com novas regiões que jamais julgávamos existirem. Somos capazes de nos entregar ao ser amado e ainda assim conservar a autonomia que possuímos? É compreensível que a experiência nos assuste; mas a ansiedade relativa à vastidão e aos perigos do novo continente – acompanhada de alegria – não deve ser confundida com a perda da autoestima.

Na verdade, a observação diária de qualquer pessoa demonstra exatamente o oposto do ponto de vista freudiano. Quando me apaixono, sinto-me *mais* importante e trato a mim mesmo com mais cuidado. Todos já tivemos ocasião de observar o adolescente hesitante, incerto, que ao subitamente apaixonar-se passa a caminhar com uma segurança e confiança íntimas, uma atitude que parece dizer "Vocês agora estão olhando para *alguém*". E não po-

18. Ibid., p. 139.

demos colocar tal fenômeno sob a rubrica da "catexe da libido correspondida" pela pessoa amada; já que este senso de valor íntimo, que acompanha o estar apaixonado, aparentemente não depende em essência de ser ou não correspondido o amor. A formulação agora em geral aceita para o problema foi aperfeiçoada por Harry Stack Sullivan, que apresentou provas abundantes de que amamos os outros na medida em que nos amamos, e se não nos estimamos também não conseguimos estimar aos outros.

O fato de Freud não mencionar eros nos primeiros dois terços de sua vida e obras não significa que teria concordado com nosso evangelho contemporâneo de "livre expressão". Teria ficado surpreendido com os debates de nossa cultura relativos a "fazer o que ocorre naturalmente" e o estabelecimento numa ilha dos Mares do Sul do ideal de felicidade primitiva de Rousseau. Em 1912 escreveu:

> ...Pode ser facilmente demonstrado que o valor psíquico do impulso erótico (sexual) torna-se mais reduzido na medida da facilidade de sua satisfação. É preciso um obstáculo para incrementar a libido; e onde as resistências naturais à satisfação não foram suficientes, os homens de todos os tempos ergueram barreiras convencionais, a fim de gozar do amor. Isto é exato tanto dos indivíduos como das nações. Nos tempos em que não houve obstáculos à satisfação sexual, como talvez no declínio das antigas civilizações, o amor tornou-se sem valor, a vida vazia, e foi necessário vigorosa reação para restabelecer os indispensáveis valores afetivos... a

> corrente ascética do cristianismo constituiu valores psíquicos para o amor que a antiguidade pagã jamais conseguiu conferir-lhes[19].

Freud escreveu o parágrafo acima dois anos antes da Primeira Guerra Mundial. Foi imediatamente após a guerra que compreendeu as implicações deste problema para o indivíduo. Algumas reflexões radicais foram-lhe impostas quando verificou que alguns pacientes, vítimas de neuroses de guerra, não se portavam de acordo com o princípio do prazer. Isto é, não procuravam libertar-se do penoso trauma – na verdade, portavam-se exatamente de maneira oposta: reviviam o drama repetidamente, em sonhos e na vida real. Pareciam lutar por fazer algo com o trauma recordado, reviver a ansiedade para amenizar alguma coisa, ou reformar-se em relação ao seu mundo de tal modo que o trauma tivesse um sentido. Fosse qual fosse o modo de designá-lo, algo estava ocorrendo e era infinitamente mais complexo o que o mero alívio de tensão e aumento de prazer. Isto conduziu Freud aos problemas clínicos específicos do masoquismo e da compulsão repetitiva. Verificou ele que o amor, mais complexo o que suas teorias anteriores deixavam supor, existia sempre em polaridade com o ódio. Daí à teoria de que a vida existe sempre em polaridade com a morte foi apenas um passo.

---

19. Sigmund Freud, "A tendência universal para o aviltamento na esfera do amor" (1912), *Standard Edition of The Complete Psychological Works of Sigmund Freud,* traduzido para o inglês e publicado por James Strachey (Londres, Hogartb Press, 1961), xi, pp. 187-188.

Chegamos agora ao terceiro plano da visão freudiana de sexo e eros, surgida nos escritos posteriores e que são para a nossa finalidade os mais interessantes e importantes. Freud começou então a ver que a gratificação do próprio impulso sexual – a plena satisfação da libido, – com sua redução de tensão – tem um caráter de autoanulação e tende para a morte. Nesse período imediatamente posterior à guerra, já com 64 anos, Freud escreveu *Beyond the Pleasure Principie,* livro sobre o qual houve e ainda existe uma infindável controvérsia dentro do próprio movimento psicanalítico. Começa resumindo suas ideias anteriores, isto é, que "o curso das ocorrências mentais automaticamente reguladas pelo princípio do prazer... é interiormente posto em movimento por uma tensão desagradável, tomando uma direção pela qual o resultado coincida com uma baixa de tensão"[20]. Os instintos sexuais (tão difíceis de "educar" como singularmente observa) são o melhor exemplo do objetivo de prazer por meio de redução de tensão. Um instinto, sublinha Freud, tem como finalidade o restabelecimento de um estado anterior. Neste ponto apela para a segunda lei da termodinâmica, segundo a qual a energia do universo está constantemente em diminuição. Uma vez que "... um instinto é um impulso inerente à vida orgânica para restabelecer um estado de coisas anterior..." e "as coisas inanimadas existiam antes das vivas"[21], nossos instintos nos impelem de

20. Sigmund Freud, *Beyond the Pleasure Principle* (1020). *Standard Edition* (Londres, Hogarth Press, 1955), XVIII, p. 7.

21. Ibid., p. 35. Foi o próprio Freud quem sublinhou as palavras.

volta ao inanimado, em direção ao nirvana, que é a completa ausência de excitação. O "objetivo de toda vida é a morte"[22]. Aqui nos encontramos diante da mais controvertida teoria freudiana, o chamado "instinto de morte", ou Thánatos. Os instintos, que parecem nos impelir para a frente, fazem-nos percorrer um grande círculo, destinado a voltar à morte. O homem, esta criatura de "tão nobre faculdade", recua passo a passo, numa peregrinação destinada a levá-lo de volta ao estado inanimado da pedra. Somos pó e em pó nos havemos de tornar[23].

Deu-se então um acontecimento extraordinário, cuja importância, a meu ver, não foi reconhecida pelos estudiosos de Freud. Pela primeira vez na sua obra eros alcança seu lugar como conceito central e necessário. Não é para admirar que este homem, que quando ginasiano em Viena escrevia seu diário em grego, ao alcançar este ponto de seu maior dilema tenha encontrado nos antigos um modo de enfrentar sua perplexidade. *Eros surge para salvar o sexo e a libido da extinção.*

22. Ibid., p. 38.

23. Não é nossa finalidade aqui discutir os méritos da teoria do instinto de morte, tio violentamente atacada e rejeitada, tanto pelos freudianos como por Horney e outros culturalistas. Sá posso repetir o que disse em outra obra: embora a teoria não faça sentido do ponto de vista biológico, ou com a definição literal de "instinto", faz muito sentido como mito, expressando a natureza trágica da vida humana. Aqui a voz de Freud situa-se na grande tradição do Eclesiastes, de Nietzsche, Schopenhauer e todos os pensadores que, através dos tempos, foram motivados pelo profundo respeito diante do caráter Inexorável de *Ananke,* ou Necessidade, na natureza.

Eros surge como o oposto de Thánatos, o instinto da morte. Eros luta pela vida contra a tendência da morte. Eros é "o aumento de nossa tensão íntima, que une e liga, constrói e funde"[24]. Eros introduz "novas tensões", escreve Freud[25]. Eros recebe não só um caráter mais importante o que a libido, como também diferente, de maneiras significativas. E Eros, "construtor de cidades", na expressão de Auden, oposto ao princípio do prazer com sua redução de tensão, possibilitando ao homem a criação de culturas, "Eros opera desde o princípio da vida e surge como "um instinto vital", em oposição ao "instinto de morte". A existência humana consiste agora numa nova forma de luta de gigantes, Eros contra Thánatos.

O próprio Freud deve ter sentido a contradição na sua maneira de pensar, à medida que ocorria esse processo evolutivo, no que se revela na sua maneira de escrever a respeito[26]: ... os instintos de morte são, por sua própria natureza, mudos e... o clamor da vida origina-se quase todo de eros. E da luta contra eros!"[27] Tal é a ousada inconsistência do gênio! E uma das mais sérias inconsistências é o seu esforço para ainda assim identificar este eros com os instintos sexuais. Ele fala da "libido de eros",

---

24. Morgan, p. 144.

25. Sigmund Freud, *The ego and the id* (1923), *Standard Edition* (Londres, Hogarth Press, 1961), XIX, p. 47.

26. Ibid., p. 46.

27. Ibid., p. 47. (É aqui que Freud se refere ao fato de que o zangão e o louva-a-deus morrem após a cópula e usa-o para ilustrar a morte após a satisfação).

"libido do Id", "libido do ego", e a respeito de "libido assexualizada" e "libido não assexualizada" – até que o leitor acaba sentindo que ele trabalhava sob a necessidade de forçar todos os seus *insights,* mesmo importantes, como essa redescoberta do eros, para o leito prousteano de seu velho sistema de energia.

É possível vencer essa confusão se conservarmos bem em mente o ponto dinâmico: Freud só trouxe eros à sua obra quando foi obrigado a enfrentar o fato de que os instintos sexuais, operando sobre o princípio do prazer, anulavam-se a si mesmos. Eros, assim, representa algo genuinamente novo. Freud termina um ensaio chamando-o afetuosamente de "Eros, o criador de complicações", e deixando-nos a impressão de que esse Eros não permitirá facilmente que o instinto de morte faça as pazes com o id "impelido pelo princípio do prazer" e adquirido ao preço da apatia. Quando a "satisfação triunfa", escreve Freud, "Eros é eliminado, e o instinto de morte fica livre para realizar seus propósitos"[28].

---

28. Segundo Ernest Jones, *The Life and Work of Sigmund Freud* (Basic Books, 1957), III, p. 276: "O objetivo era estabelecer um relacionamento entre o princípio de estabilidade de Fechner, que Freud identificou com seu princípio do Nirvana, e mais tarde com o instinto da morte, e a segunda lei da termodinâmica. Esta sinistra lei, o espantalho de todos os otimistas, estritamente falando-se pode ser expressa somente em linguagem matemática, como uma quantidade de calor dividida pela temperatura; a lei da entropia estabelece que, num *sistema autossuficiente,* este número aumenta com o tempo. Isto só é exato, porém, num sistema hipotético limitado, jamais existente na natureza e muito menos entre os seres vivos – como insistiu o eminente físico Schroedinger – onde, recebendo energia de fora, adquire uma entropia negativa".

O dilema que enfrentamos em nossa cultura é similar ao que Freud encontrou – a suposição de que o verdadeiro alvo da existência é a satisfação de impulsos que conduzem o sexo ao beco sem saída do tédio e da banalidade. Eros, arrastando-nos para a frente, volta-se ao reino das possibilidades, ao alcance da imaginação e intencional idade humanas. Diversas autoridades, recusando a forma literal do instinto de morte, observam que é falso o raciocínio segundo a lei da termodinâmica, uma vez que plantas e animais haurem renovadas forças do que as rodeia. Assim, eros é a capacidade de participar de um constante diálogo com o nosso ambiente, o mundo da natureza e das pessoas.

O próprio Freud orgulhava-se de relacionar seu conceito de eros com o dos antigos gregos. E escreve: "...quem olhar com desprezo para a psicanálise deve lembrar o quanto o destaque aí dado à sexualidade coincide com o eros do divino Platão"[29]. Quando seus discípulos escreveram artigos apontando para o estreito relacionamento do eros de Platão com o de Freud, o mestre confirmou com entusiasmo: "Em sua origem, função e relação com o amor sexual, o eros do filósofo Platão coincide exatamente com a força do amor, a libido, da psicanálise, conforme exposto detalhadamente por Nachmansohn (1915) e Pfister (1921)"[30]. Não só o conceito freudiano de eros é radicalmente diferente do de Platão como, confor-

29. Morgan, p. 173.

30. Ibid.

me declara o Professor Douglas Morgan, após prolongado estudo do amor platônico e freudiano,

> a verdade é que o amor freudiano é quase o oposto do amor platônico. Em seus fundamentos metafísicos e dinâmica não só diferem, mas até se contradizem. Tão longe estão as duas interpretações de ser coincidentes (conforme pensava Freud), que nenhuma das duas seria exata se a outra tivesse significação[31].

Phillip Rieff concorda com isso: "... o eros psicanalítico é basicamente diferente do platônico"[32].

O que Freud tem em comum com Platão é o fato de ambos acreditarem que o amor é fundamental à experiência humana, o amor penetra todas as ações e é uma profunda e ampla força motivadora. "Dentro do significado de Eros, em ambos incluem-se o amor genital-sexual, o amor fraterno e cívico, o amor das ciências, da arte e da perfeição"[33]. Mas quando indagamos o que é o amor encontramos respostas inteiramente diferentes. Mesmo após introduzir eros, Freud definiu-o como um impulso de trás para a frente, uma força saindo de "fontes de energia caóticas, indistintas, instintivas e segundo caminhos previsíveis e determinados em direção à natureza e, só parcialmente, a um amor penosamente civilizado"[34]. Enquanto que para Platão eros está inteiramente unido às possibilidades pos-

31. Ibid., p. 165.

32. Ibid.

33. Ibid., p. 164.

34. Ibid., p. 165.

teriores que "empurram" a pessoa; é a ânsia de união, a capacidade de relacionar-se com novas formas de experiência humana. É "totalmente orientado para um fim, para um alvo e movimenta-se no sentido de uma transcendência da natureza"[35]. A cultura em cujo seio Freud estudou, pensou e trabalhou era alienada e esta alienação revela-se em suas definições de amor e sexo – e mais ainda nas nossas, meio século depois. Isto pode ser em parte responsável por ter confundido seu eros com o de Platão"[36].

Quanto a mim, dou valor à intuição de Freud, ou "espero", se assim se pode dizer, que seu eros contenha algo de platônico. Mais um exemplo do que encontramos

35. Ibid.

36. O Professor Morgan, p. 174, manifesta espanto de que Freud, conhecendo os clássicos, tenha cometido erro tão extraordinário. A isso só podemos responder com o óbvio: tão grandes são as pressões, em qualquer sociedade, para considerar a realidade através das lentes de nossos erros pregressos, tal a tendência a interpretar o passado em termos de nossas falsidades, que, na cultura do século XIX, o caso de Freud, era a física de Helmoltz. "Em seus *três ensaios sobre a sexualidade,* Freud comete outro erro notável, traindo um conceito quase absurdo do amor ateniense: "A distinção mais notável entre a vida erótica da Antiguidade e a nossa reside sem dúvida no fato de que os antigos davam relevância ao próprio instinto, enquanto nós sublinhamos seu objeto. Os antigos glorificavam o instinto e por causa disso inclinavam-se a cultuar mesmo um objeto inferior; enquanto nós desprezamos a atividade instintiva em si mesma e procuramos desculpas para ela somente nos méritos do objeto" (*Standard Edition,* VII, p. 149, nº 1). Se por "antigos" entendermos Platão, será difícil desacreditar Freud com interpretação tão errônea. Para Platão, o dinamismo do amor deriva todo o seu valor do objeto último; "objetos inferiores" não eram reverenciados, não por causa do amor, mas por revelarem de maneira limitada o objeto último e corretamente amado. Neste ponto, Freud parece estar tão enganado com respeito a Platão como à psicanálise!"

com tanta frequência em Freud: o caráter e o significado dos seus conceitos foi muito além de sua metodologia e da lógica na sua estrita aplicação. Discordo do Professor Morgan na menção acima – isto é, que os conceitos freudiano e platônico do amor sejam incompatíveis. Baseado em meu trabalho clínico, acredito que não só são compatíveis, como representam duas metades e que ambas, na evolução psicológica do ser humano, são necessárias.

A união de Eros: estudo de um caso

Darei como exemplo uma sessão psicanalítica ocorrida enquanto eu escrevia este capítulo e que demonstra, creio, não só o contraste entre os pontos de vista freudiano e platônico em terapia, como também seu inter-relacionamento.

Uma mulher de quase 30 anos procurou tratamento por causa de grave insensibilidade, bloqueio da espontaneidade – o que tornava as relações sexuais um difícil problema, tanto para o marido como para ela própria – e uma timidez que às vezes chegava a ser paralisante. Era filha de uma antiga e aristocrática família americana, de considerável projeção. Sua mãe masoquista, o pai imbuído de prestígio e três irmãos mais velhos haviam constituído a rígida estrutura na qual ela se criara. No decurso da terapia aprendeu – com seu temperamento racionalista – a perguntar a si mesma "a razão" pela qual se sentia emocionalmente paralisada nesta ou naquela situação, o que ocorria para que ela fosse insensível sexualmente. Tornou-se assim capaz de sentir e expressar sua ira, paixão sexual e outros sentimentos com considerável liberdade. Isso foi apoiado por muita pesquisa útil da infância e dos difíceis traumas que havia sofrido por causa da família severamente estruturada e acompanhado de efeito positivo sobre a vida prática.

Mas a certa altura atingiu um impasse. Continuava perguntando a si mesma "por que", mas isso não trazia nenhuma mudança; as emoções pareciam sua própria razão de ser. A sessão a que me refiro ocorreu num período em que ela procurava estudar as possibilidades de um amor genuíno com o marido.

Contou-me que na noite anterior namoricara com ele e nesta disposição de espírito pedira-lhe que abrisse as costas do seu vestido e retirasse um inseto, ou o que fosse que ali estivesse. Mais tarde, enquanto preenchia cheques em sua escrivaninha, ele inesperadamente a rodeara com os braços. Ela, furiosa por ser interrompida, riscara-lhe o rosto com a caneta. Ao contar-me isso acrescentara uma explicação apressada de sua ira, atribuindo-a ao fato de os irmãos tirarem vantagem do que quer que ela fizesse em criança. Quando pus isso em dúvida, indagando por que estava usando seus sentimentos com relação ao incidente, explodiu: eu lhe tirava toda a sua "espontaneidade". Então não via que ela precisava "confiar nos instintos"? Não havia passado tanto tempo ensinando-lhe a sentir? Então, que história era aquela de pedir contas dos seus sentimentos? Além do mais, a pergunta lembrava-lhe exatamente alguém da família dizendo que ela devia ser responsável. Terminou o ataque com a expostulação: "Sentimentos são sentimentos!"

É fácil verificar a contradição em que caíra. Destruíra o serão com o marido. Ostensivamente procurando as possibilidades de um amor genuíno entre os dois, realizara exatamente o oposto. Atraía o marido para si com uma das mãos e rapidamente o empurrava com a outra. E justificava esse comportamento contraditório supondo algo muito comum em nossos dias, isto é, que sentimentos são um impulso subjetivo interior, que as emoções (o vocábulo vem de *e-movere*, mover-se para fora) são forças que movimentam a pessoa, e que portanto devem ser "movimentadas", seja em que sentido for. É provável que esta seja, em nossa cultura, a mais constante suposição relativa a emoções. Baseia-se numa espécie de hidráulica glandular – possuímos uma secreção interna de adrenalina e por isso precisamos manifestar a ira ou excitação das gônadas encontrando um objeto sexual. (Fosse qual fosse o pensamento de Freud a respeito, seu nome é invocado quando se alude a esta suposição.) Ajusta-se ao molde da mecânica fisiológica popularmente aceito, assim como aos padrões deterministas mais sofisticados, que nos influenciam nos cursos elementares de psicologia e fisiologia.

O que não nos disseram – porque quase ninguém o percebe – é que se trata de um sistema radicalmente solipsista e esquizoide, deixando-nos isolados como nômades, alienados, sem uma ponte que nos ligue às pessoas que nos rodeiam. Podemos "emocionar-nos" e ter relações sexuais de hoje até o juízo final, sem jamais experimentar um verdadeiro relacionamento com outra pessoa – somente o juízo final. Compreender que muita gente, senão a maior parte de nossa sociedade, vive desta maneira solitária as emoções não ameniza o horror da situação. Sentir torna mais dolorosa do que amena a solidão, de maneira que as pessoas preferem tornar-se insensíveis.

O que foi omitido no ponto de vista da minha paciente (e da sociedade em geral) é que as emoções não são um simples impulso de trás para diante e sim uma *indicação* de algo, um ímpeto para formar algo, um chamado para amoldar a situação. Os sentimentos não são um simples estado ocasional momentâneo e sim uma indicação para o futuro, um modo pelo qual eu *quero* que algo seja. Exceto nos casos de patologia mais aguda, os sentimentos ocorrem sempre num campo pessoal, são uma experiência em si mesma e uma imaginação dos outros, mesmo que não exista literalmente ninguém presente. Os sentimentos são por direito a maneira de nos comunicarmos com as pessoas relevantes de nosso mundo, um amoldamento de nossa relação com os outros; são a linguagem pela qual construímos interpessoalmente. Isto é, sentimentos são *intencionais*.

O primeiro aspecto das emoções como forças "propulsoras" relaciona-se com o passado e correlaciona-se com a causalidade e o determinismo da experiência pregressa da pessoa, inclusive a infantil e a arcaica. Este é o lado *regressivo* das emoções, sobre o qual Freud nos ensinou tanta coisa de importância duradoura. A este respeito, o estudo da infância do paciente e sua revivência têm um papel vigoroso essencial na psicoterapia.

O segundo ponto de vista, pelo contrário, começa no presente e aponta para o futuro. É o aspecto *progressivo* das emoções. Nossos sentimentos não só levam em consideração a outra pessoa, como são, num sentido bem real, em parte *formados pelos sentimentos dos outros presentes.* Sentimo-nos num campo magnético. A pessoa sensível aprende, muitas vezes sem bastante consciência de fazê-lo, a captar os sentimentos dos que a rodeiam, como uma corda de violino ressoa às vibrações de todas as outras cordas musicais que se encontram na sala, embora em grau infinitesimal, impossível de ser captado pelo ouvido. Todo amante bem-sucedido sabe disso por "instinto". É uma qualidade essencial – senão a mais essencial – do bom terapeuta.

Ao lidar com o primeiro aspecto das emoções é totalmente correto perguntar "por quê". Mas o segundo aspecto exige a indagação da "finalidade". O *approach* freudiano está de certo modo relacionado com o primeiro e teria sem dúvida negado meu emprego da palavra "finalidade". Os conceitos grego e platônico de eros estão correlacionados com o segundo: emoção é atração, impulso; meus sentimentos são despertados em virtude de objetivos, ideais, possibilidades futuras que se apossam de mim.

Faz-se também esta distinção na lógica moderna; a *razão* é a consideração pregressa que explica por que se está fazendo isto ou aquilo; e *propósito*, pelo contrário é o que se deseja realizar. O primeiro conceito está correlacionado com o determinismo. O segundo refere-se à abertura a novas possibilidades de experiência. Está, portanto, correlacionado com a liberdade, *Participamos da formação do futuro em virtude de nossa capacidade de conceber e reagir a novas possibilidades e trazê-las para fora da imaginação, experimentando-as na realidade.* Tal é o processo do amor ativo. É o eros em nós respondendo ao eros nos outros e no mundo da natureza.

Voltando à minha paciente: ela sentia uma impotência na sessão mencionada, impotência resultante da vaga consciência da armadilha em que caíra. Duas sessões mais tarde diria: "Sempre procurei as razões dos meus sentimentos em relação a George. Acreditava que isso era o importante e que o processo conduziria ao nirvana. Agora se esgotaram as razões. Talvez não exista nenhuma". É interessante observar que sua última frase é muito mais brilhante que ela imaginava. Pois é verdade, tanto em terapia como na vida, que quando alcançamos o estágio em que nossas necessidades essenciais estão satisfeitas e não somos impelidos pela carência, "não existem razões", no sentido de que estas perdem a sua relevância[37]. O conflito torna-se marasmo e tédio de um lado, e do outro abertu-

37. Abraham Maslow provou-o em diferentes escritos.

ra a novas possibilidades, aprofundamento do consciente, escolha e comprometimento do próprio *self* com novas modalidades de vida.

A distinção entre "razão" e "propósito" impressionou fortemente à minha paciente e nela libertou diversos *insights* importantes. Para sua considerável surpresa, um deles foi uma mudança radical no seu senso de responsabilidade. Daí em diante passou a vê-lo não só como expectativas exteriores e passivamente aceitas da família, mas como uma responsabilidade ativa para *si mesma,* ao tomar consciência do poder que exercia sobre o marido, na noite acima mencionada. A responsabilidade consistia agora em algo de sua escolha, o que ela desejava da vida com ele e com os demais.

Pode-se dizer com segurança – excetuando-se indivíduos seriamente patológicos – que *todas* as emoções, por mais contraditórias que pareçam superficialmente, têm uma certa unidade no *Gestalt* que constitui o *self.* O problema clínico – como no caso da criança ansiosa, forçada a demonstrar carinho aos pais hostis e destruidores em relação a ela – é que a pessoa não pode ou não quer tomar consciência do que sente ou está fazendo com seus sentimentos. Quando minha paciente foi capaz de analisar seus dois atos contraditórios em relação ao marido, verificou que ambos estavam motivados pela ira em relação a ele e aos homens em geral, e que ela estabelecera a situação, a fim de provar que ele era um vilão. Ambos os atos pressupunham o homem como a figura autoritária (o que ela fazia comigo no "processo de nirvana" da terapia). Entretanto, permanecia a criança voluntariosa, orientada por caprichos. Sabia entender-se com os homens segundo o padrão da infância, mas – conforme ficou revelado na pronunciada ansiedade de sessões subsequentes – poderia relacionar-se com eles como adulta?

Chegamos, nas asas de eros, se assim me posso expressar, a um novo conceito de causalidade. Não somos mais forçados a compreender o ser humano em termos de causa-e-efeito, baseados unicamente nas explicações das "razões", suscetíveis de rígida predição. Na verdade, Aristóteles acreditava que a motivação de eros era tão diferente do determinismo do passado que nem a deveríamos chamar de causalidade. "Em Aristóteles encontramos a doutrina do *eros* universal", escreve Tillich, "que impele tudo em direção ao alto, à pura atualidade que move o mundo, não como causa (*kinoumenon*), mas como objeto do amor (*eromenon*). E o movimento que descreve vai do potencial para o atual, do *dynamis* para *energeia*"[38].

Estou propondo uma descrição de seres humanos motivados pelas novas possibilidades, finalidades e ideais, que atraem e impelem em direção ao futuro. Isso não omite o fato de sermos todos parcialmente impulsionados pela retaguarda e determinados pelo passado, mas une esta força com sua outra metade. Eros nos con-

38. Paul Tillich, *Love, Power and Justice* (Nova York, Oxford University Press, 1954), p. 22.

fere uma causalidade em que "razão" e "propósito" estão unidos. O primeiro faz parte de toda experiência humana, uma vez que todos participamos do mundo finito, natural; neste sentido, cada um de nós, ao tomar qualquer decisão importante, precisa descobrir o máximo a respeito dos fatos objetivos da situação. Este domínio é particularmente relevante nos problemas de neurose em que acontecimentos passados exercem uma influência compulsiva, repetitiva, em cadeia e de efeito previsível sobre as ações da pessoa. Freud tinha razão no sentido de que uma causalidade rígida, determinista, age na neurose e na doença.

Mas estava errado ao tentar aplicá-lo a *todas* as experiências humanas. O aspecto do propósito, que entra no processo quando o indivíduo se torna cônscio do que está fazendo, abre diante dele novas e diferentes possibilidades para o futuro e introduz os elementos da responsabilidade pessoal e liberdade.

Eros doente

O Eros que estivemos discutindo é o da época clássica, quando constituía ainda a força criadora e elo entre os homens e os deuses. Mas esse Eros "sadio" deteriorou-se. A ideia platônica é uma forma do conceito que fica entre a visão de Hesíodo como criador poderoso e original e a forma posterior deteriorada, na qual Eros se torna uma criança doente. Esses três aspectos são também nítidos reflexos de arquétipos psicológicos de experiência humana: cada um de nós, em diferentes ocasiões, sente Eros como criador, mediador, ou simples *playboy*. Nossa era de maneira alguma é a primeira a viver a banalização do amor, e encontrá-lo sem paixão é torná-lo doente.

Na encantadora história mencionada no começo do capítulo vimos que os antigos gregos haviam colocado na quintessência da linguagem que é o mito os *insights* que jorram dos arquétipos da psique humana. Eros, filho de Ares e Afrodite, "não cresceu como as outras crianças, permanecendo pequeno rosado, bochechudo, com asas transparentes e face maliciosa, marcada de covinhas". Depois que a mãe alarmada fica sabendo que "Amor não pode crescer sem Paixão", prossegue o mito:

> Em vão a deusa tentou compreender o significado oculto dessa resposta. Só lhe foi revelado quando Anteros, deus da paixão, nasceu. Quando junto do irmão, Eros crescia e desabrochava, tornando-se um jovem belo e esguio; mas quando dele separado voltava à forma infantil e aos hábitos brincalhões[39].

Nessas sentenças ingênuas, com as quais os gregos costumavam revestir sua profunda sabedoria, existem diversos pontos cruciais para nossos problemas contemporâneos. Um deles é que Eros é filho de *Ares* e Afrodite. O que quer dizer que o amor está inseparavelmente ligado à agressão.

39. Helene A. Guerber, *Myths of Greece and Home* (Londres, British Book Centre, 1907), p. 86.

Outro ponto é que Eros, o poderoso criador do tempo de Hesíodo, que fazia com que da terra árida brotassem árvores verdes e soprava no homem o espírito da vida, decaíra para uma criança rosada, bochechuda e brincalhona, às vezes um simples bebê, divertindo-se com arco e flecha. Vemo-lo assim representado como um afetado Cupido em pinturas dos séculos XVII e XVIII, assim como nas da Antiguidade. "Na arte arcaica, Eros surgia como um belo jovem alado e tende a ser representado cada vez mais jovem até o período helênico, em que é um bebê". Na poesia alexandrina torna-se uma criança maldosa[40]. Deve haver algo na própria natureza de Eros que causa esta deterioração, pois ela se encontra presente no mito que, embora posterior à versão de Hesíodo, data de muito antes de desintegração da civilização grega.

Isso nos conduz ao âmago mesmo do que anda errado em nossos dias: eros perdeu a paixão e tornou-se insípido, infantil, banal.

Como tantas vezes acontece, o mito revela um conflito existente nas raízes da experiência humana, verdadeiro para os gregos e para nós: fugimos de Eros, no passado vigorosa e original força do ser; para o sexo, brincadeira maliciosa. Eros é rebaixado à função de bonito garçom servindo uvas e vinho, estímulo para gracejos, cuja tarefa é manter a vida infinitamente sensual, sobre nuvens cor-de-rosa. Deixou de representar o uso criativo do poder sexual, o procriativo e outros, passando à gratificação

40. "Eros", *Encyclopaedia Britannica,* vol. VIII (1947), p. 695.

imediata. E, *mirabile dictu,* descobrimos que o mito proclama exatamente o que vemos suceder hoje: *Eros perde então o interesse até no sexo.* Numa versão do mito, Afrodite procura levá-lo a agir, espalhando o amor com arco e flecha. Mas, adolescente preguiçoso, ele sai para divertir-se com Ganimedes e trapacear no jogo de cartas.

Desapareceu o espírito das flechas doadoras de vida, a criatura que soprava a vida no homem e na mulher. Desapareceram os vigorosos festivais de Dionísio, as danças frenéticas, os mistérios que comoviam os iniciados mais do que as propaladas drogas da nossa era mecanizada, desaparecida até a intoxicação bucólica. Eros tornou-se na verdade um *playboy*! Bacanal com Pepsi-Cola®.

É isso o que sempre faz a civilização – domestica Eros para encaixá-lo nas necessidades da cultura, a fim de perpetuar-se? Transforma-o do poder que traz à vida novo ser, e ideias, e paixão; enfraquece-o até deixar de ser a força criadora que rompe com as antigas formas para amoldar novas? Domestica-o até tornar-se o objetivo da facilidade perpétua, da afluência e finalmente da apatia?[41]

---

41. Rollo May, num comentário de *The Sexual Wilderness: The Contemporary Upheaval tn Male-Female Relationships,* de Vance Packard (Nova York, David McKay Company, 1968), publicado no *The New York Times Book Review,* 13 de outubro de 1968: "Packard cita aqui a maciça e quase esquecida "Sexo e Cultura" (1934), de J. D. Unwin, um estudo de oitenta sociedades não civilizadas e também um grupo de culturas historicamente adiantadas. Unwin procurou correlacionar a *permissiveness* sexual de diversas sociedades com sua energia para a evolução civilizada e concluiu que "o volume de ascendente cultural das sociedades primitivas corria paralelo ao volume de restrições impostas às oportunidades sexuais fora do casamento". Virtualmente todas as sociedades civilizadas que Unwin es-

Com respeito a isso confrontamos um novo e específico problema no mundo ocidental – *a guerra entre eros e tecnologia.* Não existe guerra entre *sexo* e tecnologia: as invenções tecnológica ajudam a tornar seguro, disponível e eficiente o sexo, conforme ficou demonstrado, desde as pílulas anticoncepcionais até aos livros de técnica amorosa. Sexo e tecnologia reúnem-se para alcançar o "ajuste"; com a plena libertação da tensão nos fins de semana, pode-se trabalhar melhor no mundo convencional às segundas-feiras. As necessidades sensuais e sua gratificação não estão em guerra com a tecnologia, pelo menos no sentido imediato (se estão a longo prazo é outra questão).

Mas não está absolutamente claro que tecnologia e eros sejam compatíveis, ou possam viver sem perpétua luta. O amante, como o poeta, é uma ameaça para a fabricação em série. Eros rompe as formas existentes e cria novas e isso, naturalmente, é uma ameaça à tecnologia. Esta exige regularidade, previsibilidade e é governada pelo relógio. O eros não domesticado luta contra todos os conceitos e limitações de tempo.

---

tudou – os babilônios, os atenienses, os romanos, os anglo-saxônicos e ingleses – iniciaram sua carreira histórica em "estado de absoluta monogamia". A única exceção foram os mouros, onde uma sanção religiosa especifica apoiava a bigamia. "Qualquer sociedade humana", escreve Unwin, "é livre para escolher entre exibir grande energia ou gozar de liberdade sexual; é evidente que não pode dedicar-se a ambos no decorrer de mais de uma geração". Packard observa que isso é confirmado de diferentes maneiras por outros historiadores e antropologistas, tais como Carl C. Zimmerman, Arnold J. Toynbee, Charles Winick e Pitirim A. Sorokin".

Eros é o ímpeto para construir civilizações. Mas a civilização volta-se contra seu progenitor e disciplina os impulsos eróticos. Isso pode também agir no sentido do aumento e expansão do consciente. Os impulsos eróticos podem e devem ser disciplinados: o evangelho da livre expressão de todos os impulsos dispersa a experiência como um rio sem margens, espalhando e desperdiçando suas águas em todas as direções. Eros disciplinado proporciona formas nas quais podemos evoluir e que nos protegem de ansiedade insuportável. Freud acreditava que esta disciplina era necessária a uma cultura, e que da repressão e sublimação dos impulsos eróticos advinha a força com que se constroem as civilizações. De Rougemont, por esta vez, concorda com Freud; e não esquece

> que sem disciplina sexual, que as chamadas tendências puritanas nos impuseram desde que a Europa existe, não haveria em nossa civilização nada além do que há nas chamadas nações subdesenvolvidas e menos ainda, sem dúvida: não haveria trabalho, esforço organizado, ou a tecnologia que criou o mundo atual. Não haveria também o problema do erotismo! Os autores eróticos esquecem ingenuamente este fato, comprometidos com sua paixão poética ou moralizadora, que com frequência os aliena da verdadeira natureza dos "fatos da vida" e de seus elos complexos com a economia, a sociedade e a cultura[42].

42. Denis de Rougemont, *The Myths of Love* (Nova York, Pantheon Books, 19fi3), citado em *Atlas,* novembro de 1965, p. 306.

Mas chegamos aqui a um ponto (e este é o desafio que o homem ocidental precisa enfrentar) em que o culto da técnica destrói os sentimentos, solapa a paixão e anula a individualidade. O amante tecnologicamente eficaz, derrotado pela contradição que é a cópula sem eros, acaba por tornar-se impotente. Perdeu a força de ser arrebatado e sabe muito bem o que está fazendo. Neste ponto a tecnologia diminui a consciência e destrói eros. Os instrumentos deixam de ser uma ampliação da consciência, passando a ser seus substitutos, e tendendo a recalcá-la e truncá-la.

Deve a civilização domesticar eros para impedir a sociedade de desmoronar-se? Hesíodo viveu no arcaico século VI, fortemente agitado, mais próximo às fontes da cultura e aos momentos de gestação e nascimento, quando as forças procriadoras estavam em andamento e o homem *precisava* viver com o caos, transformando-o em algo novo. Mas depois com a crescente necessidade de estabilização, os elementos trágicos e demoníacos tenderam a desaparecer. Revela-se aqui um *insight* da queda das civilizações. Vemos atenienses afetados dar destaque aos mais primitivos macedônios, estes por sua vez aos romanos, e os romanos aos hunos. E nós faremos o mesmo com as raças amarela e negra?

Eros é o centro de vitalidade de uma cultura – seu coração e sua alma. E quando um alívio de tensão substitui o eros criativo está garantida a queda da civilização.

4
Amor e morte

> O confronto com a morte – e seu adiamento – faz com que tudo se torne tão precioso, tão sagrado, tão belo que eu sinto, mais forte do que nunca, o impulso para amá-la, beijá-la e deixar-me ser por ela dominado. Meu rio jamais me pareceu tão belo... A morte, e sua perene possibilidade, torna mais possível o amor, o amor apaixonado. Pergunto a mim mesmo se amaríamos apaixonadamente, se o êxtase seria possível, se soubéssemos que jamais morreríamos.
>
> *De uma carta de Abraham Maslow escrita durante a convalescência de um ataque cardíaco*

Defrontamo-nos agora com um dos mais profundos e significativos paradoxos do amor: a intensificação de abertura para ele, que a consciência da morte acarreta, e simultaneamente a intensificação do senso da morte acarretada pela amor. Recordamos que até as setas com as quais Eros cria – aqueles dardos doadores de vida que atira no frio seio da terra para cobrir sua árida superfície de luxuriante verdura – são *envenenadas*. São estes os elementos geradores de ansiedade no amor humano. Pois os dardos de Eros atravessam "corações brutais e mansos, até a sua morte, ou cura na alegria"[1]. Morte e gozo, angústia e alegria, ansiedade e a maravilha do nascimento – tais são a trama e a urdidura que tecem o amor humano.

É Eros quem "quebra a força dos membros", quem "em todos os deuses, em todos os seres humanos, domina, no coração, a inteligência, com todo o seu hábil planejamento"[2]. Assim, na sua *Teogonia,* fala Hesíodo que escreveu naquele período arcaico vigorosamente criativo (750 a.C.), quando a Grécia vibrava com o fermento que marcou o nascer das cidades-estados e selou o novo homem grego com a dignidade e a consciência de si mesmo. O "esmagamento" das funções racionais é assim diretamente ligado ao poder criativo de Eros. De que modo mais eloquente poderíamos dizer que o ato de criar do caos a forma e a vida, trazendo ao homem vitalidade, exige uma paixão que transcende a inteligência e seus cálculos: Eros *"quebra a força dos membros... em todos os deuses, em todos os seres humanos!"* Eros destrói, assim como cria[3].

---

1. Campbell, III, p. 67.

2. Hesíodo, *Theogony,* linhas 120-122, tradução de Richmond Lattimore (Ann Arbor, University of Michigan Press, 1961). Citado por Joseph Campbell III, p. 234.

3. Ibid.

Amor como sugestão de mortalidade

Amar é abrir-se tanto ao negativo como ao positivo – à dor, à tristeza, à decepção, assim como à alegria, à realização, e a uma intensidade de percepção que ignorávamos existir. Em primeiro lugar, descreverei o processo fenomenologicamente, em sua forma ideal, como paradigma.

Quando nos "apaixonamos", segundo o verbo tão expressivo, o mundo estremece e se altera a nossa volta, não só na aparência, como em todas as nossas realizações. Em geral, o abalo é sentido conscientemente em seus aspectos positivos – o milagre e o mistério do amor produzem de súbito um novo céu e uma nova terra maravilhosos. O amor resolve tudo, cantamos. Pondo de lado a banalidade de tais afirmativas, a cultura ocidental parece estar empenhada numa conspiração romântica – talvez desesperada, para reforçar a ilusão de que eros se reduz a isso. O próprio vigor do esforço para apoiar tal ilusão trai a presença do polo oposto, recalcado.

O elemento oposto é a consciência da morte. Pois a morte encontra-se à sombra das alegrias do amor. Um ligeiro obscurecimento advém da temida pergunta: Este novo relacionamento nos destruirá? Quando amamos renunciamos ao âmago de nós mesmos. Somos lançados do anterior estado de existência ao vazio. E embora esperemos chegar a um novo mundo, a uma nova existência, nunca podemos estar bem certos de atingi-los. Nada parece igual, e talvez jamais volte a ser. O mundo está aniquilado; como saber se será de novo reconstruído? Entregamos e renunciamos ao nosso próprio âmago. Como saber se o receberemos de volta? Ao despertar encontramos o mundo todo estremecendo: onde e quando se fixará?

A alegria vital é acompanhada da consciência da morte iminente – e com a mesma intensidade. Aparentemente uma não é possível sem a outra.

Esta experiência de aniquilação é interior e, conforme o mito tão bem expressa, é essencialmente o que o eros nos causa. O amor carrega consigo a ameaça de aniquilamento total. Esta intensidade de percepção tem algo em comum com o êxtase do místico em união com Deus: assim como ele jamais pode ter certeza de que Deus está presente, o amor nos transporta para aquela intensidade de percepção onde deixamos de ter qualquer garantia de segurança.

Este fio da navalha, este vertiginoso equilíbrio de ansiedade e alegria tem muito a ver com a qualidade excitante do amor. A temível alegria não se reduz à questão do amor ser ou não retribuído à mesma altura. De fato, a verdadeira dialética encontra-se no íntimo da pessoa e a ansiedade não fica essencialmente acalmada caso o ser amado corresponda ao amor. Paradoxalmente, o amante fica às vezes *mais* ansioso quando o sentimento é retribuído. Pois quando se ama sem exigências, o que chega a ser um objetivo no amor por correspondência, ou à segura distância, como Dante e todo o movimento estilista da literatura italiana, pode-se pelo menos prosseguir nas tarefas diárias, escrever *A divina comédia,* sonetos e novelas. Quando o amor se concretiza, eros pode literalmente "quebrar as forças dos membros", como com Antônio e Cleópatra, ou Paris e Helena, ou Heloísa e Abelardo. Daí os seres humanos temerem o amor. E, embora todos os livros "água com açúcar" afirmem o contrário, existe razão para temores.

Na experiência humana comum, esse relacionamento entre a morte e o amor talvez se torne mais claro aos que têm filhos. É possível que uma pessoa pense muito pouco no amor – e se orgulhe de sua "coragem" – até tornar-se pai. Descobre então em seu sentimento pelo filho a vulnerabilidade da vida. A Cruel Ceifadora pode arrebatar a qualquer momento a criança, objeto de seu amor. Neste sentido o amor é uma experiência de maior vulnerabilidade.

E é também um lembrete da nossa mortalidade. Quando morre um amigo ou um membro da família impressionamo-nos vivamente com o fato de que a vida é evanescente e irrecuperável. Mas dá-se também um aprofundamento de suas possibilidades significativas e um ímpeto para nos arriscarmos a dar o salto. Alguns seres humanos – a maioria talvez – jamais conhecem um amor profundo até sentirem, diante da morte de alguém, o quanto é preciosa a amizade, a dedicação, a lealdade. Abraham Maslow está profundamente certo quando pergunta se amaríamos apaixonadamente caso não tivéssemos que morrer.

Esta é uma das razões, mitologicamente falando, pelas quais os amores entre os deuses imortais do Olimpo são tão insípidos e tediosos. O romance de Zeus e Juno é totalmente sem interesse até envolver um mortal. O amor tem o poder de modificar o curso da história somente quando

Zeus desce até Leda ou Io e se apaixona por essa mortal, que anseia por ter um filho, sabendo que não viverá eternamente. *O Amor é não só enriquecido por nosso senso de mortalidade como por ele constituído.* O amor é uma mútua fertilização da mortalidade e da imortalidade. Por isso Eros é descrito como um ser a meio caminho entre os deuses e os homens e participando da natureza divina e humana.

Falo, até certo ponto, em termos ideais. Estou plenamente cônscio de que este grau de envolvimento será chamado neurótico por muitos de meus colegas. Estamos nos tempos dos relacionamentos "frios" – a pessoa não deve jamais se envolver a ponto de não poder desvencilhar-se de uma hora para outra! Mas afirmo que este envolvimento só é neurótico se "cristalizado", ou fixado; somente se os parceiros exigem que se viva sempre nesse nível. Embora ninguém viva durante muito tempo no plano que acabo de descrever, ele permanece uma espécie de tela de fundo, uma situação ideal que deveria estar presente no relacionamento, emprestando sentido aos dias tediosos e desagradáveis que o futuro também trará[4].

---

4. Os efeitos do amor podem ser comparados aos da droga LSD. Ambos põem abaixo as paredes do mundo rotineiro e destroem nossas defesas, deixando-nos nus e vulneráveis. Com o LSD, a experiência pode ser assustadora e ao mesmo tempo cheia de descobertas, ou pode ser de paranoia e desintegração, sem qualquer alegria. O mesmo paralelo é aplicável ao amor. Ciúme, inveja, desconfiança, raiva e até ódio podem ser mais fortes quando está presente o amor. Muitos casais conservam-se juntos ostensivamente mais motivados pelo ódio do que pelo amor. Como na peça de Edward Albee, "Quem tem medo de Virgínia Woolf?", é às vezes muito difícil distinguir se é o ódio que está mascarando o amor ou o reverso.

A relação entre morte e amor conta com uma história impressionante na literatura. Na língua italiana havia o frequente jogo de palavras com *amore* e *morte*. A conexão tem também suas analogias biológicas na natureza. O zangão morre após fertilizar a Rainha. Mais vívido é o caso do louva-a-deus: a fêmea arranca a cabeça do macho durante a cópula e seus espasmos mortais confundem-se com os amorosos, tornando-os mais vigorosos. Fertilizada, a fêmea continua a comê-lo, a fim de armazenar alimento para o filhote.

Freud associou esta ameaça de morte com o esvaziamento do Eros.

> Isto explica a semelhança entre a condição que se segue à completa satisfação sexual e a morte, e também o fato de que a morte coincide com a cópula dos animais inferiores. Essas criaturas morrem no ato da reprodução porque depois que Eros foi eliminado pelo processo da satisfação, o instinto de morte fica livre para realizar sua finalidade[5].

Em minha opinião, nos seres humanos não é simplesmente o esvaziamento do Eros que causa o medo da morte – ou, como dissemos acima, a experiência da mortalidade – e sim o fato de que em todos os estágios do desenvolvimento humano as experiências de amor e de morte estão interligadas.

---

5. Sigmund Freud, "Duas classes de instintos", em *The Ego and the Id*, p. 47.

Este relacionamento é sem dúvida bastante claro no ato sexual. Todas as mitologias relacionam o ato sexual com a morte e todos os terapeutas observam esse relacionamento com crescente nitidez através de seus pacientes. Uma paciente, cujo problema era frigidez sexual e que jamais sentira o orgasmo contou-me um sonho que ilustra dramaticamente o tema do amor e da morte. No sonho, pela primeira vez, sentiu sua identidade de mulher e a estranha convicção de que precisaria saltar no rio e afogar-se. O sonho terminou com grande ansiedade. Naquela noite, ao ter relações sexuais, pela primeira vez atingiu o orgasmo. A capacidade de render-se, entregar-se precisa existir no amor para que haja a espontaneidade necessária ao orgasmo.

Algo de muito fundamental ocorrera durante o sonho da mulher – a capacidade de enfrentar a morte, que é um pré-requisito do amadurecimento, e da consciência de si mesmo. Considero aqui o orgasmo como símbolo psicológico da capacidade de abandono da pessoa – ceder a atual segurança em favor de um salto para uma experiência mais profunda. Não é por acidente que o orgasmo tantas vezes parece simbolicamente com a morte e o renascimento. O mito de mergulhar, afogar-se e renascer tem ocorrido através da história de diferentes culturas e religiões sob o nome de *batismo* – imergir nas águas, afogar-se, morrer, a fim de renascer. Este é um passo ousado para o não ser, com a perspectiva de realizar um novo ser.

Daí a qualidade *virginal* de toda experiência amorosa genuína. Cada vez parece a primeira. Estamos convictos de que ninguém jamais experimentou tal coisa anteriormente, embora, em nossa presunção, tenhamos a certeza de recordar para sempre aquele sentimento. Quando eu andava fazendo conferências sob este tema numa universidade, dois rapazes vieram dizer-me em particular que me compreendiam por estarem apaixonados, e expressaram autêntica preocupação com os outros estudantes, que não me compreenderiam. A presunção de que ninguém jamais esteve antes apaixonado, e nem eu próprio antes daquele momento, é bastante comum.

A mitologia, aquele tesouro de revelações humanas, intérprete de sua experiência interior e do seu mundo através dos tempos, foi clara e eloquente quanto ao relacionamento entre amor, ansiedade e morte. Não precisamos recorrer a Tristão e Isolda, embora se trate do mais claro dos mitos. Joseph Campbell observa, baseado em toda a mitologia pré-histórica do Egeu, que a deusa Afrodite e seu filho Eros são "precisamente a grande mãe cósmica e seu filho – o eterno moribundo e eterno redivivo deus". Todos os mitos relativos à parentela de Eros apontam para este *background,* diz Campbell.

> Ele irrompeu do ovo da Noite. É filho, às vezes de Gaea e Urano, às vezes de Ártemis e Hermes, ou então de Íris e Zéfiro: todas as transformações do mesmo *background* mitológico indicam sem exceção o perene catálogo dos temas que nos são agora familiares – aquela vítima voluntária cuja morte é nossa vida, cuja carne é nosso alimento e cujo sangue, nossa bebida; a vítima

> presente no jovem casal que se abraça, no ritual primitivo do amor-morte e que no momento do êxtase recebe a morte, a fim de ser sacramentalmente queimada e consumada; a vítima presente em Átis ou Adônis, assassinada por um urso, Osíris morto por Seth, Dionísio dilacerado, queimado e consumido pelos Titãs. Nas encantadoras alegorias posteriores de Eros (Cupido) e sua vítima, *o deus está no papel do negro inimigo* – o urso que ataca, o negro irmão Seth, o banto de Titã – e *o amante é o deus encarnado e moribundo*[6].

Na mitologia do antigo Egito, conta Campbell, o amante e o amado são o assassino e a vítima que, embora no palco pareçam estar em conflito, nos bastidores estão acordes, "no absorvente, redentor, criador e justificador mistério do amor"[7].

Isto lança uma luz completamente diferente sobre os problemas humanos relativos ao amor, algo que nada tem a ver com nossa desembaraçada conversa sobre a arte de amar, sobre o amor como resposta a todas as nossas necessidades, o amor como imediata autorrealização, o amor como contentamento, ou o amor como técnica encomendada pelo correio! Não é para admirar que tentemos reduzir eros ao sexo puramente fisiológico, ou evitar o dilema enfrentando-o com frieza, utilizando o sexo

---

6. Campbell, III, p. 235. Cf. tb. o tratamento de Tristão e Isolda no *Lave in the Western World*, de Denis de Rougemont, tradução de Montgomery Belgion (Nova York, Pantheon Books, 1956).
7. Ibid.

para nos embotar e vacinar contra os efeitos provocadores de ansiedade do eros.

É possível termos relações sexuais sem qualquer ansiedade. Mas fazendo-o em encontros casuais afastamos, por definição, o nosso eros – isto é, renunciamos à paixão em favor da mera sensação; renunciamos à nossa participação no significado imaginativo e pessoal do ato. Quando obtemos sexo sem amor supomos ter escapado à ansiedade demoníaca, considerada através dos tempos como inseparável do amor humano. E se além do mais, utilizarmos a própria atividade sexual como fuga aos compromissos que eros nos impõe, teremos a esperança de conseguir assim uma defesa total contra a ansiedade. E a motivação sexual, deixando de ser o prazer sensual ou a paixão, é substituída por outra, artificial, que proporciona identidade e segurança; e o sexo é reduzido a uma estratégia para amenizar a ansiedade. Assim preparamos o cenário para a evolução futura da impotência e insensibilidade.

Morte e obsessão sexual

Existe uma outra faceta da relação entre morte e amor. A obsessão sexual serve para ocultar o temor do homem contemporâneo à morte. No século XX temos menos defesas contra esse medo universal, tais como a fé na imortalidade, que protegia nossos antepassados, e carecemos também de qualquer objetivo amplamente aceito em relação à vida. Consequentemente, a consciência da morte é hoje recalcada. Mas nenhum de nós pode deixar de ter consciência, ao mesmo tempo, da tremenda preocupação com o sexo – no humor, no drama, na vida econômica e até nos comerciais da televisão. Uma obsessão que desvia a ansiedade de outro domínio e impede a pessoa de confrontar-se com algo desagradável. O que veríamos se pudéssemos penetrar em nossa obsessão sexual? Que devemos morrer. O clamor sexual que nos rodeia abafa a eterna presença da morte.

Quando procuro provar que sou potente, a fim de abafar e silenciar meus temores íntimos de impotência, estou seguindo um padrão velho como o próprio homem. A morte é o símbolo da derradeira finititude e impotência, e a ansiedade resultante desta inevitável experiência suscita a luta para tornar-nos infinitos por meio do sexo. A atividade sexual é a maneira mais pronta de silenciar o medo íntimo da morte e, através do símbolo da procriação, triunfar sobre ela.

Observemos que as maneiras pelas quais recalcamos a morte e seu simbolismo são surpreendentemente parecidas com o recalque sexual dos vitorianos[8]. A morte é obscena, pornográfica, não se deve mencioná-la; se o sexo era desagradável, a morte é um desagradável engano. Não se fala em morte diante das crianças, não se fala absolu-

---

8. Robert Litton, "Morte e simbolismo da morte", *Psychiatry,* publicado pela Fundação William Allison White, Washington, D.C., 27, 1964, pp. 191-210. E também Geoffrey Gorer, "A pornografia da morte", The Berkley Book of Modern Writings, ed W. Phillips e P. Rauh (Nova York, Berkley Publishing Corp., 1956), pp. 56-62.

tamente no assunto, se possível. Revestimo-la de capas grotescamente coloridas, da mesma maneira que as mulheres vitorianas camuflavam o corpo com seus vestidos volumosos. Lançamos flores no caixão para perfumar a morte. Com funerais e cerimônias fúnebres artificiais e túmulos enfeitados agimos como se a pessoa, de certo modo, não houvesse morrido, e pregamos um evangelho psicorreligioso, que diz que quanto menos tristeza, melhor[9]. Mesmo nossa economia associa-se, também ela, à promessa do conforto físico, arranjando cada coisa de tal modo como se o falecido não tivesse morrido[10]. Proteger as crianças, camuflar odores e roupas, organizar cerimônias artificiais e terminar com hipocrisia interior – tudo isso encontra extraordinário paralelo no recalque sexual vitoriano.

Mas os seres humanos não podem bloquear um importante aspecto biológico ou emocional da experiência sem desenvolver uma quantidade equivalente de ansiedade. Onde existe uma obsessão podemos supor um equivalente recalque. Para onde vai a ansiedade gerada por esse recalque da morte e seus símbolos? Para a nossa preocupação compulsiva com o sexo. O recalque da mor-

9. Os últimos escritos de Erich Fromm são nítidos exemplos desse evitar a realidade da morte. "Dor é pecado", escreve, dando a racionalização psicológica do recalque da morte. E prossegue insistindo em que o homem deve evitar até pensar na morte. Não vejo como tal evasão possa deixar de ser destrutiva para a personalidade. *The Heart of Man* (Nova York, Harper & Row, 1964).

10. Sátira de Aldous Huxley, *After Many a Summer Dies the Swan*.

te equivale à obsessão com o sexo. Este é a maneira mais fácil de provar a nossa vitalidade, demonstrar sermos ainda "jovens", atraentes e viris, provar que não estamos mortos, o que importa em afirmar, em última análise, o nosso domínio sobre a natureza. Tal esperança tem um fundamento biológico compreensível no sentido em que sexualidade e procriação são as únicas maneiras de se assegurar perpetuação de nosso nome e genes nos filhos que virão para além da nossa morte.

A atual preocupação com a sexualidade vai muito além deste fundamento biológico, pois sexualidade e procriação constituem as únicas maneiras de o indivíduo embotar-se, não precisando assim admitir o fato de que terá que morrer, e na verdade que a morte – a única experiência inexorável – poderá ocorrer a qualquer momento. Quanto maior a nossa alienação da natureza – o símbolo máximo da alienação é a bomba atômica e a radiação – mais próximos estamos da morte. A violentação da natureza sob forma da fissão do átomo relaciona-se, assim, com o nosso temor da morte, a nossa culpa (que sempre exagera o medo) e consequente necessidade redobrada de recalcar a consciência da morte[11]. Surge aqui o símbolo materno; falamos da *mãe* natureza. Realizar a fissão do átomo não difere muito de assumir poder sobre "o eterno

11. A tendência a recalcar a morte tem também a sua história. Após a perda da fé na imortalidade, nos séculos dezoito e dezenove, recalcamos a Ideia da morte, acreditando no progresso; Já que podemos dominar a natureza, as doenças, porque o progresso não nos levaria também, em futuro distante, a vencer a morte?

feminino". A bomba atômica lança-nos em conflito com a mãe simbólica. É por isso que sua construção tem força pessoal tão simbólica para quase todo mundo. Não é para admirar que o homem ocidental revele sinais de carregar – em profundezas ocultas – um grande remorso!

O impulso para recalcar a consciência da morte recai particularmente sobre o ocidental por causa de sua confiança no "mito da potência". (Uso o termo "mito" não no sentido popular de "falsidade", e sim no sentido histórico e correto de padrão psicológico, que dá sentido e orientação à experiência). O mito da potência tem representado um papel central na luta pela identidade, que o homem ocidental vem empreendendo desde o Renascimento, e foi particularmente crucial na formação do seu caráter psicológico e espiritual. A preocupação do ocidental em dominar a natureza, que conduziu a um êxito surpreendente nas ciências físicas e no industrialismo, estendeu-se, em fins do século XIX e XX, aos seres humanos. Assim, sou potente manipulando a mim mesmo. Na medida em que o faço com êxito, porém deixo de ser genuinamente potente e prendo-me a um insolúvel dilema. Meu ser é este volume inerte de matéria viva, que se submete à manipulação. A automanipulação, assim como a manipulação alheia, jamais amplia a potência. Pelo contrário, solapa-a. Pressupomos sempre alguém poderoso, ou algum padrão, por detrás de nós – o manipulador. Mas à medida que o sistema se amplia, a identidade da pessoa "dos bastidores" perde-se numa infinita regressão.

Esse controle dos controladores é a verdadeira questão, por mais confusa que seja; e é sempre adiada, até tornar-se demoníaco no sentido negativo do termo. O mito da potência individual adquiriu particular relevância para nós, americanos, que nos criamos numa verdadeira fronteira, fosse econômica, social ou geográfica. No Oeste, que tomo como exemplo, era crucial que o homem fosse capaz de defender-se pela força física, cultivasse um tipo de vigor rude e ativo e não permitisse que a ternura ou as emoções sentimentais retardassem o gesto de sacar a arma. Na verdade, o revólver como símbolo fálico, útil quando rígido e erecto, observado em primeiro lugar por Freud, tem maior relevância na América que em Viena; este é um dos poucos símbolos culturais específicos que ainda parece válido, apesar das transformações sociais. A vida e a lenda de Ernest Hemingway proporcionam quadros vividos das virtudes masculinas trazidas da fronteira – força física, caça, proezas sexuais (compensando, em parte, sua verdadeira luta e temor da impotência sexual) – nos temas e estilo dinâmico de seus escritos. A morte, porém, e a insuportável ansiedade de uma vida em face da morte que poderia vir ninguém sabia de onde, era ameaça demasiado premente, à medida que ele se tornava sexualmente impotente depois dos 60, conduzindo-o ao gesto extremo pelo qual o homem pode afirmar a sua potencialidade, isto é, arrebatar a própria vida no suicídio. Enquanto a pessoa pode agarrar-se à virtude da potência pessoal, ri diante da morte. Mas uma vez que perca tal ascendente, a opção é aceitá-la com sua vitória gradual e às vezes ignominiosas, ou então ir frontalmente ao seu encontro, como fez Hemingway.

Sexo e morte têm em comum o fato de serem ambos aspectos biológicos do *mysterium tremendum* – mistério aqui definido como situação no qual os dados colidem com o problema – que encontra seu derradeiro significado nessas duas experiências humanas. São ambas relacionadas com a criação e a destruição; não surpreende, portanto, que estejam interligadas de maneira tão complexa na experiência humana. Somos dominados, em ambas, por um acontecimento; não podemos colocar-nos a parte diante do amor ou da morte – e se o tentarmos destruiremos qualquer valor que possa ter a experiência.

O senso trágico no amor

Recordo uma discussão com um eminente psicoterapeuta, colega e amigo, sobre o significado da tragédia de Romeu e Julieta. Meu amigo achava que o problema do casal era não ter tido aconselhamento adequado. Caso positivo, não se teriam suicidado. Espantado, protestei que na minha opinião tal não fora absolutamente o ponto de vista de Shakespeare. O mestre inglês, assim como outros escritores clássicos que criaram e amoldaram a literatura que nos fala através dos tempos, demonstra neste drama de que modo o amor sexual pode apossar-se de um homem e uma mulher, atirando-os para as alturas e os abismos, a cuja simultânea presença chamamos tragédia.

Contudo, meu amigo insistiu em que a tragédia era um estado negativo e nós, com o nosso progresso científico, a havíamos ultrapassado – ou pelo menos deveríamos fazê-lo, o mais breve possível. Argumentei, como faço neste momento, que ver a tragédia meramente em termos negativos é um profundo equívoco. Longe de ser a negação da vida e do amor, o aspecto trágico aprofunda e enobrece nossa experiência sexual e amorosa. Uma apreciação do sentido trágico não só pode ajudar-nos a evitar o excesso simplista na vida, como proteger-nos especialmente contra o perigo da banalização do sexo e do amor, também em psicoterapia.

Não me refiro, naturalmente, à tragédia no sentido popular de "catástrofe", e sim como a compreensão pessoal e autoconsciente de que o amor acarreta tanto alegria como destruição. Refiro-me neste contexto ao fato conhecido através da história humana, mas que a nossa era conseguiu realizar o extraordinário fato de esquecer, isto é, que o amor sexual tem a força de impelir o ser humano a situações que podem destruir não só a ele próprio como também a diversas outras pessoas ao mesmo tempo. Basta recordar Helena e Páris, ou Tristão e Isolda, que são representações míticas, baseadas ou não em personagens históricos, do poder do amor sexual para dominar o homem e a mulher, atirando-os num redemoinho que desafia e destrói o controle racional. Não foi por simples acidente que tais mitos surgiram repetidamente na literatura clássica ocidental, passando de geração em geração.

Pois as histórias vêm do abismo mítico da experiência humana do amor sexual, experiência que só pode ser desdenhada ao preço do empobrecimento do que dizemos e escrevemos a respeito de sexo e amor.

O sentido trágico é a expressão de uma dimensão de consciência que empresta riqueza, valor e dignidade à vida humana. Assim, não só torna possível as mais humanas emoções – como a compaixão no sentido da Grécia antiga, a simpatia pelo semelhante e a compreensão – como sem ela o amor se torna adocicado e insípido e o eros reduz-se à criança que jamais cresceu.

Mas o leitor poderá erguer uma objeção. Seja qual for o sentido grego da tragédia, as chamadas representações trágicas na arte contemporânea, no palco, ou nas páginas de um romance, não serão um retrato da própria ausência de sentido? O que encontramos em *The Iceman Cometh (O geleiro vem)*, de O'Neill, não é a falta de grandeza e dignidade do homem, e *Wating for Godot* (Esperando Godot) não será uma representação do vazio?

Para isso existe uma dupla resposta. Primeiro, representando a *ostensiva* falta de grandeza do homem e de suas ações, ou a carência de sentido, tais obras estão fazendo infinitamente mais. Estão confrontando exatamente o que *é* trágico em nossa época, isto é, a completa confusão, banalidade, ambiguidade e vazio dos padrões éticos e consequente incapacidade para agir ou, em *Who's Afraid of Virgínia Woolf* (Quem tem medo de Virgínia Woolf?) o temor paralisante de sua própria ternura. É exato que o que vemos em *The Iceman Cometh* é que a grandeza fugiu ao homem, mas isso já pressupõe uma grandeza, uma dignidade, um significado. Ninguém pensaria em lembrar ao público grego que é significativa a passagem em que Orestes mata sua mãe. Mas a mulher de Willy Loman, em *Death of a Salesman* (A morte do caixeiro-viajante), suplica: "Prestem atenção", e tinha toda razão. É importante que um homem seja destruído, mesmo que se trate apenas de um caixeiro viajante. (Hoje em dia, teríamos talvez que explicar ao público por que Orestes, ao matar a mãe, fez algo de tão significativo, pois somos uma geração onde matar não é absolutamente um problema que exija terrível luta com as fúrias e mais tarde um julgamento referente à culpa, responsabilidade e perdão, mas sim um mecanismo psicológico, contra edipiano, que temporariamente deixou de funcionar!) Em minha opinião, os melhores romances, dramas e pinturas de nossa época são os que nos apresentam o tremendo significado da ausência de significado. A coisa mais trágica, a longo prazo, é a atitude extremista: "Não importa". A condição trágica extrema no sentido negativo é a apatia, a "frieza" rígida e inabalável, que se recusa a admitir o sentido genuinamente trágico.

Mas perguntaria, ainda, em revanche: as obras que citamos não revelam também, profundamente, o que anda errado com o amor e a vontade nos dias de hoje? Tomemos a contradição expressa com tanta vivacidade em *Waiting for Godot*. Didi fala: "Vamos" e a direção da peça ordena: "Os dois não se movem". Não poderia haver vinheta mais reveladora do problema do homem moderno face à vontade, e sua incapacidade de realizar atos significativos. Esperam Godot: mas na espera existe *expectativa.* A espera em si mesma supõe esperança e fé. E esperam juntos. Ou escolherão a negativa do amor, na violenta discussão entre os casais em *Who's Afraid of Virgínia Woolf?* Esta representação da incapacidade de ceder ao amor e à ternura demonstra de maneira mais vívida e convincente, do que volumes de pesquisa, qual o problema do homem moderno em relação ao amor.

O trágico e a separação

Há outra origem no aspecto trágico do amor – o fato de sermos criados como macho e fêmea, o que nos leva à perpétua ânsia de um pelo outro, a uma sede de completação condenada a ser temporária, o que se torna outra fonte de alegria e desapontamento, êxtase e desespero.

É necessário introduzir aqui um difícil conceito – a ontologia. O termo significa literalmente a "ciência do ser". Mas a definição não ajuda muito, sobretudo porque nós, americanos do século XX, não estamos habituados ao pensamento ontológico. Jamais esquecerei Paul Tillich descrevendo a uma classe o seu choque quando, estudante de filosofia, encontrara-se diante da pergunta: "Por que existe algo, e não nada?" Esta é a pergunta que nos coloca em plano ontológico. Por que existe sexo? E por que não a ausência dele? Porque não procriamos como o paramicium e a minhoca, destacando partes de nós mesmos para formar novos seres? Não podemos tomar aqui o caminho mais fácil respondendo com a palavra "evolução" – as coisas simplesmente evoluíram neste sentido. Nem usar a outra resposta fácil "finalidade divina" – existe uma "razão" teológica para sermos como somos. Ambas as respostas – embora em sentidos opostos – incorrem em falta. Não, precisamos fazer a pergunta ontológica diretamente, examinando o *ser* do que se encontra diante de nós – no caso, sexo – para encontrar uma resposta convincente. Se "sexo é a resposta humana ao processo cósmico", evidentemente não podemos chegar à conclusão baseados na maneira como rapazes e moças se penteiam nesta década. A ontologia procura descobrir a estrutura básica da existência – as estruturas apresentadas a todos, a todo momento.

A existência da condição de macho e fêmea, do ponto de vista ontológico, é uma expressão desta polaridade fundamental de toda realidade. A mais diminuta partícula molecular haure seu movimento dinâmico do fato de consistir numa carga negativa e positiva, com tensão – e portanto movimento – entre as duas. Usando esta analogia das partículas moleculares da matéria e energia, Alfred North Withehead e Paul Tillich acreditam ambos que a realidade tem o caráter ontológico da polaridade negativo-positiva. Whitehead e os numerosos pensadores contemporâneos para quem seu trabalho tornou-se importante veem a realidade não como substâncias em estados fixos e sim como um processo dinâmico entre polaridades. É por isso que Whitehead conseguiu elaborar uma filosofia de *processo.* Na verdade seria possível argumentar que toda realidade tem um caráter masculino-feminino – a teoria de tese, antítese e síntese de Hegel pode com certeza ser considerada sob esta luz. Paul Tillich observa que "os estudiosos de Hegel sabem muito bem que em seus primeiros escritos iniciou-se como o filósofo do amor, e pode-se dizer sem exagero que seu esquema dialético é uma abstração de sua intuição concreta da natureza do amor como separação e reunião"[12].

Na relação sexual, experimentamos direta e intimamente este ritmo polar. O ato sexual é a mais poderosa lei de relacionamento imaginável já que é o drama da aproximação, da penetração, da plena união, e depois parcial separação (como se os amantes não pudessem crer que fosse verdade e ansiassem olhar um para o outro), e em seguida uma nova reunião total. Não pode ser por simples acidente da natureza que no ato sexual ministramos o sacramento da intimidade e do recuo, da união e da distância, separando-nos e nos entregando novamente à união total. Pois essa participação mútua eternamente repetida, o toque e o recuo, encontra-se presente até no hesitante início de um conhecimento e é a essência de procura de companheiro, tanto entre os animais como entre os homens. No ritmo de participação da união de um ser

---

12. Tillich, p. 23.

dual e eventual separação em autonomia individual estão contidos os dois polos necessários à própria existência humana, revelados em sua plenitude na relação sexual.

É provável que estas diferenças existam sob os mitos, que surgem espontaneamente em diferentes culturas, de que o sexo é uma reunião com a outra metade do próprio ser. O mais famoso é o de Aristóteles, no *Symposium* de Platão, o mito do andrógino. Mas o ponto crucial surge na contraparte do mito, nos Upanishads, quando relata o homem em sua criação: “Mas ele não sentiu gozo. Portanto o homem solitário não sente gozo”. Assim, “foi criada a mulher para preencher o vazio”[13].

Mas não precisamos recorrer aos mitos a fim de apreciar o valor da polaridade. Certa vez passei uma semana em Monte Atos, pequena localidade ao norte da Grécia, nas proximidades do Mar Egeu e povoada somente por monges que vivem em quinze ou vinte mosteiros. Acredita-se que mulher alguma saltou em terra naquela localidade desde o século XII. Os próprios monges, porém, assumiram gestos, maneiras de falar, caminhar e portar-se bastante femininos. Surpreendi-me pensando, ao ver um monge descendo a rua da aldeia, “lá vai uma *mulher*”. O mesmo aconteceu com outro grupo masculino muito diferente, a Legião Estrangeira, cujos soldados dançavam uns com os outros no convés dos navios franceses do Mediterrâneo. A questão no caso não é a incidência de ho-

---

13. Cf. Freud, *Beyond the Pleasure Principle*, p. 58.

mossexualidade, que, de qualquer modo, não explica o fenômeno. Observo apenas que quando não há mulheres presentes, a tônica não recai sobre o macho ativo, ou vice-versa; tornamo-nos mais masculinos quando há mulheres à volta e estas tornam-se mais femininas. *Os dois sexos têm a função de acentuar as características do oposto.*

É do conhecimento geral que quando se coloca uma grande quantidade de homens juntos – como no exército, em fraternidades, ou num mosteiro – é possível levá-los a dedicar-se totalmente à tarefa em que se empenham. Mas existe uma estranha falta de vitalidade em outros setores. Observamos um amortecimento, uma carência de variedade nas relações; e todos aceitam medidas arbitrárias sem qualquer tendência a rebelar-se. Mas surja uma mulher, como no Jardim do Éden, e a consciência se aguça, evolui o senso moral e até a rebeldia começa apontar. Os sexos parecem inflamar-se genuinamente um ao outro, oferecendo-se mutuamente vitalidade e força – e até melhores ideias.

Em virtude da dualidade de sexos, a reprodução pode resultar em maior diversidade. A polaridade macho-fêmea, a mistura e combinação de genes, resulta em variedade infinita, surgindo a originalidade e a possibilidade de novas combinações. Somente as formas inferiores da natureza, tais como os paramecia, reproduzem-se por meio de parcelas do mesmo organismo (embora George Bernard Shaw, num de seus acerbos avisos à raça humana, predissesse que este é o destino ao qual talvez sucumba a raça humana, se continuarmos a colocar a eficiência acima de tudo!). Em estudos de regiões da América onde as pessoas são mais altas do que em outras acredita-se que uma das causas seja a miscigenação com novos grupos migratórios. É também sabido que embora o incesto não seja *biologicamente* prejudicial, o casamento entre irmão e irmã, e membros da mesma família, é proibido em quase todas as sociedades por causa do empobrecimento social e da perda de diferenciação que bloqueia o desenvolvimento da raça.

Somos ajustados a este processo rítmico pela diversidade da musculatura feminina e masculina, é o que conclui o psicólogo holandês Buytendjik. Observa ele que na ossatura e nos músculos o macho é essencialmente construído em linhas e ângulos retos, a fim de melhor poder arremessar, agredir por empurrões, socos e outros aspectos característicos do papel masculino. A mulher é constituída de linhas curvas – a fim de melhor abrir-se, carregar e amamentar a prole, dar e receber – o prazer especificamente feminino. O mecanismo agressivo do pênis já se encontra presente no meninozinho, que faz gestos de introduzi-lo em objetos. A meninazinha possui, em contrapartida, o desejo de harmonizar, conservar, amoldar sem sobrepujar, sem ataques fronteiros e sim aproximando-se pela tangente. Nossa cultura associa as virtudes masculinas à ação e as femininas à passividade – o que, em nível inferior ao óbvio, é tão errado quanto enganador. É igualmente incorreto (erro de todas as generalizações) dizer que a mulher deve preservar a paz e o homem dedicar-se às artes bélicas. Na verdade, masculino e feminino são ativo e passivo à sua própria maneira.

O fato de estas características terem sido grandemente exageradas – e com injustiça – em nossa cultura não é razão para esquecer as verdadeiras diferenças. É verdade que as chamadas virtudes masculinas do século XIX eram tais que o homem, para provar sua potência, precisava vencer não só a natureza como a si mesmo e a todas as mulheres que cruzavam seu caminho. Criou-se então o estereótipo da fêmea suave e perfumada, incapaz de cuidar de si mesma, de ouvir pragas, prestes a desmaiar ao mais ligeiro pretexto. Como reação a isso emergiu o movimento para anular as diferenças. Deixou-se de ouvir o *vive la différence* para escutar-se "todo mundo sente o mesmo" e, portanto, ambos os sexos devem reagir da mesma maneira. Mas descobrimos, para nosso horror, que junto com a injusta supressão havíamos lançado fora as diferenças que constituem a delícia da vida.

Em nossa cruzada equalitária esquecemos o fato que a Dra. Helena Deutsch aponta: a mulher tem uma reação vaginal "aspiradora", que pode na realidade causar-lhe mais prazer do que o apocalíptico orgasmo. Os idiomas refletem tais diferenças: existe em inglês a palavra "invaginate" para a reação de aspirar e não temos para o macho nada correspondente. Os mais próximos paralelos são as diferentes formas de "fálico", que se referem essencialmente a arremessar, ao comportamento assertivo, conquistador, e que pode ou não ter uma conotação hostil. O macho sente não só a reação afirmativa, como também a resposta a essa "aspiração" e enquanto o orgasmo da mulher é complexo e difuso, o do homem contém um mecanismo neurológico e fisiológico que, quando desencadeado, excitado para além de certo ponto, torna-se impossível de conter.

É simples e elementar o fato ontológico final que observamos na sexualidade, isto é: a relação sexual é procriativa, pode criar um novo ser, um bebê. Este fato acarreta profundas modificações no corpo e na vida feminina, pelo menos durante nove meses, permaneça ou desapareça o macho; e, exceto nos casos patológicos, traz uma diferença radical para a mulher durante muito mais tempo ainda. As palavras primitivas de uma nobre abissínia exprimiram isso de maneira excelente:

No dia em que a mulher goza o amor pela primeira vez fica dividida em duas... O homem continua o mesmo após o primeiro amor. A mulher desse dia em diante é outra. E isso prossegue durante toda a sua vida. O homem passa uma noite junto de uma mulher e depois se vai. Sua vida e físico permanecem os mesmos. A mulher concebe. Como mãe é diferente da que não tem filhos. Carrega em seu corpo o fruto de nove meses. É algo que cresce. Algo cresce em sua vida, algo que nunca mais desaparece. Ela é mãe. É e permanece mãe, embora o filho morra, embora morram todos os seus filhos. Pois houve tempo em que os carregou sob o coração. E do coração jamais sairá. Nem mesmo que morra. Nada disso um homem sabe... Ele não conhece a diferença entre amor e após-amor, maternidade e após-maternidade. Somente uma mulher sabe e disso pode falar... Ela tem que ser sempre virgem e mãe. Antes do amor é virgem, após o amor é mãe..."[14].

Karen Horney, entre outras, argumenta que o fato de as mulheres podererem ter filhos e os homens não, desencadeia o ciúme, que faz com que os homens lutem tanto para provar sua criatividade em atividades culturais e na construção de civilizações. Com frequência em psicanálise este ciúme irrompe nos homens sob a forma de humilhação pessoal e desespero. Um paciente sul-americano gritou repetidamente do divã que jamais poderia perdoar à mãe por tê-lo gerado e forçado a sugar seus seios – e acreditava firmemente que todo homem carregava dentro de si a mesma irada inveja. As raízes arquetípicas deste conflito vão muito mais distante que a era moderna, ou os nossos problemas "ocidentais". Encontram-se nos fundamentos da história humana e de própria existência. Mas o reverso da questão é igualmente importante. Quando disse, em capítulo anterior, que o "novo sofisticado tem medo de sua força procriadora", falava literalmente, no sentido de que sua ansiedade brota da profunda ambivalência relativa à capacidade de criar outro ser humano. Um paciente meu ficava periodicamente impotente na época

14. Frobenius, em *Der Kopf als Schicksat* (Munique, 1924), citado por Jung-Kerenyl em "Introdução à ciência da mitologia".

mensal que correspondia à fertilidade da mulher, apesar de conscientemente tanto um como outro desejarem um filho. Suas fantasias revelaram, porém, que não queria procriar uma criança que seria sua rival nas afeições da mulher, e sim permanecer tanto filho quanto marido.

Esta ambivalência encontra-se presente no termo "castração" de Freud, o medo primitivo que ele acreditava ser a raiz de todas as ansiedades. Pois castração não significa o que Freud e a maioria julga, isto é, a amputação do membro masculino. O termo para isso é "mutilação". Castração refere-se à ablação dos testículos, a tornar-se um eunuco; é a *perda da capacidade de procriar.* Os eunucos da corte do sultão eram capazes de ereção e do ato sexual, mas não podiam procriar. A linhagem era mantida, apesar dos pecadilhos no harém. Creio que Freud foi aqui mais sábio do que pensava, pois esta ansiedade relativa à força procriadora – apesar do controle da natalidade – é verdadeiramente fundamental.

Anticoncepcionais e o trágico

Tomaremos como exemplo uma mulher de 30 anos que me veio consultar há alguns anos e foi minha paciente durante um curto período de tempo. Diplomada por uma das melhores universidades femininas da Nova Inglaterra, criara-se num meio abastado, era inteligente e atraente e parecia, em todos os sentidos, uma jovem tipicamente refinada. Na universidade absorvera o que, na década de 1940, fora a crença generalizada na união da família e escolhera como objetivo de vida casar-se logo após terminar os estudos e criar numerosa prole. Cumprira admiravelmente seus planos casando-se com um estudante de universidade vizinha e tendo cinco filhos, com espaço de dois anos entre cada um, exato como planejara.

Mas quando me procurou aos 30 anos revelou estar "apaixonada" e tendo um caso com um mecânico de garagem, por quem, pela primeira vez na vida, sentia forte paixão. Revelou que sabia então jamais ter amado o marido e que o desprezava. Quando resolveu recorrer à psicoterapia (por insistência de amigos), voltara a morar em casa dos pais, com os cincos filhos – estranho e patético final para planos tão bem-arquitetados.

A terapia não foi muito eficiente porque ela considerava o amor pelo mecânico "sagrado" e recusava-se a falar no assunto. Quando a encontrei por acaso, alguns anos mais tarde, pareceu-me uma apagada mulher de meia idade, trabalhando para sustentar os filhos. Produto de classe média alta, colocara-se numa situação tão pouco passível de solução, senão menos, do que o antigo protótipo da "jovem perdida" que tinha um filho ilegítimo. A razão não era com certeza falta de informação, planejamento ou responsabilidade. Mulher moderna e inteligente, com seus cinco filhos, parecia em vários sentidos estar tão presa como suas antepassadas vitorianas, anteriores à emancipação da mulher e à invenção dos anticoncepcionais.

Cito este caso para ilustrar que a simples capacidade para planejar uma família não é obstáculo à tragédia. O significado psicológico do anticoncepcional é a expansão do domínio da responsabilidade e compromisso pessoais. Longe de facilitar, porém, este relacionamento pessoal, pode torná-lo mais importante e, portanto, mais difícil.

Já que anticoncepcional afasta a ansiedade relativa à gravidez em determinado ato de relação sexual, parece ser usado em nossa cultura como um símbolo do abandono definitivo de todo o aspecto trágico do amor. Sou a favor dos anticoncepcionais e do planejamento familiar – questão tão óbvia que nem precisa ser discutida. Mas o princípio do controle da natalidade, quase universalmente aceito, não deve cegar-nos para o fato de que o anticoncepcional, embora uma grande vantagem para a sexualidade, não modifica em nada a questão fundamental que estamos debatendo. Libertando embora o indivíduo da prisão biológica imediata da gravidez, talvez agrave sua ambivalência psicológica.

A dimensão trágica do sexo e do amor prevalece como antes, mesmo com os anticoncepcionais, mas emerge do domínio automático e biológico para psicológico. É aí que deve situar-se o trágico, de qualquer maneira; não são os fatos biológicos da própria vida, tais como a morte e a procriação, que dão as dimensões trágicas, mas o modo como nós, seres humanos, *nos relacionamos* com essas necessidades inevitáveis do destino humano. O trágico é sempre questão psicológica e espiritual.

Há também o dilema da responsabilidade pessoal resultante da possibilidade de livre-escolha entre ter ou não um filho. Nas quatro últimas décadas tornou-se possível planejar um filho e, embora ajamos com essa capacidade, jamais aceitamos a responsabilidade psicológica e pessoal. A fuga da questão revela-se na culpa que a sociedade, como um todo, sente em relação aos filhos. Fazemos tudo por eles, atendemos à sua evolução e aos seus caprichos, consideramos sinal de largueza de ideias e virtude o fato de cedermos a eles em todas as questões morais (e agora nos entorpecentes), a fim de que a pobre juventude tenha a maior dificuldade em encontrar nesses pais sempre prontos a ceder algo contra o que se revoltar. Quando saem dizemos: "Divirtam-se"; preocupamo-nos caso não se divirtam e nos preocupamos mais ainda caso se divirtam demais. Entretanto, nós os invejamos secretamente e nos ressentimos pelo muito que se divertem em comparação com o que nos divertíamos. E enquanto tratamos os filhos como se fossem a realeza, herdeiros não se sabe de que paraíso, tornamo-nos empregados, motoristas, cozinheiros, enfermeiros, contas bancárias infinitas, professores particulares, líderes esportivos, até que eles gritam – o que não é surpreendente – "Pelo amor de Deus, deixem-nos em paz!" E esta é para nós a maior ameaça, pois estamos permeados de um vago e difuso sentimento de culpa em relação aos filhos e não conseguimos deixá-los à solta. A culpa que estamos expiando não é relativa a algo específico que fizemos ou deixamos de fazer em sua educação. É, em primeiro lugar, o fato fundamental de termos filhos. Pois não é mais "Deus" quem decide se teremos filhos ou não, somos nós. E quem já conseguiu compreender o significado desse tremendo fato?

Ou imaginamos os casais – e com a necessidade do controle populacional haverá muitos, forçosamente – que pretendam ter apenas um filho. Consideremos o tremendo peso psíquico que a pobre criança terá que carregar. Segundo verificamos em terapia, sobretudo entre profissionais que só têm um filho, existe a grande tentação de superproteger a criança. Quando esta chama, os pais atendem correndo; quando choraminga, ficam deprimidos; quando adoece, sentem-se culpados; quando não dorme, eles é que têm uma crise nervosa. A criança torna-se um pequeno ditador em virtude da situação em que foi colocada, e não poderia ser diferente, nem que quisesse. Existe ainda o fato contraditório e sempre complexo de que toda esta atenção resulta na verdade no *cerceamento* da liberdade da criança que, como um príncipe de casa real, é obrigada a carregar um peso para o qual não está preparada.

O anticoncepcional, como todos os dispositivos e maquinismos, pode ampliar nosso âmbito de liberdade e escolha. Mas a nova liberdade e força que nos são assim doadas aumenta a ansiedade e ambivalência, expressando-se a última pela banalização do sexo e do amor. Conforme dizem os jovens que, nestes nossos tempos da pílula, tornam-se promiscuas, segundo o Dr. Seymour

Halleck, diretor de psiquiatria do departamento sanitário da Universidade de Wisconsin: "Dá muito trabalho responder "não"[15]. Banalizar, minimizar o significado, dizer "não importa" é o método por excelência para evitar a ansiedade. O resultado da situação é o fato de que o anticoncepcional é mal-empregado, é usado para servir a uma atitude desligada, indiscriminada, hoje-aqui-amanhã-ali, em relação à sexualidade. Um fato que contém tanta força como o ato sexual, e força na área crítica de transmitir o próprio nome e espécie, não pode com certeza ser considerado banal e insignificante, a menos que se faça violência à nossa natureza, ou até à própria "natureza".

Com o anticoncepcional, o sexo pode tornar-se, pelo menos em alguns casos, um relacionamento *paramente pessoal.* E o desafio que isso representa para nós é nada menos que descobrir o significado desse relacionamento.

15. Seymour L. Halleck "As raízes do desespero dos estudantes", THINK, publicado por IBM, XXXIII/2, março-abril de 1907, p. 22.

5
O amor e o elemento demoníaco

Se meus demônios me deixassem, temo que
meus anjos também fugissem.
*Rilke, ao retirar-se da psicoterapia, tendo
descoberto os objetivos a que aspirava.*
Carta 74, Briefe aus den Jatiren 1907 bis 7914.

"Eros é um demônio". Assim, de maneira simples e direta, Platão nos informa, e aos seus companheiros de banquete, no *Symposium,* a dimensão em profundidade do amor. Esta identificação de Eros como demoníaco, tão natural para os gregos, é o obstáculo em que tropeçam quase todas as modernas teorias sobre o amor. Não é para admirar que o homem contemporâneo procure desviar-se, senão negar e recalcar inteiramente, de todo o domínio demoníaco. Mas assim agindo está castrando eros – roubando-nos as próprias fontes da fecundidade do amor. Pois o polo contrário ao demoníaco não é a segurança racional e a felicidade tranquila, e sim a "volta ao inanimado" – nas palavras de Freud, o instinto da morte. O antidemoníaco é a apatia.

Definindo o demoníaco

Demoníaca é *qualquer função natural que tenha o poder de apossar-se de toda a pessoa.* Sexo e eros, ira, raiva e ambição de poder são exemplos. O demoníaco pode ser construtivo ou destrutivo, e em geral é ambas as coisas. Quando tal força se desvia e um elemento usurpa o controle de toda a personalidade temos a "possessão demoníaca", nome tradicional, através dos tempos, da psicose.* O demoníaco, evidentemente, não é uma entidade, mas refere-se a uma função fundamental, arquetípica da experiência humana – uma realidade existencial do homem moderno e, ao que saibamos, de todos os homens.

Demoníaco é o impulso de todo o ser para afirmar-se, fazer-se valer, perpetuar-se e ampliar-se. O demoníaco torna-se mau quando usurpa o ser total, sem atentar para sua integração ou para os padrões e desejos de outrem e sua necessidade de integração. Manifesta-se então sob a forma de agressividade excessiva, hostilidade, crueldade, – as coisas que mais nos horrorizam em nós mesmos e que recalcamos sempre que possível, ou mais provavelmente projetamos nos outros. Mas este é o reverso da assertiva que dá vigor à nossa criatividade. Toda a existência é um fluxo entre esses dois aspectos do demoníaco. Podemos

* A palavra pode ser "diabólico" (forma popular), ou "demoníaco" – "daemonic" – forma medieval com frequência usada pelos poetas, Yeats, por exemplo. Ou então "daimonic", derivado do antigo grego "daimon". Uma vez que esta é a origem do conceito e que o vocábulo não é ambíguo, incluindo tanto o positivo como o negativo, o divino e o diabólico, uso a palavra grega.

recalcá-lo, mas não evitar a apatia e a tendência a uma explosão posterior, que tal recalque acarreta.

O conceito grego de "demoníaco" – origem do conceito moderno – incluía tanto a criatividade do poeta e artista, como a do líder ético e religioso, e também a força contagiosa do amante. Platão afirmava que o êxtase, uma "divina loucura", se apodera da pessoa criativa. Esta é uma forma primitiva do curioso e jamais resolvido problema do íntimo relacionamento entre gênio e louco.

Na *Apologia,* quando estava sendo julgado por ensinar falsos "*daimonia*" à juventude, Sócrates descreveu seu próprio "*daimon*" (demônio): "Este signo, que é uma espécie de voz, começou a procurar-me quando eu era criança". Após sua condenação e a quebra nos costumes do tribunal para que ele decida entre a morte e o exílio, volta e diz à corte que escolheu morrer. E o explica com estas palavras:

> Ó meus juízes – pois posso verdadeiramente chamá-los juízes – gostaria de revelar-lhes uma maravilhosa circunstância. Até agora a divina faculdade, da qual o oráculo interno é a origem, tem o hábito de constantemente me contrariar, inclusive em ninharias, caso estivesse a ponto de escorregar ou errar em qualquer questão. Mas o oráculo não fez qualquer sinal de oposição, nem quando eu saía de casa pela manhã, ou enquanto falava... Era uma insinuação de que o que me estava acontecendo era um bem, e os que pensam que a morte é um mal estão errados. Pois o costumeiro sinal me impediria, caso eu me voltasse para o mal e não para o bem[1].

---

1. Platão, *The Apologia, The Works of Plato,* ed. Irwin Edman, tradução de Jowett (Nova York, Tudor Publishing Co., 1928), pp. 82-83.

Assim, seu "*daimon*", que ele julgava existir em todos os homens, agia como uma espécie de guardião.

Demoníaco não é consciência; pois consciência é em grande parte um produto social, relacionado com os *mores* culturais e, em termos psicanalíticos, com a força do superego. O demoníaco refere-se mais ao poder da natureza do que o superego e fica para além do bem e do mal. Nem é a "chamada de si mesmo", conforme Heidegger e mais tarde Fromm argumentaram, pois sua origem está nos domínios onde o *self* se encontra enraizado em forças naturais, que o ultrapassam e são sentidas como os tentáculos do destino a envolver-nos. O demoníaco emerge do fundamento do ser, e não do *self* como tal. E revela-se especialmente na criatividade. Jamais podemos aplicar à consciência a definição de Yets – "aquela outra vontade", "aquele deslumbrante e imprevisto vagabundo de pés alados... do nosso próprio ser, mas como água e fogo"[2]. Nem as palavras de Goethe sobre o demoníaco podem ser aplicadas à consciência. Falando do "tremendo poder" que emana de pessoas demoníacas, declara: "Nem todas as forças morais reunidas podem contra elas prevalecer... E não podem ser dominadas, exceto pelo próprio universo que desafiaram em combate"[3].

---

2. William Butler Yeats, *Mythologies* (Nova York, Macmillan Co., 1959), p. 332.

3. Johann Wolfgang von Goethe, *Autobiography: Poetry and Truth from My Own Life*, tradução de R. O. Moon (Washington, D. C., Public Affairs Press, 1949), pp. 683-684.

Aristóteles é quem mais se aproxima de "domar" o demônio com seu conceito de ética "eudemonística". A felicidade – ou eudemonismo – em grego, resultava de "ser abençoado por um bom gênio"[4]. A felicidade é viver em harmonia com o próprio demônio. Hoje, relacionaríamos "eudemonismo" com o estado de integração das potencialidades e outros aspectos do próprio ser, com o comportamento.

O demônio oferece orientação individual em situações particulares. Demoníaco foi traduzido para o latim como *genii* (ou *jinni*). Trata-se de um conceito da religião romana donde advém nosso vocábulo *genius* e que anteriormente significava divindade tutelar, o espírito que presidia sobre o destino da pessoa e mais tarde se tornava um dote ou talento mental. Como *genius* (da raiz latina *genere*) significa gerar, procriar, o demoníaco é a voz dos processos geradores no íntimo do indivíduo. É o padrão singular de sensibilidades e forças que constituem o indivíduo como um *self* em relação ao seu mundo. Pode falar por meio de sonhos e, à pessoa sensível, por meditação consciente e autoanálise.

Aristóteles acreditava que os sonhos poderiam ser chamados demoníacos e apoia o que dizemos ao afirmar, "pois a natureza é demoníaca". Freud cita-o, acrescentando que a frase contém "profundo significado, se for corretamente interpretada"[5].

---

4. *Webster's Colleglate Dictionary.*

5. E. R. Dodds, *The Greeks and the Irrational* (Berkeley, University of California Press, 1968), p. 120.

A forma degenerada do conceito, consistindo na crença de que somos dominados por demoninhos que voam ao nosso redor, dotados de chifres, é projeção exterior de uma experiência interior tornada realidade objetiva. Era perfeitamente justo que a Era da Razão, no entusiasmo do êxito de ter tornado racional toda a existência, tenha disto se desfeito, considerando-o *approach* degenerado e improfícuo da doença mental. Somente nas duas últimas décadas tornou-se bem claro para nós que, ao descartar-nos da falsa "demonologia", aceitamos, contra a intenção, uma banalidade e superficialidade em toda a nossa visão da doença mental. Esta banalidade foi especificamente prejudicial à nossa experiência do amor e da vontade. Pois as atividades destrutivas do demoníaco são apenas o reverso da motivação construtiva. Se nos desfizermos dos nossos demônios, como habilmente observou Rilke, o melhor é nos prepararmos para dizer adeus também aos anjos. No demoníaco reside a nossa vitalidade, a capacidade de nos abrirmos ao poder de eros. Precisamos redescobrir o demoníaco sob nova forma, adequada às nossas necessidades e eficaz nos dias de hoje. E não será somente uma redescoberta, como também uma recriação da realidade demoníaca.

O demoníaco precisa ser orientado e canalizado. É aí que a consciência humana se torna tão importante. De início sentimos o demoníaco na forma de um cego impulso, *impessoal* no sentido de tornarmo-nos um instrumento da natureza. Impulsiona-nos para a cega afirmação de nós mesmos, como que irado, ou em direção ao triunfo da espécie, impregnando a fêmea, no amor sexual. Quando estou irado não me importa absolutamente quem eu sou ou quem você é; a única coisa que desejo é agredi-lo e destruí-lo. Quando uma pessoa se encontra em estado de intensa excitação sexual perde o senso pessoal e só quer "deitar" (como demonstra tão nitidamente o verbo) uma mulher, seja ela quem for. Mas o consciente pode integrar-se no demoníaco, torná-lo pessoal. Tal é o propósito da psicoterapia.

O demoníaco tem sempre uma base biológica. De fato, Goethe, que conhecia intimamente os impulsos demoníacos do homem moderno, conforme demonstrado eloquentemente no *Fausto*, e que sempre viveu fascinado pelo assunto, declara, fazendo eco a Aristóteles: "O demoníaco é a força da natureza". Mas a questão crucial envolve sempre o rompimento da integração: um elemento da personalidade usurpa o comando e impele ao comportamento desintegrador. O impulso erótico sexual, por exemplo, impele para a união física com um parceiro; mas pode, quando domina todo o ser, levar a pessoa a diferentes direções e a todas as espécies de relações, sem atentar para a integração, o *self* do parceiro, ou a comunidade. O pai Karamazoff, chegando a casa, uma noite, com seus companheiros de bebedeira, é desafiado a copular com a mulher idiota na sarjeta e, ao fazê-lo, gera seu próprio assassino. Pois Dostoiévski com o instinto certeiro do artista para o elemento demoníaco, faz com que desta cópula nasça a criança que mais tarde matará o pai.

"Eros é um demônio", dizia Diotima, autoridade em amor, entre os companheiros de banquete de Platão. O demoníaco é equiparado ao *eros* e não à libido ou ao sexo como tais. Antônio podia com certeza satisfazer todas as suas necessidades sexuais com as concubinas ("alívio regular da tensão sexual", conforme a frase infeliz de Masters e Johnson). Mas a força demoníaca que dele se apossou ao encontrar-se com Cleópatra foi algo muito diferente. Quando Freud apresentou eros como o oposto e adversário da libido, isto é, como a força que se levantava contra o instinto de morte e luta pela vida, usou-o de maneira a incluir o demoníaco. Este luta contra a morte, luta sempre para afirmar a própria vitalidade, não aceita outras escalas da vida. É a ele que nos referimos quando incentivamos uma pessoa seriamente doente a não desistir de "lutar", ou quando tristemente reconhecemos que um amigo morrerá por ter renunciado ao combate. O demoníaco jamais receberá como resposta um "não" racional. Neste sentido é inimigo da tecnologia, pois recusa horários definidos ou a mecanização, aos quais nos entregamos como robôs.

Se o demoníaco se releva particularmente na criatividade, deveríamos encontrar os mais claros testemunhos de sua presença entre os poetas e os artistas. Os poetas têm muitas vezes a impressão de estarem lutando contra o demoníaco e que a saída é descobrir algo que venha das profundezas e impele o *self* a um novo plano. Afirmou William Blake: "Todo poeta é do partido do diabo"[6].

---

6. Henry Murray, "A personalidade e a carreira de satã", *The Journal of Social Issues,* XVIII/4, p. 51.

Ibsen ofereceu uma cópia de *Peer Gynt* a um amigo com a seguinte dedicatória:

> Viver é lutar com rondós no coração e na alma.
> Escrever é julgar a si mesmo[7].

William Butler Yeats poderia ter escrito em nome de todos os poetas ao proclamar:

> E no meu coração demônios e deuses
> Ferem eterna batalha...[8]

Nos seus ensaios, Yeats chega a definir especificamente o demoníaco como "a outra vontade", que julgava ser uma força exterior a ele e simultaneamente orientada para o seu ser pessoal. É a seguinte citação que completa a que já aludimos:

> Somente ao ver e prever o que tememos, seremos recompensados por aquele ofuscante e imprevisível vagabundo de pés alados. Não o poderíamos encontrar se não estivesse, em certo sentido, em nosso ser, como água e fogo, ruído e silêncio. Ele é de todas as coisas a mais difícil, pois o que nos advém com facilidade nunca será uma parte do nosso ser[9].

Ainda mais evidente nas telas do pintor e na pedra do escultor, o demoníaco é o companheiro diário – e se a verdade fosse divulgada, a inspiração – dos artistas de

---

7. Henrik Ibsen, *Peer Gynt,* tradução de Michael Meyer (Nova York, Doubleday Anchor, 1963), p. xxviii.

8. William Butler Yeats, *Selected Poems,* ed. M. L. Rosenthal (Nova York, Macmillan Co., 1962), p. xx.

9. Yeats, *Mythologies,* p. 332.

todas as espécies. Parece que nossa sociedade tecnológica permitirá à arte "convidar o demoníaco" e com ele viver, embora olhe com ceticismo para outras profissões que tentam fazer o mesmo. A arte é a única maneira pela qual o homem moderno aceitará contemplar os aspectos pouco lisonjeiros, cruéis, ou medonhos até de si mesmo, e que fazem parte do demoníaco. A arte pode, de fato, ser definida, de um ângulo, como o método específico de entrar em entendimento com as profundezas do demoníaco. Picasso vive e pinta dentro desse espírito e é magnificamente recompensado; sua *Guernica*, mostrando homens, mulheres, crianças e touros despedaçados na indefesa aldeia espanhola bombardeada pela Luftwaffe, apresenta o demoníaco com inesquecível vivacidade – e o transcende atribuindo-lhe uma forma significativa. Paul Klee está perfeitamente cônscio de que seus quadros são uma dialética entre brinquedo de criança e forças demoníacas e escreve a respeito em seu diário. De fato, o demoníaco tem um lugar especial no âmago consciente do movimento da arte moderna. Basta atentar para uma óbvia demonstração no surrealismo da segunda e terceira décadas do século, com suas feiticeiras, demônios e figuras grotescas. Porém revela-se com mais sutileza e vigor na arte contemporânea não objetiva, nos espaços quebrados que muitas vezes produzem o efeito de um fascinante niilismo, nos gritantes contrastes de cor, na desesperada busca, por dedicação ou esforço, de novas formas de comunicação.

Observamos, além do mais, o grande interesse ocidental, no século XX, pela arte *primitiva,* venha da África, da China, ou dos camponeses da Europa Central. Os pintores do passado que se defrontaram com o demoníaco, tais como Hieronymus Bosch e Matthias Grünewald, são os únicos que parecem atrair em particular muita gente, hoje. Embora pintadas há quatro séculos, suas telas têm uma rara e penetrante relevância face às nossas necessidades e servem de espelho à nossa autointerpretação, mesmo na Era Contemporânea. É compreensível que o demoníaco esteja à solta e venha à luz nas épocas de transição social, quando as costumeiras defesas psíquicas estão debilitadas ou totalmente rompidas. Como os artistas de hoje, Bosch e Grünewald viveram e pintaram numa época caótica, de transformações psicológicas e espirituais, quando o período medieval estava morrendo e a época moderna ainda não havia nascido. Foi um tempo de verdadeiro terror de feitiçaria, feiticeiros e similares que alegavam saber entrar em consórcio com os demônios.

Antes de mergulhar nos significados do conceito, talvez fosse conveniente levar em conta a objeção contemporânea à palavra. O conceito de demoníaco parece inaceitável, não por razões intrínsecas, mas por causa de nossa luta para negar o que ele representa. Pois constitui um profundo golpe ao nosso narcisismo. Somos pessoas "corretas" e, como os cidadãos cultos de Atenas no tempo de Sócrates, não gostamos que nos lembrem publicamente, admitamos ou não em segredo, que somos motivados, mesmo no amor, pela sede de poder, pela ira, ou pela vingança. Embora não se possa dizer que o demoníaco seja um mal em si mesmo, coloca diante de nós o incômodo dilema: deverá ser usado com consciência, senso de responsabilidade e da importância da vida, ou cega e bruscamente? Quando o demoníaco é recalcado tende a surgir sob outras formas – sendo as mais extremas o assassinato, as torturas psicopatológicas e outros horrores que tão bem conhecemos neste século. "Embora estremeçamos de horror", escreve Anthony Storr, "quando lemos nos jornais ou em livros as atrocidades cometidas pelo homem contra o homem, sabemos lá no íntimo que cada um de nós abriga dentro de si os mesmos selvagens impulsos que conduzem ao assassinato, à tortura e à guerra"[10]. Numa sociedade recalcada, membros individuais, representativos do demoníaco em sua época, expressam tais atrocidades pelo conjunto da sociedade.

Tentamos esquecer o demoníaco, é verdade. Quando, no discurso oficial de janeiro de 1968, o Presidente Johnson mencionou como um dos seus objetivos fazer desaparecer o crime e a violência das ruas houve aplausos entusiásticos, os mais prolongados da oração de uma hora. Mas quando citou objetivos tais como novos e justos projetos habitacionais e melhoria nas relações interraciais não se ouviu um aplauso em todo o Congresso. Assim, deploramos o lado destrutivo do demoníaco, mas ficamos

10. Storr, p. 1.

surdos, na verdade. Escondemos a cabeça, diante do fato de que *o lado destruidor só pode ser combatido transformando-se todas as forças em atividades construtivas.*

Pois em todo esse entusiasmo para tirar da rua os delinquentes haverá lares para abrigá-los? O demoníaco está a nossa volta em todas as cidades – assustando-nos na forma de violência individual quando caminhamos pelas ruas de Nova York, escandalizando-nos com a violência racial em Newark e Detroit. Não importa o número de cidadãos e congressistas que deplorem a violência do movimento do poder negro – podemos estar certos de que esta força recalcada explodirá com furor se não for orientada construtivamente.

Violência é o demoníaco que perdeu a direção. É a "possessão demoníaca" em sua mais crua forma. Nossa era é de transição e os canais normais para a utilização do demoníaco lhe são negados; é justamente em tais épocas que ele tende a expressar-se de maneira mais destruidora.

Um gritante exemplo do que resulta quando se esquece o demoníaco é a ascensão de Hitler. A incapacidade da América e das nações da Europa Ocidental para reconhecer o demoníaco não nos permitiu avaliar a importância de Hitler e do movimento nazista. Como recordo aqueles anos do princípio da década de 1930, quando o ditador subia ao poder! Acabara de diplomar-me e fora ensinar na Europa. Meus companheiros liberais e eu, da América e da Europa em menor escala, acreditávamos tão firmemente na paz e na fraternidade mundial que nem *víamos*

Hitler ou a realidade destruidora que ele representava. Os seres humanos simplesmente não podiam ser tão cruéis neste século XX civilizado – os jornais deviam estar enganados. Nosso erro foi deixar que as convicções limitas sem a percepção. Não tínhamos lugar para o demoníaco; acreditávamos que o mundo, de qualquer maneira, se encaixaria em nossas convicções e toda a dimensão demoníaca foi expulsa de nossa percepção. *E demoníaco não reconhecer o próprio demoníaco; torna-nos cúmplices da possessão destruidora.*

A negação do demoníaco é, na verdade, uma autocastração no amor e a autoanulação na vontade. E a negação conduz às formas pervertidas de agressão, que vimos em nossos dias e nas quais o recalque volta para nos assombrar.

O demoníaco na psicoterapia primitiva

A psicoterapia nativa possui maneiras extremamente interessantes e reveladoras de se lidar com o demoníaco. O Dr. Raymond Prince, psiquiatra que viveu e estudou os nativos de Yorubaland durante vários anos, filmou uma fascinante cerimônia que aqui apresento como exemplo[11].

---

11. Da Apresentação da Convenção Anual da Associação de Psiquiatria Americana, 1967, Atlantic City, publicada em parte no *American Journal of Psychiatry,* 124/9, março de 1968, pp. 58-64. O Dr. Prince – acrescentamos em benefício daqueles que se inclinam a encarar de maneira pejorativa a cerimônia e a terapia primitivas – tem em alta estima a habilidade dos curandeiros. Quando algum nativo não obtém melhoras com os recursos psiquiátricos do hospital, o Dr. Prince o envia a um curandeiro em quem deposita confiança. Esses

Quando o curandeiro mental da tribo quer tratar de membros da comunidade atingidos pelo que chamamos de males psicológicos, toda a aldeia participa. Após os costumeiros rituais de atirar ossos e uma cerimônia que se acredita seja destinada a transferir o problema – impotência sexual, depressão ou outro – a um bode, que então (como "bode expiatório") é ritualmente sacrificado, toda a aldeia se reúne para várias horas de dança frenética. Esta dança constitui a parte principal da cura. Nela o ponto significativo é que *o nativo que quer curar-se identifica-se com a figura que ele julga possuí-la demoniacamente.*

No filme do Dr. Prince, o homem, cujo problema era impotência sexual, vestiu as roupas de sua mãe e dançou longamente em círculos, *como se fosse ela.* Isso revela que os nativos possuíam bastante *insight* para saber que a impotência daquele homem estava ligada ao seu relacionamento com a mãe – ostensivamente um excesso de dependência que ele, em seu íntimo, havia negado. Era necessário à "cura", portanto, que ele enfrentasse e entrasse em entendimento com o elemento demoníaco dentro de

---

homens parecem ter uma ideia bem nítida dos diferentes tipos de doenças a que chamamos esquizofrenia, e dos casos que podem ou não curar. Creio que não deveríamos julgar esta espécie de terapia comparando-a com as técnicas contemporâneas, ou considerá-las simplesmente como curas "primitivas", no sentido pejorativo, e sim como expressões das maneiras arquetípicas de tratar dos problemas humanos e que são, até certo ponto, adequadas à situação tribal, assim como os nossos métodos são adequados a nós. Essa forma chamada primitiva pode lançar esclarecimentos significativos sobre os problemas contemporâneos.

si mesmo. Necessitar a própria mãe e a ela agarrar-se é parte normal da experiência de todos, absolutamente essencial para a nossa sobrevivência quando bebês e origem de grande parcela de nossa ternura e sensibilidade nos anos futuros. Se essa dependência foi excessiva, ou se a pessoa achar que deve recalcá-la por qualquer outra razão, *projeta-a para fora: é a mulher com quem vai para cama que é má, o demônio que quis castrá-lo*. Assim, torna-se impotente castrando a si mesmo.

Supõe-se que um homem nestas circunstâncias se torne obcecado por mulheres – "possuído" por elas – combatendo inutilmente esta obsessão. Se visualiza ou não a mãe especificamente como um demônio, eu não sei – em geral é de se esperar uma expressão simbólica do "demônio". Falando-se mais corretamente, o demoníaco é a sua própria relação mórbida com a mãe. Na dança frenética, ele "convida o demônio", recepciona-o. Não só o enfrenta de perto, como aceita a mãe, recebe-a bem, identifica-se com ela, assimila e esperançosamente a integra como parte construtiva de si mesmo – tornando-se ao mesmo tempo mais gentil e sensível como homem, assim como sexualmente potente.

No filme do Dr. Prince vemos também uma jovem da aldeia, no final da adolescência, que tivera um problema com a autoridade masculina e "se sentia possuída". Na cerimônia, dançou usando o chapéu e o casaco do censor britânico da região, aparentemente o símbolo de seu problema demoníaco com a autoridade. Esperemos que, após o transe da cerimônia, ela tenha conseguido afirmar-se nos seus direitos, tornando-se menos "furtiva", mais capaz de lidar com a autoridade e de doar-se com menos ambivalência a um homem, no amor sexual.

Tanto o homem como a jovem ousadamente identificaram-se com o que temiam, com aquilo que anteriormente vinham lutando tanto para negar. Isso sugere o seguinte princípio: *identificar-se com o que nos persegue, não para combatê-lo, mas para assumi-lo, pois deve representar algum elemento rejeitado em nós mesmos.* O homem identifica-se com seu componente feminino; não se torna homossexual, e sim heterossexual potente. Quando dança usando chapéu e vestido de mulher, e a jovem o chapéu e o casaco do oficial, tem-se a impressão de estar vendo um filme de carnaval. Mas não se trata disso, absolutamente; nenhum dos habitantes da aldeia sorri sequer; estão presentes para realizar uma cerimônia significativa para os membros de sua comunidade e partilham até certo ponto do transe em que se envolvem os pacientes. A jovem e o homem ousam "invocar" o demoníaco graças ao apoio de sua comunidade.

Deve-se dar especial relevância ao apoio de vizinhos, amigos e concidadãos do indivíduo que enfrenta seus "demônios". É difícil compreender como esse homem e essa jovem teriam a coragem de enfrentar o demoníaco se não contassem com a participação e tácito encorajamento de seu grupo. A comunidade constitui um mundo interpessoal, humanamente digno de confiança, onde se pode lutar contra as forças negativas.

Observamos que ambos se identificam com alguém do sexo oposto. Isso nos recorda uma ideia de Jung: o lado sombrio do *self* que é negado representa o sexo oposto, a *anima* no caso dos homens e, no caso das mulheres, *animus.* Particularmente interessante é que o vocábulo *animus* significa tanto um sentimento de hostilidade, uma intenção violenta, malévola (animosidade), como também *animar,* dar vida, avivar. Todos esses vocábulos têm a raiz latina *anima,* alma ou espírito. Assim, a sabedoria das palavras, destilada através da história humana, diz que a parte negada de nós mesmos é fonte de hostilidade e agressão, mas quando se pode, através do consciente, integrá-la no próprio sistema, torna-se fonte de energia e espírito que nos anima.

Aceita-se o demoníaco que de outro modo nos dominaria. A única maneira de vencer a possessão demoníaca é dominá-la enfrentando-a francamente, integrando-a no próprio sistema. Tal processo traz diversos benefícios: fortalece o *self* porque integra uma parte que fora deixada de lado. Vence o "*split*", a paralisadora ambivalência do *self.* E torna a pessoa mais "humana", rompendo seu farisaísmo e desligamento, as habituais defesas do ser humano que nega o demoníaco.

Nesta terapia notamos que existe uma *libertação* do paciente em relação aos laços mórbidos do passado e especificamente no caso do homem unido à sua mãe. Isto relaciona-se com o fato de que, como tantas vezes ocorre na mitologia, na lenda e na psicoterapia, os demônios são *femininos.* As Fúrias da antiga Grécia eram fêmeas; Górgona é fêmea. Em seus estudos do mundo mitológico, Joseph Campbell apresenta uma longa lista de divindades e figuras femininas da mitologia de todas as culturas, consideradas demoníacas. Acredita ele que representam deusas da terra e tenham relação com a fertilidade – são a "mãe terra".

De diferente ponto de vista, creio, a fêmea é com frequência considerada demoníaca porque todo indivíduo, macho ou fêmea, começa a vida unido à mãe. Esta "impregnação biológica" com a mulher que o gerou é uma ligação que o ser humano, simplesmente por ter nascido na extremidade do cordão umbilical, deve combater se quiser desenvolver seu próprio consciente e autonomia de ação – se, em outras palavras, quiser possuir a si mesmo. Mas, tendo combatido a impregnação e declarado a própria autonomia, precisa aceitar de volta o demoníaco num plano consciente. Essa é a sadia dependência do homem maduro.

Observamos, finalmente, que existe um admirável paralelo na experiência daqueles dois pacientes e o tema deste livro. Um deles começa com o problema do amor sexual – não consegue uma ereção. Termina com a vontade socorrida: vemos a dependência passiva em relação à mãe e consegue afirmar-se, tornar-se potente. A jovem começa ostensivamente com um problema da vontade – não consegue afirmar-se em relação às autoridades e termina, esperançosa, capaz de amar a um homem com mais abandono. Assim, o amor e a vontade relacionam-se reciprocamente: ajudar a um é fortalecer o outro.

Algumas pesquisas históricas

Exploraremos agora com mais profundidade o significado de demoníaco. Na Grécia arcaica, o termo *daimon* era usado no mesmo sentido que *theós* e tinha também um significado similar a destino. Como destino, nunca era usado no plural por Homero e os autores anteriores a Platão[12]. Eu tenho um "destino" era o mesmo que eu tenho um "*daimon*" – refletia uma condição da existência que todos nós herdamos. As questões cruciais são sempre: até que ponto esta condição é uma força externa que age *sobre* nós (o que os escritores tendiam a acreditar) e em que medida é uma força da própria psicologia do homem (opinião dos racionalistas gregos posteriores)? Heráclito, que se colocava entre os últimos, proclamou que "O caráter do homem é seu demônio"[13].

Ésquilo, o intérprete por excelência dos antigos mitos e religiões, adaptando-se ao grego autoconsciente que surgia, foi quem cortou o nó Górdio, elaborando o conceito do demoníaco para o indivíduo grego que alcançaria um notável pináculo na evolução da responsabilidade pela civilização e por si mesmo. Em sua peça, *Os persas*, Ésquilo faz com que a rainha descreva as ilusões de Xer-

---

12. Agradeço ao dr. Wolfgang Zucker por ideias expressadas em seu trabalho inédito, "The Demonic".

13. Dodds, p. 182. Esta sentença é muitas vezes erroneamente traduzida como "O caráter de um homem é o seu destino". Dodds traduz "demônio" como "destino". Embora isto atribua diferentes aspectos ao vocábulo, é bom conservar em mente que o termo grego é *daimon*: *"Ethos anthropo daimon"*.

xes que arruinaram a Pérsia, atribuindo-as a um *daimon*. Este é um exemplo de homem vítima passiva do demônio. Mas o fantasma de Dario, ao saber que Xerxes tentara colocar cadeias no sagrado Bósforo (ato de excessivo orgulho), declara que "um poderoso demônio *arrebatou seu juízo*". Isto é algo diferente. A força demoníaca não se apossa simplesmente do indivíduo, transformando-o em sua vítima, mas age através dele *psicologicamente*, toldando seu raciocínio, tornando difícil para ele enxergar a realidade, mas deixando-lhe a responsabilidade do ato. Este é o velho dilema da responsabilidade pessoal, embora a pessoa esteja movida pelo destino. É a afirmação extrema de que a verdade e a realidade podem ser racionalizadas somente até certo ponto. Ésquilo não é impessoal, e sim *transpessoal*, um crente ao mesmo tempo no destino e na responsabilidade.

O trágico herói em Ésquilo afirma sua autonomia, sem levar em conta a natureza das coisas e assim chega à destruição. Morte, doença, temporais são as realidades naturais que nos envolvem e, ao seu devido tempo, nos submetem.

Já em Ésquilo, o demoníaco é tanto *subjetivo* como *objetivo* – sentido em que foi usado neste livro. O problema é sempre ver ambos os lados, observar os fenômenos da experiência íntima do indivíduo sem racionalizar nossa relação com a natureza, o destino e o fundamento do nosso ser. Se o demoníaco for puramente objetivo, corre-se o perigo de cair na superstição, onde o homem é uma simples vítima de forças exteriores. Se, por outro lado, nós o considerarmos de maneira puramente subjetiva, racionalizaremos o demoníaco; tudo tende a ser uma projeção e a tornar-se cada vez mais superficial; e termina-se sem a força da natureza, ignorando as condições objetivas da existência, tais como a enfermidade e a morte. Este último caminho conduz a um simplismo solipsístico. Preso em tal solipsismo, perdemos até a derradeira esperança. A grandeza de Ésquilo é ver e preservar com tanta nitidez ambos os lados. É Atena quem recomenda ao povo, no final de *Oresteia:*

> Da anarquia
> E também da soberania escravizadora...
> Preserva meu povo! Não expulses de tuas paredes
> Toda autoridade, pois onde nenhum temor
> Resta, que mortal seria justo?[14]

Mas em fins daquele esplêndido século V a.C., o demoníaco tornou-se protetor da autonomia racional do homem. Fora o seu auxiliar na autorrealização, prevenindo-o quando prestes a perder a autonomia. Sócrates – o melhor exemplo desse ponto de vista – não era de modo algum um simples racionalista, mas preservava a autonomia racional porque aceitava seu fundamento num domínio transracional. Foi por isso que triunfou sobre Protágoras. Sócrates acreditava no demoníaco; levou a sério os sonhos e o oráculo de Delfos. Não fechou os olhos,

---

14. Ésquilo, *The Eumenides,* tradução de John Stuart Blackle (Londres, Everyman's Library, 1906), p. 163.

desanimou diante de fenômenos demoníacos, como a peste de Atenas, no ano 431 a.C., e a guerra com Esparta. A filosofia de Sócrates possuía origens dinâmicas que a salvou da aridez do racionalismo, enquanto as crenças de Protágoras eram falhas porque omitiam as forças dinâmicas, irracionais, da natureza humana. A filosofia de Protágoras, baseada no conceito de que "o homem é a medida de todas as coisas", tornou-se "pateticamente" otimista, escreve Dodds, e o filósofo deve ter morrido infeliz, no início da guerra entre Esparta e Atenas[15].

Os homens do Iluminismo ficariam muito perturbados com o demônio de Sócrates. É fascinante observar Thomas Jefferson, cheio de fé na Era da Razão, ponderar

---

15. Dodds, p. 183. "Nesta questão (as fontes da conduta humana), a primeira geração de sofistas, e em particular Protágoras, parece ter tido uma visão, cujo otimismo, em retrospecto, é patético, mas historicamente inteligível. "Virtude ou eficiência poderiam ser ensinados"; criticando-se as tradições, modernizando o *Nomos* que os antepassados haviam criado, eliminando os últimos vestígios das "tolices bárbaras", o homem poderia criar uma nova Arte de Viver e a vida humana seria elevada a novos níveis jamais idealizados. Tal esperança é compreensível em homens que assistiram ao rápido desenvolvimento da prosperidade material, após as guerras pérsicas, e ao desabrochar sem igual do espírito que as acompanhou, culminando nas realizações extraordinárias da Atenas de Péricles. Para aquela geração, a Idade de Ouro não foi o paraíso perdido do nebuloso passado, conforme acreditava Hesíodo; para ela não residia no futuro, e nem no passado distante. Numa comunidade civilizada, declarou Protágoras, o pior cidadão já era melhor elemento do que um nobre selvagem. Na verdade, melhor cinquenta anos de Europa do que um ciclo inteiro de Catão. Mas, aí! A História não abunda em otimistas. Se Tennyson tivesse vivido os últimos cinquenta anos na Europa, talvez, imagino, reconsiderasse sua preferência; e antes de morrer, Protágoras teve amplos motivos para rever sua opinião. A fé na inevitabilidade do progresso tinha menos sentido em Atenas do que na Inglaterra".

o fato de que Sócrates estava sob o "cuidado e orientação de um demônio guardião". E escreve, lamentoso, e, do nosso ponto de vista, absurdo: "Quantos de nossos homens mais sensatos acreditam ainda na realidade destas aspirações, embora perfeitamente sãos em outros sentidos!"[16] E John Quincy Adams mostrou-se também sinceramente confuso: "Não é fácil dizer se isto (o demônio de Sócrates) era efeito da superstição, ou se falava em sentido figurado... Os exemplos que apresenta das ocasiões em que ouviu a voz tornam quase impossível julgar que ele se referia somente à prudência ou à consciência"[17].

Não, Sócrates não se referia à prudência ou à consciência, e Jefferson e Adams não podiam ignorar o fato de que ele era o menos supersticioso dos homens. Embora não falasse em sentido figurado, metaforicamente, falava em símbolo. Pois a linguagem do símbolo e do mito é a única que pode expressar tais experiências fundamentalmente arquetípicas, que afetam o homem total. O demoníaco pertence a esta dimensão de experiência, onde a linguagem discursiva, racional, conta apenas uma parte da história; se nos detivermos na linguagem dedutiva, nós nos empobreceremos. Assim, Platão, que também falou na linguagem do símbolo e do mito em domínios em que somente ela poderia expressar seu significado, escreveu que Deus concedera a cada homem um demônio, que é

16. Herbert Spiegelberg, ed. *The Socratic Enigma* (Indianápolis, Bobbs-Merrill Co., 1964), p. 127.

17. Ibid., pp. 127-128

seu elo com o divino. O que Sócrates queria dizer é muito mais fácil de se compreender em nossa era pós-Iluminismo e pós-freudiana, quando exploramos o id e conhecemos as fontes "sombrias" e irracionais não só da inspiração e da criatividade, como de todas as ações humanas.

Observamos agora a *união do bem e do mal,* que os gregos realizaram no conceito do demoníaco. É a ponte entre o divino e o humano e compartilha de ambos. Viver de acordo com seu *daimon* (eudemonismo) é difícil, mas profundamente compensador. É um impulso natural em sua mais crua forma, porém um impulso que o homem, dele estando consciente, pode em certa medida assimilar e dirigir. O demoníaco destrói os planos puramente racionalistas e dispõe a pessoa a possibilidades criativas que ela ignorava possuir. Um exemplo são os vigorosos cavalos da metáfora de Platão, que exigem toda a força de um homem para serem controlados. E embora o homem jamais se liberte deste conflito, a luta proporciona-lhe um infalível manancial de padrões e potencialidades, enchendo-o de espanto e alegria.

Nas eras helênica e cristã, o *split* dualista entre o bem e o mal demoníaco tornou-se mais pronunciado. Temos então uma população celestial dividida em dois campos – demônios e anjos, ficando os primeiros ao lado de seu líder Satã e os últimos aliados a Deus. Embora tal evolução nunca fosse plenamente racionalizada, no passado deveria haver a ideia de que com este *split* seria mais fácil ao homem enfrentar e vencer os demônios.

Embora os helênicos e os primeiros cristãos tenham ganhado algo em dinamismo moral com esta divisão da luta entre o bem e o mal expressa em anjos e demônios, muito se perdeu também. E é importante o que se perdeu: o conceito clássico organicista do *ser* inclui tanto possibilidades boas como destruidoras. Vemos aí o princípio do problema de Rilke: se os demônios forem expulsos, os anjos fugirão também.

Satã, ou o demônio, vem do vocábulo grego *diabolos;* "diabólico" é o termo da linguagem contemporânea. *Diábolos,* o que é interessante, significa literalmente "destroçar" (*dia-ballein*)[18]. É fascinante observar que diabólico é antônimo de "simbólico". O último vem de *symballein* e significa "reunir", unir. Estes vocábulos encerram tremendas implicações referentes à ontologia de bem e mal. O simbólico é aquilo que une, liga, integra o indivíduo em si mesmo e no seu grupo; o diabólico, pelo contrário, é o que desintegra e destroça. Ambos estão presentes no demoníaco.

Arcanjo a princípio, Satã recebe o nome específico de "adversário". É ele quem tenta Eva no paraíso e Jesus na montanha. Mas, observando mais de perto, vemos que Satã é muito mais do que um simples adversário; ele aliciou no Éden o auxílio da serpente, que é um nítido elemento demoníaco da natureza. No Éden, Satã é a personificação da concupiscência e da sede de poder através do conhecimen-

18. *New English Dictionary,* ed. James A. H. Murray (Oxford, 1897).

to que tornará o homem imortal, "como Deus". O Senhor censurou Adão e Eva por comer o fruto "da árvore do bem e do mal" e mostrou-se preocupado, caso tentassem comer o fruto da vida eterna. Esse drama do Éden e as tentações de Jesus na montanha são representações simbólicas dos impulsos demoníacos de concupiscência e poder, e Satã é o símbolo que personifica tais impulsos.

Satã, Lúcifer e as outras figuras demoníacas que haviam sido arcanjos são psicologicamente necessárias. *Precisavam* ser inventadas, *tinham* que ser criadas, a fim de tornar possíveis a ação humana e a liberdade. De outro modo não haveria consciência. Pois cada pensamento destrói ao mesmo tempo que cria: para pensar isto eu tive que anular outra ideia; dizer "sim" a isto é dizer "não" àquilo, e ter um "não" na própria ambivalência do "sim". Para percebê-lo tenho que afastar outras coisas, pois a consciência é tanto destrutiva como construtiva. Sem rebelião não há consciente.

Assim, a esperança de que Satã e os outros "adversários" possam ser afastados por um processo gradual no sentido da perfeição não seria uma ideia construtiva, mesmo que possível. E é patentemente impossível. Os santos não diziam tolices quando chamavam a si mesmos de grandes pecadores. O objetivo da perfeição é um conceito degenerado, contrabandeado da tecnologia para a ética, e resultante de uma confusão entre as duas.

O problema do esquema cósmico anjos-e-demônios – e trata-se de uma formidável dificuldade – é que os anjos são criaturas tão suaves e desinteressantes. Por definição, não têm sexo; parecem muitas vezes com Cupido, que é Eros em sua forma mais deteriorada. Aparentemente têm sobretudo a função de voar para anunciar alguma coisa ou transmitir mensagens – uma espécie de Western Union celestial. São criaturas relativamente sem poder, à exceção de alguns arcanjos, como Miguel. Quanto a mim, jamais consegui interessar-me muito pelos anjos, exceto como elementos decorativos de um drama mais amplo, o épico cristão.

Anjos enfadonhos? Sim – até a queda! Adquirem então fascínio e interesse. Lúcifer, expulso do paraíso, torna-se o herói dinâmico do *Paraíso perdido* de Milton. Quando um anjo afirma a sua independência – recebe isso o nome de orgulho, recusa a rebaixar-se, ou seja lá o que for – adquire o poder e a capacidade de apossar-se da nossa atenção e até admiração. Afirma seu próprio ser, sua opção, sua ambição individual. Se considerarmos que representações simbólicas como Lúcifer exemplificam um impulso significativo da psique humana – um impulso para a evolução, uma nova forma nascida no indivíduo e que ele passa a ver no mundo que o rodeia –, então esta afirmação de escolha independente é com certeza um aspecto positivo da evolução. A criança que permanece durante muito tempo "um anjinho" é exatamente a que causará preocupações; o "demoninho" em crescimento dá mais esperanças de potencialidade para um futuro desenvolvimento.

O anjo decaído é aquele que recupera parte da força demoníaca, uma força a que renunciara no dualismo necessário a enfrentar a mitologia desintegradora do velho mundo pagão. Rilke tem razão, portanto, quando deseja conservar anjos e demônios, pois ambos são necessários. *Ambos reunidos constituem o demoníaco.* E quem dirá que os demônios de Rilke não contribuem para a sua poesia em igual parcela que os anjos?

A dicotomia entre anjos e demônios conservou-se durante a Idade Média e o vocábulo tornou-se então claramente "demônio". O homem medieval vivia fascinado por seus "demônios", mesmo no ato de condená-los; por que outro motivo haveria tantas gárgulas, animais sinistros e sorridentes, feras de todos os tipos, espalhadas e galgando as fachadas das catedrais, esculpidas em pedra por artesãos que deveriam conhecer de perto o demoníaco? Naquele período cheio de paixão, o povo se regozijava com sua natureza demoníaca. Mas isso não o impedia de utilizar-se deste acessível método de condenação dos inimigos como associados do demônio nas guerras de condenação dos inimigos como associados do demônio nas guerras religiosas, e especialmente na revolução albigense. Aparentemente o homem sempre teve inclinação para definir o forasteiro, o estranho, aquele que dele difere, como mau, e a si mesmo como amigo dos anjos.

A redescoberta do demoníaco como força que não pode ser medida em termos de bom e mau "foi devida ao culto antirracional do gênio, em fins do século XVIII", escreve o Professor Wolfgang Zucker[19]. Tratava-se da ex-

19. "The Demonic".

pressão de uma oposição fundamental ao Iluminismo e aos conceitos de ordem utilitários da classe média, e um protesto contra a teologia moralista e intelectualista que prevalecia na época. O Professor Zucker escreve a respeito de maneira particularmente convincente:

> Tal expressão exigia como pré-requisito social o rompimento das velhas ordens sociais e o surgimento de uma nova classe marginal de artistas, que não eram mais simples artesãos talentosos. É nessa época que as designações "artista" e "Kuenstler" entraram em uso, designações que não significavam meras ocupações específicas, e sim um modo de vida fora da hierarquia de valores sociais e econômicos... Segundo este ponto de vista, o artista deixava de ser um homem que simplesmente aprendera o uso do pincel ou do cinzel, ou sabia tocar diferentes instrumentos musicais em consequência de diligente estudo e prática, mas era dotado de uma força sobrenatural: tinha gênio, ou ele próprio era "um gênio"... Seus atos não se coadunavam com as normas convencionais de comportamento e seu trabalho tinha uma qualidade sobre-humana, que o tornava incomparável ao de outros homens... As costumeiras categorias de bem e mal, útil e inútil, não se aplicavam ao gênio, portanto. O que ele faz e sofre são seu destino. Não é um gênio por ser um artista extraordinário mas, pelo contrário, é artista por ser dotado de gênio[20].

20. Ibid.

Goethe, já idoso, continuava fascinado pelo demoníaco e discutiu-o infindavelmente. Não é a simples natureza, na sua opinião, mas também o destino; orienta a pessoa para encontros significativos – como sua amizade com Schiller – e produz grandes homens. Para verificar-se a justificativa experimental deste ponto, basta recordar que grandeza consiste em estar "no lugar certo no momento exato"; é um encontro entre o homem de especiais talentos e as exigências particulares de uma época. Os homens de talento são envolvidos pela situação histórica (cf. a tese de Tolstoi em *Guerra e paz*) e atirados para a grandeza. São usados por uma história que tem a mesma função que a natureza, neste ponto. Goethe descreve a si mesmo como alguém que descobriu o demoníaco muito cedo em sua carreira e julgava-o responsável por seu destino particular. O demoníaco era:

> ...descoberto na Natureza, animada e inanimada, com alma ou sem alma, algo que só se manifestava em contradições e portanto não podia ser compreendido sob uma só concepção, e muito menos sob uma só palavra... Unicamente no impossível parecia encontrar prazer e o possível parecia dele afastar-se com desprezo.
>
> A este princípio, que parece interpor-se entre todos os outros princípios, para separá-los e uni-los, eu chamei demoníaco, a exemplo dos antigos, e dos que haviam tomado consciência de algo similar[21].

---

21. Goethe, p. 682.

Os grandes homens destroem-se depois de ter realizado seus feitos. Para Goethe, "poesia e música, religião e ardor patriótico das guerras de libertação, Napoleão e Lord Byron, tudo era demoníaco". E escreve ao final de sua autobiografia:

> Embora o demoníaco possa manifestar-se da maneira mais notável até entre alguns animais, está primordialmente unido ao homem. Representa uma força, senão oposta à ordem moral do mundo, pelo menos em sentido transversal, de modo que se poderia comparar uma à urdidura e a outra à trama... O demoníaco surge em sua forma mais espantosa quando se manifesta em alguns seres humanos. No decurso de minha vida tive oportunidade de observar diversos casos, próximos e distantes. Nem sempre se tratava de homens de talento ou mentalidade superior e raro recomendavam-se por sua bondade de coração. Contudo, deles emanava uma tremenda força sobre todas as outras criaturas e até sobre os elementos; ninguém saberia dizer qual a medida de sua influência[22].

Goethe, em seu fascínio pelo demoníaco, nem o admira cegamente, como os românticos, nem o condena, como os racionalistas. E elaborou uma espécie de aristocracia do demoníaco; alguns são escolhidos para carregá-la em grande intensidade e outros não. É irracional a semelhança do "dionisíaco" de Nietzsche e do *élan vital* de Bergson. Grandes homens particularmente caracteri-

22. Tradução de Wolfgang Zucker. A passagem paralela na autobiografia de Goethe acima citada encontra-se nas pp. 683-684.

zados pelo demoníaco são invencíveis até que, impelidos por seu *hubris,* o que é inevitável, atacam a própria Natureza, o que acarreta sua própria destruição. Napoleão foi derrotado não pelos russos, mas pelos russos em cooperação com seu inverno. Vemos aqui um exemplo do *querer de acordo com o demoníaco*: o que os russos não podiam fazer com suas próprias forças realizaram colocando-se de acordo com a Natureza, a amplidão de suas terras e outros aspectos daquele domínio de ninguém que é a cooperação entre homem e Natureza, e homem e seu destino. Isto foi personificado por uma interessante combinação de elementos homem-natureza, que recebeu o nome de "General Inverno".

Paul Tillich é, entre os pensadores contemporâneos, o mais responsável por chamar-nos a atenção para o demoníaco nos dias de hoje. E é por isso que exerce grande atração sobre psiquiatras e psicólogos, que acorriam às centenas sempre que ele fazia uma conferência. Não ouviam simplesmente um homem sensato e culto; escutavam alguém que "convidava" o demoníaco, do mesmo modo que eles são obrigados a fazer em seu trabalho. Fui uma vez consultado por uma senhora esquizofrênica que estivera à beira de um *breakdown* psicológico no ano anterior. Procurara Paul Tillich expondo-lhe os "demônios", segundo os sentia. Imperturbável, ele observara: "Todas as manhãs, entre 7h e 10h, vivo com os demônios". Isso muito a ajudara e creio eu que foi o principal responsável por sua salvação. As palavras de Tillich significavam que ela não era estranha e "estrangeira" na raça humana em consequência do que sentira. Seu problema era humano, diferindo apenas em grau dos problemas dos outros; e ela voltou a comunicar-se em parte com o seu mundo e as pessoas que a rodeavam.

Mas nem sempre foi assim. Quando Tillich veio para este país, em 1933, exilado da Alemanha de Hitler, falou muitas vezes da onda de pseudo-romantismo que grassava no seu país e contou como seus alunos o consideravam "demasiado racionalista e lógico". Após uma visita à Alemanha, no verão de 1936, relatou suas experiências diante de um grupo, em Nova York. Ficara tão impressionado com o futuro sombrio do país, que se retirara para um bosque nas imediações de Berlim, sentindo a aproximação do demoníaco ("Vejo ruínas, ruínas, ruínas. Ovelhas pastarão em Potsdamer Platz"). A década de 1930 foi um tempo de liberalismo na América e ninguém do grupo concordou com Tillich naquela data. Um teólogo de Chicago observou ao sair: "Finalmente nos livramos dos demônios e agora Tillich os vê escondidos atrás de todas as árvores". Bem, o pior das previsões de Tillich mostrou-se demasiado suave perto do que ocorreu na barbárie civilizada da Alemanha de Hitler. De fato, a era que teve início após a Primeira Guerra Mundial, com a promessa de ser a da "razão tecnológica", é agora muitas vezes chamada retrospectivamente de era demoníaca.

Freud levou-nos ao purgatório dantesco das forças demoníacas e deu-nos numerosas demonstrações empíricas de como as perversões, neuroses, psicoses e loucura eram resultantes de um desvio desta força. "Ninguém que, como eu", escreveu Freud, "conjura o mais maligno daqueles demônios semidomesticados que habitam o coração humano e com ele procura lutar pode esperar sair incólume do combate"[23]. A expressão "semidomesticados", aparentemente usada com leviandade, é uma correta descrição da forma humana do demoníaco; o totalmente domado é aplicável aos anjos, o indomável aos demônios – e nós somos ambos. Em psicoterapia, é claro que não é construtivo ceder à tentação de fugir do demoníaco simplesmente por ser perigoso; assim, a cura de problemas psicológicos conduz à suavidade do "ajuste". Curar as pessoas é a estrada real para o tédio. Não surpreende que os pacientes prefiram a neurose e a psicose à "normalidade", pois pelo menos sua existência anormal tem vitalidade e força.

O senso freudiano da inexorabilidade da vida, sua humildade face ao destino, lado a lado com o orgulho de seu próprio intelecto, sua recusa em dobrar-se à necessidade humana de ser tranquilizado em relação a si mesmo – todas estas características originam-se não do pessimismo de que é muitas vezes acusado, mas do senso da portentosa qualidade da existência humana e a inevitabilidade da morte. E revelam um genuíno senso do demoníaco.

Nos seus escritos encontramos o demoníaco implícito na ênfase sobre o "destino" e em vários de seus conceitos,

---

23. Sigmund Freud, "Análise de um caso de histeria", *Collected Papers* (Nova York, Basic Books, 1959), 111, pp. 131-132.

tais como a libido. Thanatos, e *Trieb.* Existe em cada um a sugestão de que possuímos forças que podem arrebatar-nos, transformar-nos em "instrumentos da natureza", atirar-nos a funções maiores que nós mesmos. Libido, ou concupiscência, é o impulso natural que age na imaginação do homem, pode colocar armadilhas diante dele e no momento em que se deita, seguro de ter vencido a tentação daquela vez, pode apoderar-se dele contra a razão e utilizá-lo para os fins impessoais da raça. Não entrar em entendimento com estes inevitáveis fenômenos psicológicos conduz à patologia. Esta é uma ênfase realista, áspera e construtiva de Freud, especialmente quando vista contra o *background* da separação vitoriana entre *self* e natureza. Eu disse que o demoníaco está "implícito" nestes conceitos; a libido, por exemplo, fala e morre. É o eros que surge então como a força que nos sustentará contra o instinto de morte e a luta pela vida. É necessário que eros entre sob a forma demoníaca. Esta é a nítida chamada de Freud ao eros como demônio.

O Professor Morgan contrapõe à visão rigorosa e severa do amor freudiano a dos pensadores positivos, que contém promessas ilusórias para o homem moderno. "Nada de "arte de amar" à la Fromm, nada de ginástica com objetivo sadio, nada de tecnologia liberal-utilitária... nenhuma delas trará paz à terra, boa vontade aos homens (na opinião de Freud). A razão é brusca e fundamental: nós, seres humanos, levamos as sementes de nossa própria destruição e as alimentamos cuidadosamente. Tanto devemos odiar como amar. Destruiremos a nós mesmos e aos nossos semelhantes, tanto quanto os criaremos e protegeremos"[24].

O amor e o demoníaco

Toda pessoa que sinta, como é inevitável, sua própria solidão e isolamento anseia por unir-se a outrem, deseja participar de uma relação mais ampla do que ele próprio. Em geral, esforça-se por vencer sua solidão através de alguma forma de amor.

O psicoterapeuta Otto Rank observou, certa vez, que todas as mulheres que o procuraram tinham algum problema porque o marido não era bastante agressivo.

---

24. Morgan, p. 158. Que os psicólogos e sociólogos – que há várias décadas costumavam desdenhar as duras palavras de Freud, atribuindo-as ao seu "pessimismo" – recordem o que vem acontecendo desde que ele apontou esse lado trágico da vida: Hitler e Dachau, a bomba atômica e Hiroshima, e agora o espetáculo da mais poderosa nação do mundo atolada na destruição do Vietnã, sem solução construtiva possível.

Freud oferece uma ilustração concreta do senso demoníaco, no sentido de aspectos parciais da personalidade assumindo poder sobre o todo, com efeitos desintegradores sobre o *self* total: "É no sadismo, onde o instinto da morte retorce a finalidade erótica em seu próprio sentido e, no entanto, ao mesmo tempo satisfaz plenamente o impulso erótico, que obtemos o mais nítido *insight* de sua natureza e relação com Eros. Mas, ainda que emerja sem qualquer finalidade sexual, na fúria cega da destruição, não podemos deixar de reconhecer que a satisfação do instinto vem acompanhada de um grau extraordinariamente alto de gozo narcisista, devido a apresentar ao ego uma realização dos seus antigos desejos de onipotência". *Civilization and Its Discontents* (1927-1931), *Standard Edition* (Londres, The Hogarth Press, 1961), XXI, p. 121.

Embora simplista na aparência, a sentença contém algo revelador: nosso requintado cultivo do sexo pode tornar-nos tão arbitrários e desligados, que a simples força do ato sexual se evapora e a mulher perde o prazer vital, elementar, de ser possuída, arrebatada, transportada. A "mordida do amor" – aquele momento de hostilidade e agressão que em geral ocorre no momento do orgasmo, mas que pode ser uma constante em todo o ato amoroso – tem uma função psicofísica construtiva, tão agradável, ou mais, para a mulher, quanto expressiva para o homem.

É necessário uma autoafirmação, uma capacidade para permanecer sobre os próprios pés, uma assertiva do próprio *self* para colocar-se em tal relacionamento. É preciso ter algo a dar e ser capaz de dá-lo. O perigo, naturalmente, é que a pessoa se afirme em excesso – o que constitui a origem da experiência expressa pela ideia de possessão demoníaca. Mas não se pode evitar esse lado negativo renunciando-se à autoafirmação. Pois se a pessoa for incapaz de afirmar-se, será também incapaz de partilhar de um autêntico relacionamento. Uma relação dialética dinâmica – sinto-me tentado a chamá-la de equilíbrio, mas não é um equilíbrio – é um contínuo dá-e-toma, do qual a pessoa se afirma, encontra uma resposta no outro, depois talvez se afirme demasiado, sinta uma negativa, recue mas não renuncie, desloque a participação para uma nova forma e encontre a maneira adequada para a totalidade do outro. Tal é o uso construtivo do demoníaco – uma afirmação da própria individualidade em relação a outra pessoa. Desliza sempre pelos limites da exploração, mas sem ela não existe relacionamento vital.

Em sua justa proporção, o demoníaco é o impulso para alcançar os outros, ampliar a vida por meio do sexo, criar, civilizar; é alegria e encantamento, ou a simples segurança de saber que somos importantes, que podemos afetar os outros, formá-los, exercer um poder significativo. É um modo de nos certificarmos de que nos dão valor.

Quando o demoníaco assume controle completo, a unidade do *self* e o relacionamento são rompidos, fato confessado por quem diz: "Não pude controlar-me, agi como que em sonho, não tinha consciência de mim mesmo". O demoníaco é a força elementar pela qual a pessoa se salva do horror de não ser ela mesma, de um lado, e de outro, não sentir ligação ou impulso vital em relação a outra pessoa.

A mulher que descrevemos no capítulo anterior, que se apaixonara pelo mecânico de uma garagem, contou-me que o marido sempre "rondava pela casa à noite, com expressão deprimida, esperando que eu fosse para a cama". Embora compreendamos por que o marido se encontrava em estado tão humilhante, entendemos também que tenha sido um grande alívio para a mulher e uma alegria para a sua necessidade de abandono, que a agressividade erótica do mecânico não fosse inibida por tal ambivalência.

Biologicamente falando, uma vívida expressão do demoníaco no macho é a ereção – fenômeno que em si mesmo contém uma sedução erótica para a mulher quando esta percebe que está ocorrendo, caso já esteja interessada (caso negativo, sente repulsa, o que prova simplesmente ao contrário que a ereção fálica exerce poder emocional). A própria ereção é um símbolo de tanta riqueza demoníaca que os antigos gregos decoravam seus vasos com pinturas de sátiros dançando, cada qual com uma altiva ereção fálica, num festival religioso dionisíaco. Aos homens basta recordar seu fascínio na infância, quando sentiam a magia do pênis tornando-se ereto, talvez sem causa consciente aparente e proporcionando-lhes tão maravilhosas sensações. Uma afirmação demoníaca similar, embora biologicamente menos óbvia que a do macho, está presente e é necessária à mulher na sua capacidade de desejar seu homem, e manifestar sutilmente que o deseja. Tanto o homem como a mulher precisam desta autoafirmação para unir seu isolamento e realizar a união um com o outro.

Não estou pleiteando aqui, absolutamente, uma volta à sexualidade primitiva. Nem quero consolar o homem ou a mulher ainda infantis, que interpretam a agressão como uma áspera insistência em suas exigências diante do parceiro sexual. Uso a agressão no sentido sadio, como afirmação do *self* enraizado na força e não na fraqueza, e inseparavelmente aliado à capacidade para sensibilidade e a ternura. Mas estou também argumentando que amputamos aspectos significativos de nossa sexualidade cultivando excessivamente o amor sexual, correndo assim o risco de perder exatamente o que pretendíamos ganhar.

Uma coisa curiosa, que sempre surpreende as pessoas que se submetem à terapia é que, após admitirem a ira, animosidade e até o ódio pelo esposo, censurando-o durante uma hora, terminam sentindo amor pelo companheiro. É possível que um paciente chegue vibrando de sentimentos negativos, mas resolvido, em parte inconscientemente, a mantê-los, como um cavalheiro, dentro de si mesmo; mas descobre que, ao recalcar a agressividade contra a companheira, suprime ao mesmo tempo seu amor. Isto é tão claro que se torna quase uma regra do tratamento. O Dr. Ludwig Lefebre chama a isso "a inclusão do negativo" – que é essencial se o positivo quiser revelar-se.

Ocorre aqui mais que o fato de que a consciência humana trabalha em polaridade: o positivo não pode manifestar-se sem que o negativo também o faça. É por isso que em terapia o negativo é analisado com a esperança – que se torna verdadeira com bastante frequência para justificar a regra – de que o positivo surgirá então por si mesmo. Tal é o valor construtivo de enfrentar e admitir o demoníaco. Pois "eros é um demônio", lembremo-nos; eros tem relação não só com o amor, como com o ódio, com uma dinamização, uma sacudidela em nossa existência normal – é um moscardo que nos conserva permanentemente acordados; eros é inimigo do nirvana, da paz inalterável. Ódio e amor não são polos opostos; andam juntos, especialmente em épocas de transição, como a nossa.

O mais discutido drama da Broadway e de todo o país nos últimos anos consistiu num despedaçamento emocional de três horas, em que os personagens eram dois casais: "*Who's Afraid of Virgínia Woolf?*" Que o público que assistiu à peça estava inquieto tornava-se óbvio pelo riso nervoso, ou a hesitação, sem-saber se-deviam-rir-ou-não; porém era mais óbvio ainda que estavam profundamente comovidos. (Temos que dizer, como já foi dito tantas vezes, que a versão cinematográfica foi radicalmente atenuada, proporcionando ao público em massa muito mais segurança contra o elemento demoníaco, dando ênfase ao jogo amoroso entre George e Martha, no início da história, antes que começasse o despedaçamento.)

Qual a força de atração da peça? Creio que reside no fato de ter *revelado os desejos, pensamentos e sentimentos demoníacos que fazem parte de todo casamento, mas são quase sempre negados em nossa sociedade burguesa.* O que nos enfeitiça e domina, como quando um dos atores recua, tal uma serpente prestes a atacar, foi a revelação em cena de nossas tendências demoníacas, que surgem bem amplas e nítidas. O casal principal, George e Martha, sente algum amor um pelo outro sob selvageria emotiva, mas tem medo de sua própria ternura. Nesse sentido, a peça retrata de maneira penetrante o moderno homem ocidental. Pois tememos tanto as nossas tendências demoníacas como nossos sentimentos de ternura que são, naturalmente, dois aspectos da mesma coisa. Ser capaz de sentir e viver a capacidade para um amor terno exige uma confrontação com o demoníaco. Os dois parecem opostos, mas se um for negado, o outro também está perdido.

Esse drama, naturalmente, *transcende* o demoníaco, dando-lhe *forma* significativa, como deve fazer qualquer obra de arte. É por isso que podemos permitir-nos aceitar o demoníaco quando apresentado artisticamente. A peça transcende também a luta contida nas últimas linhas (embora o assunto seja sempre mais relevante do que a forma para a transcendência da obra de arte). Ao final, George e Martha mostram-se capazes de *querer* algo um com o outro – e por isso o diretor chamou a peça de "existencialista". Ostensivamente podem querer porque, durante a luta, mataram a ilusão do filho fantasmagórico. Mas se darão de fato o passo nós ignoramos; sabemos que o desenrolar de suas lutas no palco fere uma poderosa corda na psique do público civilizado e burguês.

Basta recordar as sombrias passagens dos antigos dramas gregos – Medeia degolando os filhos, Édipo arrancando os olhos, Clitemnestra assassinando o marido e sendo assassinada pelo filho – para ver que o demoníaco, em termos crus, encontrava-se no âmago das grandes obras clássicas que "banhavam os espectadores de compaixão e terror", como dizia Aristóteles. Mas o verdadeiro acontecimento de arrepiar os cabelos, nos dramas gregos, sempre ocorria fora do palco e era comunicado por meio de gritos e música apropriada. Isto apresenta diversas vantagens: é correto no sentido em que o demoníaco ocorre em nossas vidas em geral ligeiramente às escondidas, isto é, no subconsciente e inconsciente. Não assassinamos o colega com quem discutimos numa reunião; só o imaginamos acometido por um ataque cardíaco. Também os gregos não se interessavam pelo barbarismo e o melodrama em si mesmos; sabiam que destroem a obra de arte. O dramaturgo precisava criar seu drama com o *significado* do crime e não com a própria emoção.

Aventuro-me a sugerir que uma das razões centrais por que os gregos foram capazes de erguer-se àquelas alturas da civilização, que ninguém ultrapassou, foi sua coragem e franqueza ao enfrentar o demoníaco. Regozijavam-se com a paixão, o eros, e o demoníaco inevitavelmente a eles ligado. Choravam, amavam e matavam com entusiasmo. Hoje, pacientes em terapia observam muitas vezes o quanto é estranho na Grécia antiga que seja o homem forte, como Odisseu ou Prometeu, quem chore. Mas por causa de sua capacidade para enfrentar diretamente o demoníaco, em vez de recorrer à autodefesa castradora do homem moderno, que o nega e recalca, os gregos foram capazes de concretizar a fé em que a essência da virtude (arete) é escolher com responsabilidade suas paixões e não ser por elas escolhido.

Que significa defrontar-se com o demoníaco? É estranho, mas William James, três quartos de século antes, teve uma compreensão intuitiva do demoníaco e da maneira de enfrentá-lo.

> É a própria maldade do ato que lhe empresta vertiginoso fascínio. Retire-se a proibição e desaparece a atração. Nos meus tempos de universidade, um estudante atirou-se de uma janela elevada de um dos prédios da faculdade e quase

> morreu. Outro estudante, amigo meu, tinha que passar diariamente por aquela janela, indo e voltando do seu quarto e sentia uma terrível tentação de imitar o feito. Sendo católico, revelou-o ao seu diretor, que disse: "Muito bem, já que você acha mesmo que deve, vamos, atire-se!" E assim o desejo desapareceu imediatamente. Esse diretor sabia lidar com uma mente doentia[25].

Darei um exemplo da psicoterapia de possessão com um estado em geral considerado não demoníaco, isto é, a solidão. Em determinado paciente, ataques de profunda solidão, conduzindo ao pânico, eram frequentes. Não conseguia orientar-se então, perdia o senso do tempo e sua capacidade de reação tornava-se embotada. O caráter fantasmagórico desta solidão manifestava-se no fato de desaparecer instantaneamente quando ele ouvia a campainha do telefone, ou os passos de alguém descendo o corredor. Procurava desesperadamente combater esses ataques – como todos nós fazemos, o que não surpreende, uma vez que a solidão é, ao que parece, o mais doloroso tipo de ansiedade que o ser humano é capaz de sofrer. Os pacientes expressam às vezes a dor dizendo sentir um aperto físico no peito, uma punhalada no coração, ou um estado mental semelhante ao que deve sentir uma criança abandonada num mundo deserto.

Este paciente tentava, quando se sentia solitário, desviar a mente para outras ideias, trabalhar ou ir ao cinema –

25. James, II, pp. 553-554.

mas, fosse qual fosse o tipo de fuga, a satânica ameaça continuava adejando sobre ele, qual uma presença odiada, à espreita para mergulhar uma adaga no seu coração[26]. Se estivesse trabalhando, quase ouvia a gargalhada mefistofélica às suas costas, zombando dele e lembrando-lhe que o estratagema não seria resultado; mais cedo ou mais tarde teria que parar, mais cansado do que nunca – e imediatamente sobreviveria à punhalada. Ou, se estivesse no cinema, não poderia deixar de notar, toda vez que a cena mudava, que a dor o assaltaria no minuto que saísse à rua.

Mas um dia chegou comunicando que fizera uma surpreendente descoberta. Quando se esboçava um ataque agudo de solidão ocorreu-lhe não combatê-lo. Fugir jamais dera resultado, de qualquer maneira. Por que não aceitá-lo, respirar com ele, voltar-se para ele, não fugir? Surpreendente, a solidão não o dominou quando a enfrentou diretamente. Pareceu até diminuir. Animado, pôs-se a acenar para ela, imaginando situações no passado em que se sentira profundamente solitário, evocando

26. Digo pulmões porque a ansiedade na solidão parece afetar a respiração, e a dor assume a aparência de uma pontada aguda, e não, conforme dizemos no sofrimento ou na tristeza, "no coração". Existe maior base para este costume do que a mera localização da dor, pois a ansiedade em geral tem sido ligada à estreita passagem que a criança percorre ao nascer, e às dificuldades de respirar que podem estar associadas (se "causadas" ou não, isto não aprofundaremos) ao canal confinado, ao "portão estreito". A palavra francesa ansiedade – *angoisse* – está literalmente ligada ao significado de passar por um estreito canal, como o vocábulo inglês *anguish* (angústia, estreiteza, perturbação. *Angoisse*, comprimir). Cf. Rollo May, *The Meaning of Anxiety*.

as lembranças que haviam, até então, sido uma dica certa para o pânico. Mas, estranho, a solidão perdeu a força. Não sentiu pânico, mesmo quando se esforçou neste sentido. Quanto mais se voltava para ela e lhe acenava, mais impossível tornava-se imaginar sequer que algum dia fora solitário, e de maneira tão penosa.

O paciente havia descoberto – e me ensinava naquele dia – que só sentia a solidão aguda quando fugia; quando se voltou para o "demônio", este desapareceu, para usar de linguagem metafórica. Mas não é metafórico observar que a própria fuga é uma resposta que assegura ao demônio seu poder obsessivo. Concordemos ou discordemos da teoria das emoções de James-Lange[27], é exato com certeza que a ansiedade (ou solidão) domina enquanto continuamos a dela fugir.

A ansiedade (solidão ou "abandono ansioso" é a sua forma mais penosa) domina a pessoa a ponto de fazê-la perder a orientação no mundo objetivo. Perder o mundo é perder-se e vice-versa; *self* e mundo são correlatos. A função da ansiedade é destruir o relacionamento *self*-mundo, isto é, desorientar a vítima no espaço e no tempo e, enquanto durar esta desorientação, a pessoa permanece em estado de ansiedade. A ansiedade domina a pessoa precisamente por causa da continuidade dessa desorientação.

---

27. Temos medo porque corremos, e não corremos porque temos medo. James acreditava que experimentar uma emoção era a nossa maneira de perceber as transformações químicas e musculares do corpo, produzidas pela ação, tal como a fuga.

Mas se a pessoa conseguir orientar-se – como acontece, espera-se, pela psicoterapia – e novamente relacionar-se direto com o mundo, experimentalmente, com os sentidos despertos, dominará a ansiedade. Minha terminologia ligeiramente antropomórfica emerge de meu trabalho de terapeuta e não fica aqui fora de propósito. Embora o paciente e eu estejamos totalmente cônscios da natureza simbólica do caso (a ansiedade não *faz* nada, como a libido ou o sexo), é muitas vezes útil ao paciente ver-se lutando contra um "adversário". Pois então, em lugar de esperar eternamente que a terapia analise a ansiedade, pode ajudar seu próprio tratamento tomando medidas práticas quando ela se aproxima, tais como deter-se e indagar o que ocorreu, na realidade ou na fantasia, precedente à desorientação que desencadeou a ansiedade. Ele não só abre as portas do armário onde se escondem os fantasmas, como às vezes pode também tomar medidas para reorientar-se na vida prática, travando novos relacionamentos e descobrindo um novo trabalho que o interesse.

Continuando com o meu paciente obsedado pela solidão, perguntemos: qual o lado construtivo deste demônio que provavelmente se desviara? Sendo uma pessoa sensível, talentosa, alcançara notável êxito em praticamente todos os domínios da experiência humana, exceto no da intimidade pessoal. Seus dotes incluíam capacidade de empatia interpessoal e muita ternura – a maioria da qual fora absorvida pela preocupação consigo mesmo. Fracassara no uso da capacidade de relacionamento; fora incapaz de abrir-se aos outros, de alcançá-los, de partilhar sentimentos e demais aspectos da experiência pessoal, com eles identificar-se e afirmá-los da maneira necessária à construção de um relacionamento duradouro. Em suma, o que lhe faltava era o exercício da capacidade de amar numa preocupação, ativa, franca com o bem-estar do outro, o partilhar do prazer e do gozo como um "eu" e um "tu", a comunhão de consciente com seus semelhantes. O demônio, neste caso no sentido construtivo, e reduzido aos termos mais simples, era a sua potencialidade de amar ativamente.

6
O demoníaco no diálogo

> Se ele (o alcoólatra) conseguir um dia descobrir a maneira de conceber, entre todas as possíveis que nos ocorrem, e se através de todos os obstáculos agarrar-se à ideia de que ser um bêbado é aquilo e nada mais, provavelmente não permanecerá bêbado por muito tempo. O esforço que fizer no sentido de conservar sem vacilações esse *nome* presente no espírito será seu ato de salvação moral.
>
> William James. *The Principies of Psychology*

Impossível adiar por mais tempo a desafiadora pergunta: como saber se, entre todo o atropelo de vozes que nos confunde, estamos de fato escutando o nosso *demônio?* "Vozes" interiores – ouvidas na realidade ou por metáfora – são notoriamente indignas de confiança; podem dizer qualquer coisa. Muita gente ouve vozes, mas Joanas d'Arcs há poucas. E que dizer dos pacientes esquizofrênicos que, orientados por suas vozes, pretendem bombardear Nova York?

O que impede a teoria do demoníaco de conduzir à anarquia? De que modo o indivíduo se salva da arrogância farisaica? O que tornou aquela frenética dança dos yorubás uma experiência integradora, em lugar de uma possessão demoníaca?

Está muito bem para Sócrates proclamar que seu demônio lhe manda importunar o Estado e depois desafiar o tribunal. Para ele talvez seja de fato integridade e honestidade. Mas para outros cidadãos igualmente dignos de Atenas deve ter soado muito diferente: que arrogância esmiuçar os negócios de todo mundo! Os "bons" cidadãos, sentindo que Sócrates lhes destruiria a tranquilidade, falam por influência de suas próprias tendências demoníacas, exatamente como o filósofo ao desafiá-los. E isto parece resultar em anarquia, sem qualquer princípio integrador. O demoníaco rompe a homeostase do consciente, proporcionando a Sócrates um apoio e exigindo o mesmo dos "bons" cidadãos. A homeostase rompida atrai a ira do povo sobre o destruidor, seja ele Sócrates em Atenas, seja um psicanalista contemporâneo. "Sócrates, como todos os heróis que descobrem novos mundos e fazem com que os antigos se desintegrem", escreve Hegel, "era experiente como destruidor; representava uma nova forma que rompe e solapa o mundo vigente"[1].

1. Spiegelberg, p. 236. Hegel vê o lado positivo da questão. A ameaça em Sócrates é não só o desastre, mas também "o princípio que inclui tanto o desastre como a cura", acrescenta Hegel.

Observemos que Hegel afirma que Sócrates representa uma nova *forma;* o que nos resta não é simplesmente o niilismo. E acrescenta, referindo-se ao assassinato de Sócrates pelo povo ateniense: "Estavam punindo uma força íntima deles próprios". Embora seja inevitável grande parte desse antagonismo, isso reforça a nossa responsabilidade em possuir critérios para julgar o nosso próprio demoníaco.

Diálogo e integração

O critério mais importante, que salva o demoníaco da anarquia, é o *diálogo.* O método do diálogo interpessoal – levado ao apogeu por Sócrates na Grécia, perpetuado há vinte e quatro séculos e usado de diferentes formas por quase todo psicoterapeuta contemporâneo – adquire agora mais importância, tornando-se muito mais do que uma simples técnica. Pois o diálogo supõe que o homem exista em relacionamento. O fato de ser possível – isto é, que em circunstâncias favoráveis possamos nos estender, colocar-nos um no lugar do outro – é, em si mesmo, uma coisa extraordinária. A comunicação pressupõe comunidade que, por sua vez, significa comunhão entre o consciente das pessoas que compõem essa comunidade. Trata-se de um intercâmbio significativo, independente do simples capricho individual: é um aspecto indispensável à estrutura do relacionamento humano.

Buber insistia em que a vida humana está no diálogo; e embora transforme esse ponto de vista numa teoria extremada – afirma que *somente* conseguimos conhecer o *self* através do diálogo – apresenta a metade crucial da verdade. A ênfase interpessoal de Sullivan na validação consensual demonstra também a importância central do diálogo e tem o mérito de dar relevância ao lado experimental e não ao simples diálogo. A palavra *logos* (estrutura significativa da realidade) é a âncora de *dia-logos.* Se conseguirmos falar de maneira expressiva sobre o demoníaco já nos encontramos no processo de integrá-lo na estrutura de nossa vida.

Sócrates estava convicto de que encontramos através do diálogo a estrutura da experiência e de que o indivíduo não vive à solta, por sua própria conta. Demonstra-o aos atenienses falando nas ruas e levando Meno, escravo totalmente sem instrução, a provar o teorema de Pitágoras simplesmente fazendo-lhe perguntas (*Meno,* Diálogos de Platão). Sócrates, ou talvez mais exatamente seu intérprete, Platão, acreditava que a verdade de tal teorema já existia na mente do escravo, em linha com a doutrina de "ideias" e reminiscências, e bastava "despertá-la" e a revelar. Embora argumentemos que Sócrates ali houvesse colocado o teorema por meio das perguntas sugestivas que fez, terminamos com a mesma verdade sob forma diferente, isto é, foi possível ao escravo ouvir as perguntas e concatená-las de maneira significativa. Compreender é possível, especificamente pela *estrutura da linguagem* e, de modo mais geral, pela *estrutura das relações humanas.*

A verdade existe tanto no indivíduo como nas estruturas universais, pois nós próprios participamos dessas estruturas. *Logos* fala não só pelas leis objetivas, como subjetivamente, através do indivíduo. Sócrates não era, portanto, nenhum relativista. "Creio nos deuses", proclama em sua Apologia, "e em sentido mais profundo que os meus acusadores".

É isso que torna tão importante o apoio de toda a comunidade à dança dos nativos yorubas. A dança une o indivíduo mais profundamente aos seus vizinhos e amigos, enquanto a possessão diabólica, pelo contrário, isola-o cada vez mais da comunidade. A primeira torna o demoníaco pessoal consciente, enquanto que a última, não só deixa inconsciente o demoníaco, como ativa toda uma cadeia de novos recalques. O demoníaco integrado impele para uma estrutura universal significativa, revelada no diálogo. A possessão demoníaca, pelo contrário, exige que ele permaneça impessoal. O primeiro é transracional; o segundo – a possessão demoníaca – é irracional e vence em virtude do bloqueio de processos racionais. O primeiro torna a vitalidade do demoníaco disponível para uso do *self;* o último *projeta* o demoníaco para fora do *self,* sobre alguém ou alguma coisa.

Outro importante critério por meio do qual o demoníaco evita a anarquia é o seu método de autocrítica. Ser orientado por seu próprio demônio exige uma humildade fundamental. As convicções pessoais conterão sempre um elemento de cegueira e autodistorção; a extrema ilusão é operar sob a presunção de que se está livre de ilusão. Na verdade, alguns sábios acreditam que a frase original grega "conhece a ti mesmo" significa "conhece que és apenas um homem". Isto sugere que aquilo a que se deve renunciar ou "superar", como dizemos em psicanálise, é a tendência, originária da infância, de agir como deus e a onipresente exigência de ser tratado como tal[2].

Os conceitos freudianos de resistência e recalque são descrições da profunda dificuldade do "conhece a ti mesmo". O conceito sartriano de "má-fé" e "boa-fé" é disso também exemplo – o dilema da autenticidade consigo mesmo está no fato de existir sempre algum elemento de autodistorção em nossos atos e crenças. O homem que julga estar "de boa-fé" encontra-se, neste ponto, de "má-fé"; e a única maneira de estar de "boa-fé" é saber que está de "má-fé", isto é, saber que existe um elemento de distorção e ilusão na própria percepção.

O problema moral não é uma simples questão de firmar-se nas próprias convicções e agir de acordo, pois as convicções de uma pessoa podem ser tão dominadoras e destrutivas, senão mais, do que simples posições pragmáticas. O problema moral é o inexorável esforço para *descobrir as próprias convicções e ao mesmo tempo admitir que nelas sempre haverá um elemento de autoengrandecimento e distorção.* É neste ponto que se torna essencial o

---

2. Sócrates designava a si mesmo pelo humilde símbolo de "parteiro", uma vez que sua função não era dizer às pessoas a verdade última, e sim delas a arrancar por meio de perguntas. Quanta ironia anda oculta por detrás da humildade de Sócrates ninguém conhece. De qualquer modo, ele teria descrito a função do psicoterapeuta em geral como o da parteira.

princípio socrático da humildade, tanto para os psicoterapeutas como para qualquer cidadão que preze a moral.

Na orientação demoníaca, o critério definitivo de validez é a pergunta sugerida no princípio de nossa definição do demoníaco: o modo de agir escolhido contribui para a *integração* do indivíduo total? Será que – pelo menos potencialmente – contribui para a expansão do *sentido interpessoal* de sua vida? E das vidas das pessoas que são revelantes para ele? Critério relativo é aquele necessário a qualquer julgamento de valores, o critério da universalidade: esta maneira de agir, caso adotada por outras pessoas (em princípio, toda a humanidade), contribuirá para tornar mais significativo o relacionamento interpessoal?

Pode ser de ajuda observar o que acontece quando não se sente o demoníaco no diálogo. Exemplos disso podem ser apontados em todas as nações em conflito. Revelado no indivíduo e no grupo, o demoníaco é *projetado* no inimigo, que deixa de ser visto como nação, com sua própria necessidade de segurança e poder, passando a ser o demônio, a personificação do diabo; nossas tendências demoníacas são nele projetadas. (Na América, isto é sublinhado pela tendência a ver-nos como um povo saído da Europa, que era a sede da injustiça, da pobreza, do pecado e da crueldade, a fim de construir deste lado do Atlântico uma sociedade que simbolizasse a justiça, a bondade, a afluência e o amor fraterno). Daí nossa tendência a ver em todo comunista um demônio, a identificar-nos com Deus, e não lutar em guerras e sim empreender cruzadas. Neste país, consideramos sucessivamente os russos, os japoneses e agora os vietcongs como a personificação do mal; por detrás de cada rochedo, um comunista ou japonês. O inimigo torna-se o portador dos elementos que recalcamos em nós mesmos. Combatemos o adversário sem compreender que lutamos contra nosso próprio *self*, embora negado. Esta projeção exige afirmação de honestidade aos próprios olhos por parte do grupo dominante, o que impossibilita quase totalmente uma negociação: negociar com o demônio é admiti-lo como igual; em princípio, neste caso, já se cedeu a ele.

Na guerra psicológica, é este o passo seguinte: *a imaginação e a visão ficam bloqueadas.* Da capital de qualquer nação pode surgir uma série de clichês, cada qual mais tênue do que o antecedente. Num plano, as pessoas não acreditam neles, mas em outro conspiram para crer. Cristalizam-se em sua obsessão demoníaca. Torna-se impossível para elas sequer *conceber* uma solução. Uma grande brecha separa as intenções da intencionalidade.

Este processo torna de novo *impessoal* o demoníaco, afastando do nosso controle todo esse domínio; o demoníaco volta ao que era antes: um impulso cego e inconsciente, desintegrado do consciente. Tornamo-nos então não só instrumentos da natureza, como instrumentos *cegos*. Isso é favorecido pelo mecanismo em círculo vicioso, presente tanto entre as nações como entre os neuróticos. Não aprendemos com a experiência; tomamos decisões claramente contra o nosso interesse e quando estas não funcionam, num gesto de autodestruição, tornamos a repeti-las. De visão e sensibilidade reduzidas, movimentamo-nos monoliticamente, direto para a frente, como o antigo dinossauro que não era capaz de aprender, cegos até aos nossos movimentos dinossaurianos.

Estágios do demoníaco

De início, sentimos o demoníaco na forma de um cego impulso que nos conduz à autoafirmação, como na raiva ou no sexo. Este cego impulso é original em dois sentidos: primeiro, é a maneira *original* de a criança sentir o demoníaco, mas é também o modo pelo qual o demoníaco instantaneamente agride a cada um de nós, independentemente de idade. O primeiro grito da criança é um símbolo de grande riqueza: é a resposta ao inicial que a vida lhe dá – uma palmada ministrada pelo bom médico que a traz ao mundo. Não só começa a vida gritando como, nas primeiras semanas, são indiscriminadas as suas reações aos estímulos. Talvez a criança se agite enfurecida, exigindo ser alimentada, portando-se como "um pequeno ditador", na expressão de Auden. Mas em breve tempo começa a sentir que algumas exigências funcionam, outras não. Os impulsos cegos são cada vez mais peneirados através do contexto daquilo que obtém com o que ela exige; e começa o longo processo de aprendizado, a gradual aculturação dos impulsos demoníacos. A criança nasce num grupo social e não sobreviveria mais que umas poucas horas sem aquela comunidade – não mais do que Édipo teria sobrevivido na colina se não houvesse sido encontrado pelo pastor – embora não possa compreender este fato durante muitos meses e até anos. Por mais alto que tenha sido o seu protesto a princípio, a criança precisa da mãe e dos que a rodeiam. O demoníaco ocorre dentro deste contexto social. Até que ponto será usado contra o grupo, para atacá-lo ou forçá-lo a inclinar-se as suas necessidades e desejos, e até que ponto e quando será usado como afirmação coletiva?

Adultos conservam a propensão para sentir o demoníaco como um cego impulso, como pura autoafirmação. Nos linchamentos e violência em massa de todas as espécies é necessário agitar a multidão antes que o ato seja realizado. Sentimos segurança em grupo, uma confortável impressão de estarmos completamente protegidos. Renunciamos à nossa consciência individual em benefício da "mentalidade do grupo"; sentimo-nos como que em transe, ou sob hipnose. Por mais civilizado que um indivíduo se orgulhe de ser, ou por mais que deplore a violência por parte de outros, é ainda assim obrigado a admitir ser capaz de tudo isso – senão, algo importante em seu caráter foi sufocado. O atrativo de entregar-se a uma multidão reside na excitação sem consciência individual – não mais alienação, senso de isolamento e o cansativo encargo da responsabilidade pessoal. Tudo é assumido pela "mentalidade de grupo", uma expressão fictícia que representa o mais baixo denominador comum. É isto que constitui o atrativo – de fato, às vezes uma horrenda alegria – da guerra e das sublevações de massa. Estas assumem nossa responsabilidade pessoal, individual, pelo demoníaco; e o fato de minha sentença estar no plural indica que devemos atribuir a ação a figuras anônimas. Numa sociedade como a nossa, que recalca o demoníaco, esses estados são bem-vindos pela segurança primitiva que proporcionam.

O demoníaco e o anonimato

Isso nos conduz à relação entre o demônio e o problema particular do homem ocidental contemporâneo, isto é, a tendência a ser absorvido pela massa, a perder-se em *das Man*. "O demoníaco é o anonimato", declara Paul Ricoeur[3]. O demoníaco impessoal torna-nos a todos anônimos – a natureza não faz distinção entre mim e qualquer camponês ignorante, que é também seu instrumento no implacável impulso para a autoevolução, que copula, que gera para perpetuar a raça e que sente ira o bastante para manter-se vivo a fim de servir como procriador da natureza. Falando do ponto de vista psicanalítico, o demônio em forma de id.

Em nossa sociedade burguesa e industrializada, a maneira mais eficaz para fugir ao demoníaco é perder-se na multidão. Esta é a reação ao demoníaco que o *dispersa*. Vemos na televisão os mesmos programas de assassinato e violência vistos por milhões de outros telespectadores;

---

3. Professor Paul Ricoeur, em conversa particular comigo.

ou então ingressamos no exército e matamos não por nós mesmos, mas pelo nosso país e pela "liberdade". Este conformismo e anonimidade nos aliviam da responsabilidade de nossos impulsos demoníacos, ao mesmo tempo que garantem sua satisfação. Mas asseguram também que *o demoníaco permanecerá impessoal.* Indispõe as forças demoníacas para a integração individual; o preço que se paga é a perda da oportunidade para desenvolver os talentos de maneira singular.

A dispersão do demoníaco por intermédio do impessoal tem efeitos graves e destruidores. Na cidade de Nova York não é considerado estranho que seres humanos anônimos, isolados em compartimentos, sejam com frequência ligados a crimes violentos e ao vício de drogas. Não que o indivíduo anônimo esteja *sozinho;* vê milhares de pessoas por dia e conhece os nomes, sorriso, idiossincrasias de todas as personalidades famosas que entram, via TV, no seu apartamento de peça única. Elas tagarelam no vídeo com um jeito de "somos todos amigos", convidando-o a reunir-se a elas e sutilmente supondo que o faça. Conhece-as a todas. *Mas ele próprio jamais é conhecido;* seu sorriso é invisível; suas idiossincrasias não são importantes para ninguém; seu nome é desconhecido. Permanece um estranho, que entra e sai do *subway* junto com dezenas de milhares de outros estranhos anônimos. Há nisso tudo uma tragédia profundamente despersonalizadora. A mais severa punição que Javé infligia ao seu povo era apagar-lhe o nome. "Seus nomes", proclama Javé, "serão riscados do livro dos vivos"[4].

Esse anonimato jamais rompido, esse isolamento, transformam-se em solidão. Pois dúvidas – "não existe de verdade, uma vez que não afeto pessoa alguma" – corroem-lhe o íntimo; ele vive, respira e caminha numa solidão sutil e insidiosa. Não é surpreendente que arranja um revólver e o aponte a algum passante – também anônimo para ele. E não é para admirar que jovens, elementos anônimos da sociedade, reúnem-se em bandos nas ruas para atacar violentamente, a fim de tornar sentida a sua afirmação.

A solidão e sua enteada, a alienação, podem tornar-se formas de possessão demoníaca. Render-se aos impulsos demoníacos individuais nos impele a um anonimato também impessoal; servimos aos propósitos grosseiros da natureza no mais baixo denominador comum, que com frequência significa violência.

Há uma outra forma de possessão demoníaca que é a expressão normal da sociedade, numa parte, pelo menos, desta necessidade. Trata-se do curioso fenômeno do carnaval e dos bailes de máscaras. Eis o *cultivo* do fascínio demoníaco no anonimato – não sabemos a quem pertencem os olhos da pessoa que nos arrebata, ou a quem arrebatamos para dançar. Ficamos momentaneamente livres da perpétua responsabilidade – muitas vezes cansativa – de controlar nossa conduta pessoal. A mascarada,

4. Ex 32,33; Sl 69,28; Rev. 3,5.

o carnaval e o *fasching* são as formas pelas quais a sociedade nos permite temporariamente voltar à liberdade do demoníaco no anonimato. Segundo minhas recordações dos tempos em que vivia nos países mediterrâneos, o carnaval antes da Quaresma era uma grande e deliciosa forma de desabafo, proporcionando uma catarse parecida a dos festivais dionisíacos dos antigos atenienses. Esta forma cultural do demoníaco parece desafogar os impulsos de violência. Faz parte da essência do prazer excitante desse abandono, porém o fato de ser temporário, sancionado pela comunidade e partilhado por todos. Oásis de livre abandono ao demoníaco, esses bailes de máscara só existem no contexto mais amplo da catarse comunitária e aprovação social.

O estágio seguinte, após o impessoal, tanto no desenvolvimento da criança como na experiência imediata do adulto, é tornar pessoal o demoníaco. Ser humano significa existir no limite entre o anônimo e o pessoal. Se conseguirmos canalizar o demoníaco nos tornamos mais individualizados; se o dispersarmos, nos tornamos anônimos. A tarefa do homem, em virtude do aprofundamento e ampliação de seu consciente, é integrar em si mesmo o demoníaco. Tornar pessoa o anônimo exige tomar posição contra a tendência do demoníaco para impelir-nos ao anonimato. Isto significa ampliar nossa capacidade de romper a cadeia automática de estímulo e reação; podemos então, até certo ponto, escolher a que reagir e a que não reagir. Se a formação familiar foi severa, ou se houve experiências traumáticas a ela associadas, todo o impulso demoníaco pode ser bloqueado. Não haverá *nenhuma* sensação de ordem sexual e, em alguns casos, *nunca* se manifestará ira; está pronto o cenário para a futura possessão demoníaca – e derradeira explosão. Pois tais impulsos não dormem; se não forem expressos, positivamente explodirão ou serão projetados sobre qualquer inimigo da pessoa ou do grupo. O importante aqui é aprender a não permitir que nossa vontade "seja ceifada pelo pálido molde do pensamento e perca o nome de ação", e integrar a força demoníaca sem destruir nossa espontaneidade. Isto é possível na nova dimensão de consciente de que falei.

Assim, o demoníaco torna-se o demônio pessoal, o padrão particular de ser que constitui meu próprio centro e neste sentido individualiza. Podemos compreender assim como, num indivíduo de tamanha estatura como Sócrates, o demônio possa ser uma orientação interior: é a voz do relacionamento do ser, Sócrates, com o Ser total de que ele participa.

Mas tendo tomado conhecimento do fato de que existem critérios racionais para se julgar o demoníaco, não podemos esquecer a questão central e mais complexa: é impossível tornar o demoníaco totalmente racional. Ele será sempre caracterizado pelo paradoxo inerente ao fato de ser ao mesmo tempo potencialmente criador e destruidor. Esta é a questão mais importante com que se defronta a psicoterapia moderna e também a mais decisiva – pois nela se apoia o duradouro êxito e a sobrevivência da terapia. Se tentarmos evitar o dilema do demoníaco, conforme muitos terapeutas, consciente ou inconscientemente, fazem, ajudando o paciente a ajustar-se à sociedade, oferecendo-lhe certos "hábitos" que julgam ser melhores para ele, ou modificando-o de maneira a ajustar-se à cultura, estaremos inevitavelmente manipulando-o. Rilke tem razão: quem renuncia aos seus demônios perderá também os anjos.

O demoníaco, que faz parte de eros e sublinha tanto o amor como a vontade, age como um lembrete junto à nossa consciência, atirando-nos a contínuos dilemas. O aprofundamento e ampliação do consciente que procuramos na psicoterapia não consiste na solução de tais dilemas – o que seria impossível, de qualquer maneira – e sim na sua confrontação, de tal modo que nos elevemos a um nível superior de integração pessoal e interpessoal.

O demoníaco e o conhecimento

O conhecimento é outra expressão do demoníaco. A aura mística que, na mente da maioria das pessoas, rodeia o físico, o psiquiatra, ou o psicólogo compõe-se tanto de respeito como de desconfiança. É uma forma contemporânea de velhos fenômenos em que acreditaram não só os homens primitivos como todos os povos através da história; esse conhecimento concede uma arma demoníaca sobre os demais. Se eu possuo algum conhecimento especial sobre você e seu mundo, que você próprio não possui, tenho um poder sobre sua pessoa. Pode tratar-se de um fato muito simples, como eu saber, e você não, que algo funciona; mas fundamentalmente é muito mais complexo: desliza sempre pelos limites da participação na crença primitiva de que esse conhecimento me proporciona uma força mágica. Parte da animosidade contra psiquiatras e psicólogos, e em especial contra os psicanalistas (que, como disse Freud, têm que desafiar os demônios, e seria espantoso se saíssem incólumes), emana desse temor profundamente enraizado. Os membros de tais profissões, é o que pensa muita gente, têm um conhecimento da vida e da morte que os outros não possuem. Assim, existe uma tendência para num dia agarrarem-se a elas como se fossem deuses, e no outro combatê-los como se fossem demônios.

O conhecimento é também a nossa fonte de liberdade e segurança. "A verdade liberta"[5]. Mas, ao dar ênfase à aquisição de conhecimentos, supomos tratar-se de algo que caminha num só sentido: quanto mais conhecimento melhor; e esquecemos a sua ambivalência, a sua dupla característica: o conhecimento é também perigoso. Ouvimos tanta coisa hoje em dia – o saber acarreta poder, segurança, sucesso financeiro, etc. – que esquecemos o fato de que o próprio vocábulo relativo à sua aquisição, "preender", é o mesmo que serve para o temor, "apreensão". Consultando o Webster descobrimos que as definições de apreender são "perceber, reconhecer o significado de compreender"; e a seguir encontramos "antecipar com

5. Jo 8,32.

ansiedade, temor ou medo". O mesmo se refere à "apreensão" – primeiro significado: "captação pela mente", seguido de "desconfiança ou temor de mal futuro"[6].

Não pode ser por simples acidente que, entretecido na própria trama da nossa linguagem, se encontre este relacionamento entre o conhecimento e o demoníaco. "Como é perigoso saber", podemos dizer com Édipo. "Mas preciso saber, nada menos". É perigoso saber, porém mais ainda ignorar.

Menos que ninguém o psicanalista pode esquecê-lo. Os pacientes procuram-no ostensivamente de braços abertos, em busca da revelação de si mesmos. Mas pobre do terapeuta que os tome ao pé da letra! Todo o significado de resistência e recalque é prova da ansiedade e da dor que acompanham tais revelações. Eis uma das razões por que é conveniente que o paciente pague pelas sessões; se pouco aceita quando paga, não aceitará coisa alguma que lhe seja dada de graça! Isto nos proporciona um novo *approach* dos conceitos de resistência e recalque, que revelam a inevitável necessidade de ocultar a verdade a respeito de si mesmo. Permanece eternamente de pé a indagação: *qual o grau de autoconhecimento que o ser humano pode suportar?*

Édipo é o protótipo do homem que adquire conhecimento de si mesmo e paga por ele o extremo tributo. Bem cônscio da ameaça, exclama: "Oh, tenho horror de saber,

---

6. *Webster's Collegiate Dictionary.*

mas devo tudo ouvir". Tirésias tenta dissuadi-lo da busca – "Como é terrível saber quando nenhum bem resulta do conhecimento". A questão, no drama, é: Édipo saberá o que fez? Édipo saberá quem é e quais as suas origens? Não é preciso um Freud para apontar que todo mundo comete tais atos, na fantasia, senão na realidade. Na realidade por meio da guerra e da violência organizada. De fato, a única diferença entre Édipo e o resto da humanidade é que ele enfrentou e admitiu o que havia feito, apesar de todas as tentativas para persuadi-lo do contrário. Até sua mulher, Jocasta, unindo-se ao consenso geral, afirma ser preferível que ele permaneça na ignorância; a fim de demonstrar que considera isso um princípio geral de vida, ataca todos os adivinhos e os que levam a sério os mitos e o demoníaco: "Afaste-se dessa gente", exorta ao marido; sonhos não devem ser levados a sério e é melhor "viver tão despreocupado quanto possível ao homem". Quando finalmente percebe a verdade (e é importante ter em mente que ela a ignorava quando aconselhou Édipo a não investigar sua origem) gritou desesperada: "Deus o proteja do conhecimento de sua origem!"

Mas Édipo é herói precisamente por não permitir que Tirésias, sua mulher, ou Deus, ou qualquer criatura, seja um obstáculo ao conhecimento de si mesmo. É herói por enfrentar sua própria realidade. E não deixa de gritar de dor – ele o faz, de vez em quando. Mas repete: "Não me deterei até saber de tudo". Sabe também que não existe falso heroísmo: "Maldito seja o homem que tirou as cruéis cadeias de minhas pernas, quando estava deitado no campo". Embora amaldiçoe a infância que lhe deu tal destino, olha-a de frente e destrói a si mesmo no processo: soberano relativamente feliz e bem-sucedido, transformado num velho cego, amargo, exilado em Colonus. *Mas sabe.* E, note-se, esta coragem para saber, com todas as suas possibilidades destrutivas, encontra-se na mesma pessoa que é capaz de responder ao anigma da esfinge, aquela que *sabe o que é o homem.*

Os homens vêm tentando, através dos tempos, por intermédio dos mitos, revelar uns aos outros esta conexão entre conhecimento e demoníaco. No Fausto, de Goethe, o herói sente o impulso avassalador para dominar o saber e vende a alma a Mefistófeles, achando leve o preço – o que constitui a maneira de Goethe e do mito dizerem que ceder à paixão infinita de saber já é pertencer ao mundo do demônio. Adão e Eva são expulsos do paraíso porque, tendo comido o fruto da árvore do bem e do mal, possuíam *conhecimento,* o que os tornava imortais, como os deuses. O mito reflete o desabrochar da mente humana e revela que esta mente inclui o demoníaco. O mito de Prometeu tem significado paralelo: ao revelar as artes culturais aos homens – a linguagem é aí elemento central – coloca-se contra os outros deuses e incorre em eterno tormento.

Minha finalidade é dizer que quanto mais reconhecido é o demoníaco, tanto mais seremos capazes de utilizar o conhecimento que adquirimos em benefício nosso e de toda a humanidade.

Denominando o demoníaco

Chegamos agora ao lado positivo, salutar, do papel do conhecimento em relação ao demoníaco. "No princípio era o Verbo", e o Verbo tem sempre uma relação fascinante e complexa com o demoníaco. Referindo-se à inclinação do alcoólatra para fugir ao seu problema dando-lhe mil outros nomes, exceto o verdadeiro, William James, em sentenças profundas citadas no começo do capítulo, fala sobre os resultados salutares do paciente ousar dar o nome correto ao seu problema. "O esforço que fizer no sentido de manter sem vacilações esse nome presente no espírito será seu ato de salvação moral"[7].

Tradicionalmente o homem vence o demoníaco denominando-o. Dessa maneira o ser humano cria um *sentido pessoal* com o que era anteriormente um ameaçador *caos impessoal.* Basta lembrar a crucial importância histórica de conhecer a denominação particular do demônio a fim de expulsá-lo. No Novo Testamento, Jesus brada "Belzebu!", ou "Legião!", ou qualquer outro nome provavelmente correto, e o demônio, ou demônios, deixa imediatamente o infeliz possesso. Os sacerdotes que conseguiam expulsar os demônios na Idade Média eram os que adivinhavam seus nomes. Pronunciá-lo bastava para conjurar e expulsar o mau espírito.

Nomes são sagrados. A denominação dá poderio sobre a outra pessoa ou coisa. No Gênese, Deus confia ao homem

---

7. James, I, p. 565. Grifo do autor.

a responsabilidade de dar nome aos animais. Na antiga Israel, os judeus não podiam pronunciar o nome de Deus – Javé ou Jeová significa "sem nome" e é um recurso utilizado para referir-se a Deus sem pronunciar-lhe o nome.

Graças ao meu trabalho clínico, cheguei à conclusão de que este poder especial das palavras, ilustrado pela proibição de denominar, tem uma relação muito importante com o problema clínico do bloqueio do escritor. Em todas as culturas existe uma ambivalência fundamental: são as palavras que distinguem o homem do resto da natureza, mas constituem também um perigo para quem com elas ousa lidar. Escritores que se submetem à terapia exclamam às vezes: "Se eu escrever serei assassinado!" Na tradição judia, conforme demonstram os estudos talmúdicos, a ênfase sobre as palavras tem especial significado. É possível que o bloqueio do escritor tenda a ameaçar com mais frequência as pessoas educadas segundo a tradição judia.

Uma das mais remotas e fascinantes narrativas da luta com o demoníaco e a importância dos nomes está no combate de Jacó com o "anjo", no 23º capítulo do Livro do Gênese. Trata-se da inimizade entre Jacó e seu irmão Esaú: Jacó soubera que o irmão se aproximava com quatrocentos homens. Nesse contexto encontramos o problema ambivalente, amor-ódio contra os dois. Há também uma crise da vontade: certo de que seria derrotado no dia seguinte, Jacó viu-se tentado a capitular. Este último problema agravou-se em consequência de sentimentos de culpa – há anos roubara a Esaú seu direito de primogenitura. A história ilustra como a culpa e a ansiedade – "Jacó estava muito perturbado e com medo" – despertaram o conflito com o demoníaco. E esse conflito pode ser também considerado em termos de luz e trevas: Esaú era "escuro", hirsuto, o estrangeiro, o caçador, o forasteiro, comparado a Jacó, fazendeiro e semeador.

Assim, Jacó deixou suas esposas e filhos à margem do rio, naquela noite, e atravessou para o outro lado, a fim de meditar e reunir forças para a prova crucial que o aguardava no dia seguinte. Ali, narra o Gênese, "lutou a noite inteira com um homem". A identidade do adversário, como é típico em tais ocasiões, é obscura. Seria algum preconceito *subjetivo,* uma fantasia? um temor? Ou – para tornar a coisa mais *objetiva* – seria um aspecto do destino, a perspectiva da morte iminente, algo que Jacó não procurou por si mesmo, mas que a vida lhe impôs e com o qual precisava defrontar-se? Claro que se tratava de ambos.

Mas na história, a identidade do adversário permanece encantadoramente ambígua: embora descrito a princípio como um "homem", alguns comentaristas afirmam que se tratava de Miguel, o arcanjo. Existe uma passagem posterior no Livro de Oseias descrevendo o mesmo incidente, onde dois vocábulos são usados em paralelismo para este ser: *Malak* e *Eloim*[8]. O primeiro significa primordialmente mensageiro; e o segundo, Deus (ou deu-

8. Devo esta observação a Thomas Laws, da Universidade de Colúmbia.

ses). Em hebreu, esses primitivos "demônios" (se me permitem usar meu próprio termo) representavam regularmente seres de *status* indeterminado, devendo sua identidade à conexão com algum particular evento, o que é correto, supondo-se que o demoníaco consiste num relacionamento todo especial entre o ser humano e um acontecimento significativo.

Mas não há dúvida quanto ao seguinte: estudando o incidente, descobrimos que a identidade do "homem" torna-se cada vez mais divina, até que na última parte da luta o adversário é designado como o próprio Deus. Esse homem-deus forma um paralelo com o demiurgo Eros, que partilha tanto da mortalidade como da imortalidade.

Quando o demônio descobriu que não podia vencer Jacó na luta agrediu-o na coxa, aleijando-o. Mas Jacó resistiu ainda. Finalmente o demônio implorou: "Deixe-me ir, pois o dia está raiando". Jacó respondeu: "Só o libertarei se me abençoar". Jacó, o insistente, o pai de sua raça, não pede a Deus que se *digne* abençoá-lo, não *implora* a bênção – *exige-a*. Observemos agora que importância têm os nomes! O demônio pergunta: "Qual o teu nome?", e ao ouvir "Jacó" proclama: "Teu nome não mais será Jacó e sim Israel, pois lutaste com o Senhor e com os homens e venceste". Jacó, para quem não existem a delicadeza e o decoro quando a questão é crítica como naquele instante, exige: "Diz-me, peço, teu nome". O caráter demoníaco do adversário vem à luz no fato de que se limita a devolver a pergunta, conservando ambígua a sua identidade: "Por que indaga meu nome?" E ,então abençoa Jacó. Seu novo caráter, forjado na luta com o demônio, é selado pelo novo nome Israel, que significa literalmente: o-que-luta-com-Deus[9].

Antes que Jacó abandone o local dá outro exemplo da importância dos nomes e do demoníaco modificando a denominação do local onde se deu a luta: "E ele chamou o lugar de Peniel, pois vi Deus face a face e a minha vida foi preservada" (Gn 32,30). Isto novamente demonstra a assertiva que nos impõe o demônio: a velha herança hebraica dizia que o homem que visse a Deus morreria. Jacó rompe esta convenção: por sua própria insistência não só vê a Deus como luta com ele. E vive.

Se considerarmos demoníaca a luta do homem com as forças do seu inconsciente que, ao mesmo tempo estão enraizadas no mundo objetivo, compreenderemos como este conflito emergiria mais depressa, tornar-se-ia mais exigente para Jacó precisamente no momento em que estava iminente sua luta com Esaú. O demoníaco tem mais tendência a revelar-se quando nos debatemos com um problema íntimo; é o conflito que traz as dimensões inconscientes para mais perto da superfície, onde pode ser explorado. O conflito pressupõe uma necessidade de mudança, uma modificação na *Gestalt*, no íntimo da pessoa; luta-se por uma nova vida, por assim dizer, e isto abre os canais da criatividade.

---

9. A Santa Bíblia, ed. revista (Nova York. Thomas Nelson, 1952), Gn 32,30, p. 34.

Jacó é o protótipo do homem religiosamente criativo; mas o mesmo é exato dos artistas e escritores. "A necessidade de expressar-se pela escrita", diz André Maurois, "nasce do desajuste com a vida, ou de um conflito interior, que o... homem não pode resolver através da ação"[10]. Escritor algum escreve por ter encontrado a resposta do problema; escreve por ter um problema e *querer* uma solução. A solução consiste não numa resolução, e sim na *dimensão mais profunda e ampla da consciência, à qual o escritor é levado em virtude de sua luta com o problema.* Criamos graças a um problema; o escritor e o artista não apresentam respostas, mas criam ao sentir em si mesmos algo que tenta agir – "buscar, encontrar e não ceder". A contribuição do livro ou da pintura ao mundo está no processo da busca.

Mas existe um aspecto final da história que deixa a pessoa perplexa – Jacó é ferido. A narrativa conta que ele se afastou claudicando; torna-se um aleijado. O paralelo com a relação sexual torna-se bastante claro: Jacó foi ferido na coxa. No orgasmo existe uma combinação de dor e êxtase; uma entrega de si mesmo, que é muitas vezes sentida como algo arrancado do próprio âmago.

Mas isto se refere mais amplamente à experiência criativa como um todo. E a esse aspecto curioso e perturbador do momento criativo, seja na arte, no pensamento, na ética ou – como no caso de Jacó – na religião. Esse aspecto da experiência criadora que açambarca o ser hu-

10. *The New York Times,* 10 de outubro de 1967, p. 42.

mano total, exige um esforço e nível de consciente que ele ignorava possuir e o deixa ferido. O indivíduo completa o trabalho criador amplamente aliviado e mais pessoal do que antes – mas também *mutilado.* Ouvimos dizer muitas vezes após o término de uma tarefa arrasadora que levou anos para completar-se: "Jamais voltarei a ser o mesmo". É a dor da luta a iminência de uma crise neurótica ou esquizofrênica, embora simultaneamente a pessoa seja mais humana após a luta. Van Gogh ficou assim mutilado; Nietzsche igualmente; e o mesmo deu-se com Kierkegaard. É o perigo da mente aguçada, com o qual vive a pessoa criativa. Homem algum verá a Deus e sobreviverá; mas Jacó viu a Deus – tinha que vê-lo – e viveu, embora mutilado. Tal é o paradoxo da mente. Até que ponto o homem pode suportar o conhecimento de si mesmo? A criatividade não o levará às fronteiras do consciente, impelindo-o mais além? E isso não exigirá um esforço e uma coragem que ultrapassem a capacidade humana? Mas também não ampliará as fronteiras da mente, de modo que os que vierem após, como os exploradores da América primitiva, poderão erguer cidades e nelas viverem? Eis o mistério. A melhor explicação parece ser a seguinte: no ato criador o indivíduo afasta-se da inocência da criança, ou do estado virginal de Adão e Eva. Amplia-se a brecha entre o "essencial" e o "existencial". A sabedoria do título de Thomas Wolfe – *You can't go home again* (Não se pode voltar ao lar) – grava-se mais profundamente no ser (do homem criativo).

No aprofundamento do consciente necessário ao ato plenamente criador, como no caso de Blake, Nietzsche, Kierkegaard, Ibsen, Tillich e outros que desafiaram a posição de Deus – a esquizofrenia e o ato criativo andam de mãos dadas. E o indivíduo pode oscilar de um para outro. Pode-se ler toda a história nos olhos da pessoa que "lutou com Deus e com o homem e prevaleceu". Afirmação e dedicação são simplesmente necessárias para se atingir essa fronteira e, embora seja possível alcançar uma autêntica autorrealização, a pessoa sai ferida no processo.

Denominando o demoníaco em terapia

Na denominação do demoníaco existe um óbvio e interessante paralelo com o poder de denominação da terapia médica e psicológica contemporânea. Há sempre um dia em que percebemos todos o quanto ficamos aliviados, ao procurar um médico por causa de um mal-estar, dele ouvindo o nome da doença. Baseado nessa denominação do vírus, do germe, ou processo doentio, o médico procede então a dizer uma ou duas coisas sobre o mal.

Algo mais profundo que nosso simples alívio pelo fato de o médico prever uma cura rápida ou não ocorre nesse fenômeno. Há alguns anos, após semanas de mal-estar indeterminado, eu soube por um especialista que estava com tuberculose. Lembro-me de ter ficado nitidamente aliviado, *embora estivesse plenamente cônscio de que naquele tempo a medicina nada podia fazer para curar a doença.* Diversas explicações ocorrerão ao leitor. Poderá acusar-me de ter ficado contente por transferir a minha responsabilidade; ou dizer que qualquer paciente se tranquiliza quando se entrega à autoridade do médico; e que a denominação da doença dela retira todo o mistério. Mas estas explicações são demasiado simplistas. Mesmo a última – a denominação reduz o mistério – revela-se, a um exame mais profundo, uma ilusão: Para mim, o bacilo, vírus ou germe continuava o mistério de sempre, e o bacilo tubular era ainda um mistério inclusive para o próprio médico.

O alívio advém, antes, do *ato de enfrentar o mundo demoníaco da doença por meio de denominações.* O médico e eu estamos juntos, ele mais conhecedor do do que eu da nomenclatura naquele purgatório, e portanto meu orientador técnico para o inferno. O diagnóstico (*diagignoskeirt,* literalmente "saber através") pode ser considerado, de um lado, como a forma moderna de denominar o demônio maldoso. Não que a informação racional sobre a doença seja importante; mas os dados racionais constituem para mim algo mais significativo que a própria informação. Torna-se o símbolo de uma evolução para um novo modo de vida. Os nomes são símbolos de determinada atitude que devo assumir em relação àquela situação demoníaca da doença; a desordem expressa um mito (um padrão total de vida) que me comunica o modo pelo qual devo agora me orientar e organizar minha vida. O mesmo acontece no caso de duas semanas de resfriado, ou doze anos de tuberculose; a *quantidade* de tempo não importa. É a qualidade da vida. Em suma, a imagem pela qual me identifico modifica pelo contato com o mito que retrata o demoníaco no processo natural da doença. Se eu conseguir vencê-la, serei em parte um novo ser e poderei, com justiça, iniciar-me numa nova comunidade e receber um novo nome[11].

O paralelo desse fenômeno com a psicoterapia é ainda mais próximo do que com a medicina. Muitos terapeutas, como Allen Wheelis, referem-se ao seu trabalho como uma *"denominação do inconsciente"*. Todo terapeuta impressiona-se, de hora em hora, com o estranho poder que o nome dos padrões ou complexos psicológicos têm sobre o paciente. Se sugere que este tem medo de suas recordações "primárias", ou sofre de um "complexo de Édipo invertido", ou que está zangado com o chefe por uma questão de "transferência", ou que a razão de não poder falar naquela manhã é "resistência", se pronuncia uma destas senhas, surpreende-se ao ver como as palavras, por si mesmas, parecem fazer bem ao paciente. Este relaxa e age como se já houvesse alcançado algo de grande valor. Na verdade, é possível caricaturar a psicanálise, ou terapia de qualquer espécie, declarando que o paciente paga para ouvir algumas palavras mágicas, e sente que obteve a compensação

11. Quando um príncipe é coroado rei, ou um papa nomeado, ele assume uma nova personalidade e recebe novo nome. Em nossa cultura, quando uma mulher se casa, assume o nome do marido, refletindo simbolicamente sua nova condição.

pelo dinheiro gasto se ouvir alguns termos esotéricos. Esse alívio parece ter as características da "magia". Mas isto – espantalho fácil de ser erguido pelos inimigos da psicanálise – é um arremedo e não terapia autêntica.

Argumentou-se que o alívio sentido pelo paciente é devido ao fato de a "denominação" libertá-lo, aliviá-lo da responsabilidade, lançando a culpa sobre um processo mecânico: não foi ele quem agiu, foi o seu "inconsciente". Existe aí alguma verdade objetiva. A maioria dos pacientes assume demasiada responsabilidade pelos erros, mas não bastante por aquilo em que pode interferir. Além do mais, do lado positivo, a denominação ajuda o paciente a sentir-se aliado a um vasto movimento, que é a "ciência"; também já não fica tão isolado, uma vez que tanta gente tem o mesmo problema. A denominação assegura-lhe que o terapeuta está nele interessado e inclinado a orientá-lo através daquela provação. Dando um nome ao problema, o terapeuta faz o mesmo que dizer: "Seu caso é conhecido, tem causas; você pode estudá-lo objetivamente".

Contudo, o maior perigo no processo terapêutico reside precisamente nisso: a denominação dada ao paciente poderá ser usada não como uma contribuição para mudança, mas como sua substituta. O paciente talvez se coloque de lado, obtendo uma segurança temporária graças ao diagnóstico, às etiquetas, à conversa sobre sintomas, sentindo-se depois isento da necessidade de utilizar a vontade na ação e no amor. Isto favorece a defesa central do homem moderno, isto é, a intelectualização – utilizar palavras como substitutas dos sentimentos e da experiência. Mas a palavra corre sempre o risco tanto de *encobrir* como de revelar o demoníaco.

Outras formas de terapia, inclusive a lobotomia, são também capazes de "afastar" o demoníaco. O Dr. Jan Frank, estudando 300 pacientes antes e depois de se submeterem à operação, apresenta um pungente exemplo. "Um dos meus pacientes, um médico esquizofrênico, lamentava-se antes da operação de um frequente pesadelo, no qual se via numa arena, rodeado de animais selvagens. Após a lobotomia, os leões deixaram de rugir e amedrontá-lo, passando a caminhar silenciosamente"[12]. Ao ler isto senti um vago mal-estar e em breve percebi que o que se afastava silenciosamente da vida desse homem era uma potencialidade considerada preciosa e que por conseguinte ele ficara empobrecido.

É o fracasso e não o êxito quando a terapia adormece o demoníaco, tranquiliza-o, ou deixa de confrontá-lo de outras maneiras. As Fúrias, ou demônios, são chamadas, na *Oresteia* de Ésquilo, "perturbadoras do sono". No drama, arrastam Orestes à loucura temporária, após o assassinato de sua mãe. Mas quando a pessoa se detém a meditar no assunto, percebe que se o herói houvesse dormido profundamente no mês que se seguiu ao assassinato, algo de tremenda importância estaria perdido. O sono só é possível depois que o padrão destino-culpa-responsabi-

12. Jan Frank, "Alguns aspectos da lobotomia sob estudo analítico", *Psychiatry,* vol. 13, fevereiro de 1950.

lidade pessoal é resolvido por nova integração, como no último drama da trilogia, *As Eumênides.*

Quando Orestes é inocentado pelo júri, Apolo exige o expurgo das Fúrias – os demônios que constituem os espíritos simbólicos da ira, da vingança, da represália. Apolo fala como representante da racionalidade altamente respeitada; vive segundo o equilíbrio lógico, as fórmulas aceitas e o controle civilizado. Argumenta que essas Fúrias primitivas e arcaicas, – porta-vozes do id irracional, se é que tal existe – que atormentavam os homens à noite não os deixando dormir ou descansar fossem banidas da terra.

Mas o que Apolo não vê, e o que Atena precisa apontar-lhe com insistência, é que ele pode ser tão cruel e implacável em seu afastamento intelectual como as Fúrias em sua ira primitiva. Atena, que concilia polos opostos no seu ser (simbolizados pelo fato de que "mãe alguma... a gerou")[13], demonstra grande sabedoria ao recusar Apolo:

> Contudo, também (as Fúrias) têm seu trabalho. Não as podemos afastar e se a ação transcorrer de modo que elas deixem de vencer, o veneno de sua resolução voltará a infectar o solo e adoecer toda a minha terra até a morte. Eis o dilema. Permitindo que fiquem, ou as expulsando, ambas as resoluções são difíceis e magoarão[14].

13. Ésquilo, The Eumenides, em *The Complete Greek Tragedies,* p. 161.
14. Ibid., p. 152.

Atena enuncia assim um *insight* psicoterapêutico de Freud na era vitoriana, uma lição, aliás, que infelizmente não aprendemos até hoje: se recalcarmos o demoníaco, descobriremos que suas forças voltarão para nos "adoecer"; enquanto que, se as deixarmos permanecer, teremos que lutar a fim de atingir um novo plano de consciente e integrá-las para não sermos dominados pela força impessoal. E (que moto sincero para ser colocado num gabinete de psicoterapia!) *em ambos os casos sofreremos.*

Mas neste drama, o ato de aceitar o demoníaco abre também caminho para o desenvolvimento da compreensão e da compaixão humanas e até levanta o nível da sensibilidade ética. Atena procura persuadir as Fúrias a permanecerem em Atenas e aceitarem seu papel de respeitáveis guardiães da cidade. Aceitando-as, recebendo-as bem, a comunidade se enriquece.

Volta então a nós o muito honrado símbolo, como acontece ao desabrochar de um novo tipo de ser – *as Fúrias mudam de nome.* São, daí em diante, chamadas *Eumênides,* o que significa literalmente "operárias da graça". Que maneira eloquente e profunda de proclamar que o odiado demoníaco pode ser guardião e veículo da graça!

Chegamos agora ao derradeiro significado de demoníaco no diálogo. Que queriam dizer os antigos com "Verbo", que tinha poder sobre os demônios? Referiam-se a logos, a estrutura significativa da realidade, que é a capacidade humana de criar a forma e que existe sob a sua aptidão tanto para a linguagem como para o diálogo.

"No princípio era o Verbo" é exato experimental e teologicamente. Pois o início do homem como homem, em contraste com o macaco ou o bebê pré-autoconsciente, é a aptidão para a linguagem. Verificamos que algumas das importantes funções da terapia apoiam-se em aspectos fundamentais da estrutura da linguagem; o Verbo revela o demoníaco, força-o a manifestar-se, de modo a podermos enfrentá-lo diretamente. O Verbo concede ao homem força sobre o demoníaco.

Esta Palavra é comunicada, em suas formas originais e vigorosas, por meio de símbolos e mitos. É importante não esquecer que qualquer processo terapêutico – até a questão de enfrentar um simples resfriado – é um mito, um modo de considerar e avaliar o próprio *self* e corpo em relação ao mundo. Se a doença não alterar a minha imagem de mim mesmo, o meu *mito* pessoal, não terei destilado do trauma da moléstia a oportunidade para um novo *insight* de mim mesmo e de minhas possibilidades de autorrealização na vida. E não conseguirei coisa alguma que se pareça com uma "cura".

Vimos que no início o demoníaco é impessoal. Sou impelido pelo clamor das gônadas e do temperamento. O segundo estágio consiste no aprofundamento e ampliação do consciente, por meio do qual torno *pessoais* meus impulsos demoníacos. Transforma o apetite sexual na motivação de amar, ser amado pela mulher que desejo e escolho. Mas não nos detemos aqui. O terceiro estágio consiste numa compreensão mais sensível do corpo como corpo (para usar uma analogia física) e do significado do amor na vida humana (para usar de uma analogia psicológica e ética). Assim, o demônio nos impele ao logos. Quanto mais eu estiver de acordo com minhas tendências demoníacas tanto mais tenderei a conceber e viver segundo uma estrutura universal da realidade. Este movimento para o logos é transpessoal. Assim, passamos de uma dimensão de consciência impessoal à pessoal, chegando à transpessoal.

Parte II

A vontade

7
A vontade em crise

> Este é o (nosso) verdadeiro problema: junto com o temor humano perdemos o amor, a afirmação do homem, *a vontade de dominar.*
>
> *Nietzsche*

Um amigo com quem eu almoçava pareceu-me deprimido. Ao meio da refeição contou-me que estava preocupado com algo que se passara no fim de semana. Seus três filhos, entre 12 e 23 anos, haviam dedicado várias horas dolorosas a demonstrar-lhe que fora, senão o responsável, pelo menos o principal causador de seus problemas. Em suma, acusavam-no de ter deixado de tomar decisões definidas a respeito dos filhos, de não ter sido bastante firme, nem de estabelecer para eles uma sólida estrutura de vida.

Meu amigo, uma pessoa sensível, imaginativa e detentora de considerável êxito na vida pessoal e profissional, fora educado por pais severos, "introvertidos". Mas sabia que jamais poderia educar os filhos segundo o padrão vitoriano de "força de vontade". Ao mesmo tempo, ele e a mulher apoiavam o excesso de *permissiveness* em voga, que substituiu o vitorianismo. Enquanto falava, percebi nitidamente que quase todos os pais, hoje em dia, manifestam de algum modo a mesma dor e perplexidade resultantes da pergunta: "Como é que se tomam decisões referentes aos filhos? Como afirmar a própria vontade?"

Esta crise da vontade afeta ao "neurótico" e ao "normal" – o paciente no divã e o psiquiatra ou psicólogo sentado na cadeira a ouvi-lo. O homem a que me referi não estava se submetendo a tratamento para neurose, no entanto sentia a mesma contradição entre vontade e decisão, inevitável expressão da sublevação psicológica da era de transição em que vivemos. O fundamento herdado de nossa capacidade de querer e decidir foi irrevogavelmente destruído. E, por ironia ou tragédia, é exato nesta era portentosa, quando o poder se expandiu tão tremendamente e as decisões são tão necessárias e decisivas, que nós nos encontramos carentes de toda base para a vontade.

O solapamento da responsabilidade pessoal

Uma das grandes contribuições de Sigmund Freud, senão a maior, foi ter visto através da futilidade e autoilusão da "força de vontade" vitoriana. Essa "força de vontade" era concebida por nossos antepassados do século XIX Como a faculdade pela qual tomavam resoluções e orientavam a vida pelo caminho da razão e da moral, indicado pela cultura. Digo que talvez tenha sido a maior descoberta de Freud porque foi esta exploração dos maus efeitos da força de vontade que o conduziu ao que chamamos "inconsciente". Ele descobriu os vastos domínios nos quais os motivos e o comportamento – fosse na educação das crianças, no amor, na direção de um negócio, ou no planejamento de uma guerra – são determinados por impulsos inconscientes, ansiedades, medos e uma infinidade de forças físicas e instintivas. Ao descrever de que modo o "desejo" e o "impulso" nos movem mais do que a "vontade", Freud formulou uma nova imagem do homem que abalou até aos fundamentos a autoimagem emocional, moral e intelectual do homem em todo o Ocidente. Sob esta penetrante análise, a "vontade" vitoriana revelou-se de fato uma teia de racionalizações e autoilusão. Ele estava totalmente certo ao diagnosticar o lado mórbido da propalada "força de vontade" vitoriana.

Mas junto com isso surgiu o inevitável solapamento da vontade e da decisão e um cerceamento do senso de responsabilidade individual. A imagem que emergia era a de um homem igualmente orientado – não *impelindo*, mas sendo *impelido*. O homem é "vivido pelo inconsciente", segundo observou Freud, concordando com as palavras de Groddeck. "A crença profundamente enraizada na liberdade psíquica e no arbítrio", escreveu Freud, "... é totalmente não científica e deve ceder diante das exigências de um determinismo que governa a vida mental"[1].

1. Sigmund Freud, *General Introduction to Psychoanalysis*, tradução de Joan Riviera (Nova York, Garden City Publishing Co., 1938), p. 95.

Fosse qual fosse a verdade ou falsidade teórica de tal posição, ela possuía grande importância prática. Refletia, racionalizava e apoiava a mais constante tendência do homem moderno – que se tornou quase uma doença endêmica em meados do século XX – ver-se como um produto passivo, impotente, do poderoso jogo dos impulsos psicológicos. (E das forças econômicas, podemos acrescentar, como Marx, ao nível socioeconômico, havia demonstrado numa análise paralela em brilho a de Freud.)

Não digo que Freud e Marx tenham "causado" esta perda da vontade individual e da responsabilidade. Os grandes homens *refletem* o que está emergindo das profundezas de sua cultura e, tendo refletido, interpretam e amoldam o que encontram; não podemos negar o fato de que o *descobriram*. Não podemos ignorar ou passar por alto as descobertas de Freud sem nos desligarmos de nossa história, mutilando a mente e desperdiçando a oportunidade de atravessar esta crise, sem chegar a um novo plano de consciência e integração. A autoimagem do homem jamais voltará a ser a mesma. Nossa única opção é recuar diante desta destruição da nossa gabada "força de vontade", ou avançar para a integração do consciente em novos planos. Não desejo nem "escolho" o primeiro; mas não alcançamos ainda o segundo; e nossa crise é justamente estarmos paralisados entre os dois.

O dilema resultante do solapamento da vontade tornou-se um espinhoso problema no próprio domínio freudiano, a psicanálise. O analista Alan Wheelis mostra-se particularmente sensível à crise ao escrever:

> Entre as pessoas cultas, o uso do termo "força de vontade" tornou-se talvez o mais ambíguo distintivo de ingenuidade. Caiu de moda procurar, por seus próprios esforços, sair de uma situação de sofrimento neurótico: pois quanto mais forte a vontade, mais provável é que seja chamada de "manobra contra o medo". O inconsciente é o herdeiro do prestígio da vontade. Como antigamente o nosso destino era determinado pela vontade, é agora determinado pela vida mental recalcada. O homem culto de hoje põe às costas contra a roda e, ao fazê-lo, talvez a impeça de girar. Assim como a vontade se desvalorizou, o mesmo se deu com a coragem; esta só pode existir a serviço da primeira e dificilmente será mais valorizada do que aquilo a que está servindo. Com a compreensão da natureza humana ganhamos o determinismo e perdemos a determinação[2].

A tendência a considerar-nos joguetes do determinismo tem-se ampliado nas últimas décadas, incluindo a convicção do homem contemporâneo segundo a qual ele é um objeto indefeso das forças científicas, na forma do poder atômico. Esta impotência é naturalmente representada pela bomba nuclear, em relação à qual o cidadão comum se sente incapaz de fazer o que quer que seja. Inúmeros intelectuais previram isto e indagaram, cada qual a

2. Alan Wheelis, "Arbítrio e Psicanálise", *Journal of lhe American Psyco-analytic Association,* IV/2, abril de 1956, p. 256. A solução de Wheelis para o problema, neste artigo e nos últimos capítulos de *The Quest for Identity* (Nova York, W. W. Norton & Co., 1958), não alcança a qualidade penetrante de sua análise.

sua maneira, se "o homem moderno está obsoleto"[3]. Mas a importante evolução da atual década é a convicção de todos os que assistem à tevê ou vão ao cinema (um recente filme expressou-o muito mal): "A era nuclear matou a fé do homem na própria capacidade de influir sobre o que lhe acontece"[4]. Na verdade, o âmago da "neurose" do homem contemporâneo, pode-se dizer, é o solapamento de sua vontade e capacidade para tomar decisões. A carência da vontade é muito mais do que um simples problema ético: o homem moderno está convicto de que, mesmo que exercesse a vontade – ou qualquer ilusão que passe por ela – suas ações de nada lhe serviriam. É esta sensação interior de impotência, esta contradição na vontade que constituem o nosso problema crucial.

Contradição na vontade

Alguns leitores contestarão a afirmativa de que o homem jamais foi tão poderoso, tanto em relação às suas oportunidades individuais como à conquista coletiva do futuro. Não há dúvida de que a ênfase sobre o grande poder do ser humano é exatamente o reverso daquilo a que me referi quando falei em *contradição* da vontade. Exatamente quando o indivíduo se sente impotente e assoberbado de dúvidas sobre suas decisões encontra-se con-

---

3. *Modern Man Is Obsolete* é também o título de uma obra de Norman Cousins, escrita imediatamente após a explosão da primeira bomba atômica.

4. Do filme "Sete dias de maio".

vencido de que o homem moderno pode fazer qualquer coisa. Deus está morto e nós não somos deuses – pois não imitamos o gênese realizando a fissão do átomo nos laboratórios e em Hiroshima? É claro que fizemos o inverso: Deus criou a forma a partir do caos e nós criamos o caos a partir da forma, e é raro o ser humano que num recanto secreto do coração não esteja apavorado à ideia de não podermos de novo passar do caos à forma, antes que seja tarde demais.

Mas a nossa ansiedade pode ser facilmente abafada pela excitação e fascínio de nos encontrarmos no limiar de uma nova era, um Jardim do Éden no qual jamais haverá serpentes. Somos bombardeados pela propaganda que nos diz que um novo mundo se encontra na extremidade de uma passagem de avião e de qualquer avião de investimento. Prometem-nos, a todas as horas do dia (nos comerciais), uma bênção diária, falam do tremendo poder que emana dos nossos computadores, das técnicas de comunicação de massa, da era eletrônica, que reformará nossas sondas cerebrais fazendo-nos ouvir e ver de novas maneiras, e da cibernética, dos rendimentos garantidos, da arte para todos, em formas novas e cada vez mais surpreendentes de educação automática, do LSD que "expande a mente" e liberta o tremendo potencial que antigamente se esperava da psicanálise, mas que agora – graças a uma descoberta acidental – pode ser alcançado sem esforço e rapidamente por meio de drogas, em processos químicos que renovam a personalidade; da criação de órgãos plásticos para substituir coração e rins cansados, do método de impedir a fadiga nervosa, de modo a se poder viver quase infinitamente, e assim por diante. E não é para admirar que o ouvinte fique confuso de vez em quando, sem saber se é o ungido, o receptáculo de todas as bênçãos desses gênios – ou apenas a vítima idiota? E é ambos, naturalmente.

Em quase todas essas promessas de grande poder e liberdade espera-se um papel *passivo* do cidadão que delas será recipiente. Não só na propaganda, como nas questões de educação, saúde, drogas, tudo é feito *para* e *por* nós pelos novos inventos; nosso papel, por mais que isto seja dito com sutileza, é submeter-nos, aceitar a bênção e ser gratos. Isto é óbvio no domínio da força atômica e nas vastas explorações espaciais que talvez venham a unir novos planetas ao nosso: você e eu, como indivíduos, nada temos a ver com tais realizações, exceto pagando impostos através de canais anônimos e complicados e assistindo aos voos espaciais pela tevê.

A expressão usada, por exemplo, para explorar novos mundos através de drogas ou *happenings* é "viajar". O lado positivo está no solapamento da ilusão vitoriana, segundo a qual "eu sou o comandante de minha alma", e nada me acontecerá exceto pelo vigor dos meus músculos e esforços calvinistas – uma arrogância que na verdade cerceia a experiência e sufoca os sentimentos. A expressão "ligar-se" indica a espontaneidade de nos deixar estimular, agarrar, abrir. Mas não será por acaso a mesma que usamos para "ligar" a eletricidade, o carro, a televisão? É nítida a contradição: caminhamos da força de vontade vitoriana e do rígido controle do ego que produziu a árida civilização industrial, contra a qual os *hippies* com razão se revoltaram, para uma "liberdade" que talvez não seja uma nova expansão do consciente e sim uma reformulação de nós mesmos à imagem da máquina, de forma mais poderosa e sutil. O LSD é considerado o remédio de uma civilização de mecânicos sufocantemente impessoal. Mas a essência da máquina é fazer por nós alguma coisa, colocando-se entre nós e a natureza. E a essência do ato de tomar uma droga não conterá os mesmos elementos que o uso da máquina, no sentido de nos tornar passivos? Nosso estranho dilema é *que os mesmos processos que tornam tão poderoso o homem moderno – o magnífico desenvolvimento da energia atômica e outras espécies de energia técnica – são os mesmos que nos tornam impotentes.* Que a vontade fosse solapada era inevitável. E que muita gente diga "a vontade, afinal, é uma ilusão", não passa de uma repetição do óbvio. Estamos presos, como diz Laing, num "inferno de frenética passividade".

O dilema é agravado, além do mais, pelo fato de que, exatamente ao nos sentirmos mais impotentes face ao jogo do poder impessoal que nos rodeia e amolda, sejamos chamados a assumir a responsabilidade de opções muito mais vastas e portentosas. Consideremos a questão do prolongamento do lazer. Serão necessárias providências para a crescente massa dos que trabalharão apenas quatro a seis horas por dia. Já há evidência de que se as pessoas não preencherem o vazio com atividades significativas encontrarão a apatia endêmica que gera a impotência, o vício e a hostilidade autodestruidora. Ou consideremos as pílulas para o controle da natalidade, particularmente as de efeito retroativo, que estão sendo agora fabricadas. A nova liberdade – sobretudo a completa liberdade de escolha nas relações sexuais – traz à cena exatamente a palavra "opção". Se só haverá anarquia, resta agora ao indivíduo escolher os valores de experiência sexual, ou pelo menos as razões de participação. Mas esta nova liberdade ocorre justo quando os valores que normalmente servem de base à escolha (ou rebeldia, que também supõe uma estrutura) estão em pleno caos, quando existe uma confusão que se aproxima do fracasso na orientação exterior do sexo pela sociedade, família e Igreja. O dom da liberdade, sim; mas o peso sobre o indivíduo é na verdade tremendo.

Ou consideremos ainda a contradição no setor da saúde física. A dramática evolução das técnicas médicas unidas à especialização tendem inevitavelmente a tornar o paciente o *objeto* da cura, a enviá-lo às pressas para o telefone, a fim de consultar o médico, não sobre a doença, e sim sobre o especialista que deverá procurar naquela manhã, ou o radiologista, ou a clínica hospitalar. À medida que o processo se torna mais *impessoal* e kafkaesco, reduz-se a responsabilidade do paciente. Mas tudo isso acontece exato na ocasião em que as moléstias se tornam *cada vez mais pessoais*. Como nas perturbações cardíacas e nas enfermidades da velhice, a doença afeta a totalidade do organismo, e não um determinado mecanismo do corpo. Com isso é exato na velhice, que exige a aceitação de limitações físicas, a finitude do *self*, e finalmente a morte! A "cura", ou tratamento, dessas doenças só pode advir de uma ampliação e aprofundamento da consciência do paciente em relação ao seu corpo e de sua ativa participação no processo da cura.

O tipo de mentalidade que capacita a pessoa a afirmar, em lugar de combater negativamente, as limitações do corpo, como nos estados cardíacos, nas moléstias da velhice e na morte próxima, era antigamente chamado "força espiritual". Em sua melhor forma era um processo de *aceitação* e *reconciliação,* que proporcionava certas perspectivas e valores transcendendo a questão do viver ou morrer, e capacitando a pessoa a tomar as necessárias decisões. Mas o fundamento espiritual desta mentalidade não se encontra disponível, na sua antiga forma, a grandes parcelas da atual sociedade secular. E ainda não descobrimos novas bases para tais valores e opções.

Particularmente no que se refere à possibilidade de substituir órgãos por outros artificiais e no domínio da fadiga nervosa, a opção do tempo de duração da vida poderá tornar-se bastante real. A decisão extrema, baseada na pergunta "Você quer viver e, neste caso, por quanto tempo?" – que era feita em termos metafísicos, baseada na teoria de que o suicídio é possível – talvez se torne agora a escolha prática de cada um de nós. Como irá a profissão médica decidir sobre a duração da vida humana? Responde-se muitas vezes que a questão deve ser entregue aos filósofos e teólogos. Mas onde se encontram esses filósofos e teólogos para nos ajudarem? A filosofia, no seu sentido acadêmico, é considerada "morta", como Deus[5]; e, de qualquer maneira, hoje – com a enfática exceção dos existencialistas – a filosofia preocupa-se com problemas formais e não com estas decisivas questões existenciais. Agora que dissemos adeus aos teólogos nos funerais do nosso Deus morto, voltamos a abrir o Último Testamento, para avaliar o legado, e descobrimos nossa miséria. Herdamos uma grande quantidade de riqueza material, mas quase nenhum desses valores, mitos e símbolos que os originam e que são o fundamento de uma escolha responsável.

Friedrich Nietzsche, que na época vitoriana previu com surpreendente penetração o que estava para acontecer, foi o primeiro a anunciar que "Deus está morto". Mas, ao contrário dos atuais proclamadores da morte divina, ousou enfrentar as consequências: "Que fizemos quando libertamos esta terra do seu sol?... Para onde caminhamos agora? Para longe de todos os sóis? Não estaremos caindo incessantemente? Para trás, para os lados, para a frente, em todas as direções? Existem ainda elevações e depressões? Não erramos através do nada infinito? Não sentimos o sopro do espaço vazio? Não está mais frio?

5. Professor L. S. Feuer, "A Filosofia Americana está Morta", *The New York Times Magazine*, 24 de abril de 1966.

A noite não se torna cada vez mais negra? ... Deus está morto!"[6] Com profunda ironia, Nietzsche coloca esta louca descrição da desorientação do *self* e da resultante paralisia da vontade na boca de um louco. "O tremendo acontecimento ainda está para chegar", diz o louco, ao final da parábola. Chegou para nós e é na verdade um tremendo acontecimento que o homem se encontre onde está agora, no limiar de um novo mundo, ou presidindo a destruição da própria humanidade.

Assim, a crise da vontade não resulta nem da presença, nem da ausência do poder no mundo do indivíduo. Vem da contradição entre os dois – e o resultado é a paralisia da vontade.

O caso de John

Nosso trabalho clínico proporciona algumas analogias com esta crise da vontade e ilumina o problema geral. Meu colega, o Dr. Silvano Arieti, num importante estudo em que demonstra que a catatonia é uma desordem da vontade e não motora, aponta que o catatônico, em seu mundo patológico, está preso ao mesmo dilema interior que nós, em nosso mundo de realidades. O problema do catatônico gira em torno de *valores* e da *vontade,* e sua imobilidade é uma expressão da contradição de que ele se ressente.

---

6. Friedrich Nietzsche, *The Gay Science*. Cf. Walter Kaufmann, *Nietzsche: Philosopher, Psychologist, Antichrist* (Princeton, N. Princeton University Press, 1950), p. 75.

O Dr. Arieti descreve um paciente, John, católico, profissional inteligente, com cerca de 30 anos, que lhe fora encaminhado por causa da crescente ansiedade. Esta ansiedade lembrava a John uma ocasião, há dez anos, em que caíra em estado totalmente catatônico. Desejando impedir uma repetição do acontecido, procurara tratamento. Aqui vão alguns trechos do relatório de Arieti, particularmente relativos ao episódio catatônico original[7].

> John, membro de uma família de quatro filhos, recordava-se de ter tido ataques de ansiedade desde a primeira infância. Lembrava-se de quanto dependia da tia que o criara. Esta tinha o hábito de despir-se na sua presença, causando-lhe um misto de sentimentos de culpa e excitação. Entre 9 e 10 anos houve uma tentativa de relação homossexual com um amigo, e rápidos desejos homossexuais daí em diante, além da costumeira masturbação... Tinha especial admiração por cavalos, porque "excretavam lindas fezes, vindas de corpos tão esculturais"[8].
>
> Saiu-se bem na escola e, após a puberdade, tornou-se muito interessado em religião, pensou em ser monge, sobretudo para controlar seus impulsos sexuais. Esse controle era de certo modo o oposto do de sua irmã, que levava uma vida muito promíscua ... Após a universidade,

7. Sylvano Arieti, "Volição e Valor: Estudo Baseado na Esquizofrenia Catatônica", pronunciado na reunião de meados do inverno, da Academia de Psicanálise, dezembro de 1960, e publicado em *Comprehensive Psychiatry,* 11/2, abril de 1961, p. 77.

8. Ibid., p. 78.

decidiu fazer uma séria tentativa para eliminar o sexo de sua vida. Decidiu também tirar férias numa fazenda para rapazes, onde poderia cortar árvores. Nessa fazenda, porém, sentiu-se ansioso e deprimido. Ressentia-se cada vez mais contra os outros rapazes, a quem considerava rudes e profanos. Sentia que estava perdendo o controle. Lembrava-se de que, certa noite, disse a si mesmo: "Não aguento mais. Por que estou assim, tão ansioso, sem motivo? Não fiz coisa alguma de mal em toda a minha vida". Mas controlava-se, pensando que talvez o que sentia estivesse de acordo com a vontade de Deus.

Obsessões e compulsões tornavam-se cada vez mais fortes. Viu-se duvidando, duvidando de suas próprias dúvidas, duvidando de duvidar das suas dúvidas, e dominado por um intenso terror. Um dia, apavorado, observou uma discrepância entre o que queria fazer e a ação que realizava. Por exemplo, quando estava se despindo e queria tirar um sapato deixava cair um toro de lenha... Mentalmente lúcido, percebeu o que se passava, mas compreendeu que não tinha controle sobre suas ações. E pensando que poderia cometer crimes, até matar alguém, disse a si mesmo: "Não quero ser condenado neste mundo e também no outro. Procuro ser bom e não consigo. Não é justo. Poderei matar alguém quando quiser um pedaço de pão".

Em seguida teve a impressão de que qualquer movimento ou gesto que fizesse produziria um desastre, não só para ele próprio, como para todo o acampamento. Não agindo, nem se movendo, estaria protegendo todo o grupo. Sentiu que se tornara o guardião de seus irmãos. O medo tornou-se tão intenso que acabou por inibir-lhe qualquer movimento. Petrificado, em suas próprias palavras, "viu-se solidificado, assumindo posições estatuescas". Estava cônscio de um propósito: – matar-se. Melhor morrer do que cometer crimes. Subiu a uma grande árvore e saltou, mas foi internado com contusões ligeiras. No hospital não quis mover-se absolutamente. Era como uma estátua de pedra[9]. Durante sua hospitalização, John fez 71 tentativas de suicídio. Embora em geral estivesse em estado catatônico, de vez em quando tinha gestos impulsivos, como rasgar a camisa de força e improvisar uma corda para enforcar-se.

Quando o Dr. Arieti lhe perguntou por que repetira estas tentativas de suicídio, apresentou duas razões – a primeira era aliviar o sentimento de culpa e impedir-se de cometer crimes. Mas a segunda era ainda mais estranha: suicidar-se era o único ato que ultrapassava a barreira da imobilidade. *Assim, suicidar-se era viver; o último ato vital que lhe restava.*

Um dia, o médico disse: "Você quer matar-se. Não há nada nesta vida que você deseje?" Com grande esforço John murmurou: "Comer, comer". O médico levou-a à sala de refeições dos doentes e disse: "Pode comer o que quiser". John imediatamente apoderou-se de uma grande quantidade de alimento e comeu avidamente.

Sem entrar em outros detalhes da catatonia de John e de sua maneira de vencê-la, observemos uma série de coi-

9. Ibid., p. 79.

sas. Primeiro – o estímulo homossexual a que se expusera no acampamento. Segundo – o refúgio que buscava na religião. Terceiro – o mecanismo obsessivo-compulsivo e o fato de que a ansiedade, que fora primeiro unida a qualquer ação que tivesse ligação com sensações sexuais, estendera-se a praticamente todos os atos. Qualquer gesto vinha carregado de senso de responsabilidade, tornava-se uma questão moral. Qualquer moção não era considerada um fato, e sim um valor. Arieti observa que "os sentimentos de John eram reminiscentes dos sentimentos de força cósmica, ou onipotência negativa, experimentado por outros catatônicos, que acreditam que agindo podem causar a destruição do universo"[10].

Vemos em John um conflito radical da vontade, unido aos valores que ele sustentava. Para mim, a pergunta do médico "Você não deseja coisa alguma?" é muito significativa, uma vez que demonstra a importância de chegar ao simples desejo, o ponto de partida de todo ato volitivo. Arieti observa que, quando se sente uma tremenda responsabilidade, como John, a passividade é inteiramente compreensível. Não se trata de transferência de conformismo no sentido hipnótico. "O paciente segue ordens porque essas ordens são desejos de outros e, portanto, não encerram para ele nenhuma responsabilidade". Isto é paralelo, em forma extrema, ao fato de que em nossa era confusa as pessoas tornam-se apáticas, à semelhança do

10. Ibid., p. 80.

estado de John, ansiando inconscientemente que alguém assuma em seu lugar a responsabilidade.

Um paciente nessas condições encontra-se no "estado em que a volição está ligada a um senso de valor patologicamente intensificado, de maneira que uma torturante responsabilidade alcança o acme de intensidade quando julga que um pequeno movimento seu será capaz de destruir o mundo". E Arieti prossegue: "Tal concepção da mente psicótica recorda-nos a sua possibilidade hoje em dia, quando o apertar de um botão pode ter efeitos cósmicos! Só a imensa responsabilidade do catatônico seria capaz de incluir esta possibilidade até agora inconcebível"[11].

Nas pessoas relativamente normais, em contraste com John, a vontade se refugia em meias medidas que prometem temporariamente alguma viabilidade. Assim, ao tempo de uma crise da vontade, observamos o dilema do *protesto.* Quando interroguei a alguns grupos docentes sobre os sentimentos dos estudantes universitários com respeito à guerra do Vietnã, responderam que a divisão não estava entre os "pró" e os "contra" a guerra, e sim entre os que protestavam de um lado, e os que protestavam contra os contestadores do outro. Protestar é em parte construtivo, uma vez que preserva certa aparência de vontade por meio de uma asserção negativa – sei que sou *contra,* mesmo que não saiba especificamente do que sou *a favor.* De fato, a capacidade da criança de dois

11. Ibid., p. 81.

ou três anos para assumir uma posição negativa em relação aos pais é muito importante no desabrochar da vontade humana. *Mas se a vontade permanecer um protesto, continuará dependente daquilo contra que está protestando.* O protesto é a vontade desenvolvida a meio. Dependente, como a criança dos pais, pede emprestado o ímpeto ao inimigo. E isso gradualmente esvazia o conteúdo da vontade; a pessoa continua sempre à sombra do adversário, à espera de que ele se mova para que ela se mova também. Mais cedo ou mais tarde, a vontade se esvazia e pode ser então forçada a recuar à linha de defesa anterior.

Esta linha de defesa é a *projeção da culpa.* Encontramos em todas as guerras um exemplo desta involuntária confissão de fracasso na integração do demoníaco. Na guerra do Vietnã, por exemplo, o Secretário de Estado Rusk e o governo lançaram a culpa do escalonamento sobre os Vietcongs – e estes, assim como os cidadãos deste país contrários à guerra – culparam Rusk e nosso governo. A segurança farisaica alcançada por meio deste sistema de lançar a culpa nos outros resulta em temporária satisfação. Mas, além disto, revela um excesso de simplificação de nossa situação histórica, pagamos um preço mais sério por tal segurança. *Tacitamente entregamos a capacidade de decisão ao adversário.* Culpar o inimigo sugere que esse inimigo tenha liberdade de escolher e agir, e não nós, e *somente em relação a ele podemos reagir.* Tal suposição, por sua vez, destrói nossa segurança, pois futuramente, contra a vontade, lhe entregaremos todas as cartas. A vontade torna-se assim ainda mais solapada. Vemos aqui um exemplo do efeito contraditório de toda defesa psicológica: *ela automaticamente entrega o poder ao adversário.*

Nessas medidas insatisfatórias, a ação da vontade torna-se cada vez mais tautológica e repetitiva e finalmente inclina-se à apatia. E se a apatia não puder ser transformada num ímpeto para alcançar um estado mais elevado de consciência, a fim de abarcar o problema em questão, a pessoa ou grupo tende a renunciar à capacidade de querer. Se quiser evitar a apatia da vontade o indivíduo terá que indagar, mais cedo ou mais tarde: existirá algo dentro de mim que seja a causa, ou contribua para a minha paralisia?

A vontade na psicanálise

De que modo a psicologia e a psicanálise enfrentaram a crise da vontade? Observamos anteriormente que a destruição por Freud da "força de vontade" vitoriana foi uma expressão do solapamento da vontade e da decisão em toda a nossa era. E observamos também que os próprios analistas andam preocupados com o problema em que a confusão da vontade nos lançou. Afirmando que "ganhamos o determinismo, mas perdemos a determinação", Wheelis prossegue, no estudo acima citado, lembrando que "a importância crucial da vontade reside no fato de que ... apesar de tudo pode ser o fator decisivo na tradução do equilíbrio em processo de transformação"[12].

Elementos de todos os ramos da Psicologia, assim como de outras disciplinas, tais como a Filosofia e a Religião, vêm se interrogando com insistência sobre o que o processo da psicanálise em si mesma faz à vontade do paciente. São negativas as conclusões de alguns. "A Psicanálise é um treinamento sistemático para a indecisão", acusa Silvan Tomkins, professor de Princeton e da Universidade da Cidade de Nova York, que se submeteu à análise durante vários anos. "A psicanálise é, na verdade, a doença que a terapia se propõe curar", cortante observação atribuída a Karl Kraus, referia-se igualmente ao fato de que a psicanálise favorece a tendência do homem moderno a renunciar à sua autonomia.

Houve indícios, nos últimos anos, de que a ciência e a profissão psicanalítica estavam se encaminhando para uma crise. Uma expressão dessa crise – presente agora entre nós e à qual não podemos fugir – é a revolta contra a psicanálise por parte de destacados membros dos grupos freudianos ortodoxos[13]. Seus discursos soam muito semelhantes ao lamento "Deus está morto" de alguns teólogos contemporâneos. Na verdade, o deus da psicanálise talvez esteja de fato morto no sentido de que, como o deus dos teólogos, foi erroneamente concebido.

---

12. Cf. Wheelis e também Bruno Bettelheim, *The Informed Heart*.

13. Discursos de Jules Masserman e Judson Marmor na Convenção Americana de Psiquiatria, maio de 1966, e na Academia Americana de Psicanálise, maio de 1966.

Fundamental às origens dessa crise desponta o fracasso da psicanálise em resolver o problema da vontade e da decisão. Pois se o completo determinismo teórico que Freud apoiava fosse verdadeiro na prática, ninguém se curaria com a psicanálise. O oposto é igualmente verdadeiro: caso supuséssemos um completo indeterminismo; isto é, que nós pudéssemos transformar, com tranquila liberdade, graças a uma resolução, ou capricho de Ano Novo, ninguém precisaria procurar a psicoterapia. Na verdade, o que se dá é que os problemas humanos são persistentes, recalcitrantes e complicados – mas passíveis de modificar-se. Assim precisamos procurar mais longe o que opera tal transformação.

Os psicólogos acadêmicos inclinavam-se também, independente do seu padrão ético pessoal, a aceitar a posição de que como psicólogos só nos devíamos preocupar com o que estava determinado e pudesse ser compreendido dentro da estrutura determinista. Essa limitação da percepção tendia inevitavelmente a colocar antolhos na percepção; criávamos o homem à imagem do que nos permitíamos ver. Os psicólogos tendiam a recalcar o problema do poder, especialmente o poder irracional. Aceitávamos literalmente o *dictum* de Aristóteles; isto é, que o homem é um animal racional, supondo que ele fosse apenas isso e que a irracionalidade é uma simples aberração temporária, a ser vencida pela educação adequada do indivíduo, ou, se a patologia for um tanto mais séria, pela reeducação de suas emoções desajustadas. Havia, naturalmente, na psicologia de Alfred Adler, uma preocupação com o poder, mas isso foi em geral considerado um simples adendo a sua convicção na inferioridade social e na luta pela segurança. As suposições de Freud relativas ao primitivo canibalismo e ao instinto agressivo contêm o elemento do poder. Mas também isto é em geral racionalizado, pois só é utilizado em relação a uma grave patologia. O recalque do poder possibilitou a psicologia a desfazer-se mais rapidamente da vontade e a agarrar-se a um determinismo teórico, uma vez que os decisivos efeitos demoníacos do determinismo não vinham assim à luz[14].

Mas em psicanálise e psicoterapia, onde os terapeutas lidam com pessoas vivas e sofredoras, o problema do solapamento da vontade e da decisão tornou-se cada vez mais crucial. Pois a teoria e o processo psicanalítico, e a maioria das outras formas de psicoterapia, inevitavelmente apoiavam as tendências passivas do paciente. Conforme Otto Rank e Wilhelm Reich, na década de 1920, começaram a alertar, havia tendências inerentes à própria psicanálise que solapavam sua vitalidade e tendiam a castrar não só a realidade com que lidava, como também a capacidade e inclinação do paciente para modificar-se. Nos primeiros tempos da psicanálise, quando as revelações do inconsciente possuíam um inevitável "valor de choque", o problema não era tão óbvio. E em todos os casos de pacientes histéricos, que constituíam a grande maioria daqueles

14. É significativo, e correto, que a questão do poder tenha sido recentemente trazida à psicologia por um psicólogo negro, que fala do fundo dos conflitos raciais. Neste ponto não pode ser evitada. Cf. Clark, *Dark Ghetto*.

com quem Freud trabalhou nos seus anos de formação, existe uma dinâmica especial no que o próprio Freud chamaria "libido recalcada" lutando por expressar-se. Mas agora, quando a maioria dos nossos pacientes são de um modo ou de outro "compulsivos", todo mundo conhece o complexo de Édipo, e conversa sobre o sexo com uma liberdade que teria escandalizado os doentes de Freud (na verdade, falar sobre sexo é a maneira mais fácil de evitar *decisões* sobre o amor e a relação sexual), a situação resultante do solapamento da vontade e da decisão não mais pode ser evitada. A "compulsão repetitiva", problema que foi sempre intratável e insolúvel no contexto da psicanálise clássica, está, na minha opinião, fundamentalmente relacionado com esta crise da vontade.

Outras formas de psicoterapia não fogem ao dilema da psicanálise, isto é, ao fato de que o próprio processo psicoterapêutico possui tendências inerentes que levam o paciente a renunciar à sua posição de agente capaz de decidir. O próprio vocábulo "paciente" o sugere. Em terapia não só os elementos automáticos e de apoio têm tal tendência, como também a tentação, à qual o paciente e o terapeuta facilmente sucumbem, de considerar tudo o mais e não a si mesmo como o responsável de seus problemas. É claro que psicoterapeutas de todas as tendências e escolas compreendem que, mais cedo ou mais tarde, o paciente será forçado a tomar alguma decisão, a aprender a responsabilizar-se por si mesmo; mas a teoria e a técnica da maior parte das psicoterapias inclinam-se a estimular exatamente a premissa contrária.

Ilusão e vontade

A negação da vontade e da decisão tem sido confirmada de diferentes maneiras por psicólogos e psicanalistas. Um dos últimos freudianos, Robert Knight, afirma, por exemplo, que a liberdade de optar sentida pelo ser humano "... nada tem a ver com o livre-arbítrio como princípio orientador do comportamento humano, mas é uma experiência subjetiva, determinada causalmente"[15]. Nesse artigo, Knight colocou aspas na palavra "liberdade" para demonstrar, presume-se, que se tratava de uma ilusão. Opção e responsabilidade são ilusões causadas por estados anteriores, mas, por sua vez, causadoras de futuros atos.

Mas – e aqui chegamos a uma inconsistência radical – como *terapeutas*, os analistas não podiam deixar de reconhecer que a opção do paciente era de profunda importância. Freud, como psicoterapeuta, adotou um ponto de vista radical e surpreendentemente diverso de sua própria teoria. Escreve em O *Ego e o Id* que "... a análise não se propõe abolir a possibilidade de reações mórbidas, e sim proporcionar ao ego do paciente *liberdade* para optar de uma maneira ou de outra" (grifo de Freud)[16].

Wheelis vai além, demonstrando o dilema prático em que o terapeuta fica envolvido em sua própria terapia:

15. Robert Knight, "Determinismo, Liberdade e Psicoterapia", *Psychiatry,* 1946/9, pp. 251-262.

16. Freud, *The Ego and the Id,* tradução de Joan Rivière (Londres, The Hogarth Press, 1957), p. 72.

> Ao final da análise, o terapeuta talvez se surpreenda desejando que o paciente fosse mais capaz de "impulso", de "determinação", de maior boa vontade para "aproveitar da situação". Muitas vezes esse desejo revela-se em observações ao paciente: "Cada qual precisa ajudar-se a si mesmo", "Tudo o que tem valor é realizado com esforço", "Você precisa tentar". Estas intervenções raramente são incluídas nas fichas, pois supõe-se que não possuam a dignidade e a eficácia da interpretação. Muitas vezes o analista sente-se pouco à vontade em relação a tais apelos à volição, como se estivesse usando de algo em que não acreditava, ou como se isso fosse desnecessário, caso sua análise se mostrasse mais hábil[17].

Os psicanalistas viram-se então na estranha, anômala, situação de ver que o paciente deve ter uma ilusão de liberdade, a fim de modificar; e que portanto devem cultivar esta ilusão, ou pelo menos reconhecê-la. O paradoxo que a declaração de Knight estabelece, por exemplo, é habilmente apontado por dois críticos. "À medida que progride a psicoterapia, aumenta a sensação de liberdade, de modo que as pessoas analisadas com êxito declaram sentir mais independência de conduta na vida do que antes do tratamento. Se tal liberdade é ilusória, a finalidade, ou pelo menos o resultado da terapia bem-sucedida é restabelecer uma ilusão, ainda que a maioria dos terapeutas creia que um tratamento bem-sucedido aumente a preci-

17. Wheelis, p. 287.

são com que o paciente sente a si mesmo e ao mundo"[18]. Alguns analistas, na verdade, admitem abertamente estarem empenhados no cultivo de uma ilusão e dedicam-se a racionalizar a questão em sua teoria[19].

Consideremos o que isso significa. Afirmam-nos que uma *ilusão* é algo de muito significativo na transformação da personalidade; que a verdade não é fundamental (ou é apenas em teoria) para as ações, mas que a *ilusão* sim. Devemos buscar, portanto, não a verdade e sim uma ilusão. Acreditar em definições do mundo segundo as quais não podemos viver. Ou, se a rigor o conseguimos, recuaremos, conforme sugeriu Wheelis, a uma passiva impotência, que conduz à apatia e à depressão.

Inútil sublinhar que tal solução do dilema é insustentável. Mesmo nós, analistas, não poderíamos viver com tal ilusão – pois como é possível (sem considerável patologia) comprometermo-nos, se sabemos antecipadamente que se trata de uma ilusão? Além do mais, se os pacientes precisam crer em ilusões, as possibilidades são, à diferença da verdade, infinitas. Quem decidirá segundo qual ilusão o paciente deverá viver? Escolheremos a que "funciona"? Neste caso, nosso conceito de verdade estava errado; pois se a ilusão funciona genuinamente, não pode ser de todo uma ilusão. Na verdade, a afirmativa de que

18. Vera M. Gatch e Maurice Temerlin, "A Fé no Determinismo Psíquico e o Comportamento do Psicoterapeuta", *Review of Existencial Psychology and Psychiatry*, pp. 16-34.

19. Cf. Knight.

a ilusão é decisiva para uma mudança é essencialmente antirracional (e, como tal, anticientífica), pois supõe ser irrelevante ao nível de comportamento, a verdade ou a falsidade de um conceito. Isto é inaceitável; se parece verdadeiro, deve haver alguma verdade no que chamamos "ilusão", e alguma ilusão no que chamamos de verdade.

Outra solução foi proposta de diferente ângulo. Reconhecendo que a liberdade e a vontade precisam ter o seu lugar na estrutura psicanalítica da personalidade, os últimos analistas do "ego", como Hartmann, Rapaport e outros, elaboraram o conceito da "autonomia do ego". Este recebe então a função da liberdade e da escolha. Mas, por definição, o ego é *parte* da personalidade; como pode ser livre uma *parte?* Rapaport escreveu um trabalho sobre "A autonomia do ego", e Jung dedicou um capítulo à "Autonomia do inconsciente" e nós poderíamos, imitando Walter B. Cannon, escrever um estudo sobre "A autonomia do corpo". Cada um deles conteria uma verdade parcial, mas não seria também significativamente errôneo? Nem o ego, nem o corpo, nem o inconsciente podem ser "autônomos", e sim existir apenas como partes de um todo. E é nesse todo que a vontade e a liberdade devem fundamentar-se. Estou convicto de que a compartimentalização da personalidade em ego, superego e id é parte importante da razão pela qual o problema da vontade permaneceu insolúvel dentro da tradição psicanalítica ortodoxa.

Sabemos pela prática da psicanálise que a *falta de liberdade* se revela em todos os aspectos do organismo do paciente. No corpo (inibições musculares), no que chamamos experiência inconsciente (recalque) e em seu relacionamento social (mostra-se inconsciente dos outros, a ponto de tornar-se inconsciente de si mesmo). Sabemos também experimentalmente que, à medida que a pessoa adquire liberdade em psicoterapia, torna-se menos inibida nos movimentos corporais, mais livre nos sonhos e mais espontânea nas relações involuntárias, casuais, com as outras pessoas. Isso significa que a autonomia e a liberdade não podem ser domínio de uma parte em especial do organismo e sim uma qualidade de *self* total – o organismo que pensa-sente-decide-age. Demonstrarei adiante, ao discutir o conceito de intencionalidade, que a vontade e a decisão estão inseparavelmente ligadas tanto ao id, como ao ego e superego, se quisermos usar os termos freudianos. Algo de profunda importância se processa – na espontaneidade, no sentimento, nos significados simbólicos – em cada decisão se torna *anterior* a qualquer coisa que possa ser chamada "função do ego". Bettelheim está inteiramente correto, em minha opinião, ao observar que um ego vigoroso não é a causa e sim o resultado das decisões[20].

O conceito de "autonomia do ego" não terá as mesmas dificuldades que o antigo do "livre-arbítrio" para situar num órgão ou parte determinada da personalidade a sede da opção? Se despirmos o conceito de suas rou-

20. Hudson Hoagland, "Science and the New Humanism", *Science*, 143, 1964, p. 114.

pagens sofisticadas, ele se tornará semelhante à teoria de Descartes, segundo a qual a glândula pineal, situada na base do cérebro, entre o corpo e a cabeça, era a sede da alma. Sem dúvida, a psicanálise do ego tem o aspecto positivo de refletir as preocupações prementes do homem contemporâneo, com seus problemas de autonomia, auto-orientação e escolha. Mas encontra-se também preso às contradições nas quais esses problemas inevitavelmente nos envolvem.

A psicanálise e a psicologia, em todas as suas modalidades, revelam, com a inconsistência e a contradição que encerram, o dilema da vontade e do arbítrio, que o homem ocidental vive hoje em dia. Freud, com sua costumeira honestidade, declara francamente tentar proporcionar ao paciente "liberdade de escolha", embora saiba que isto esteja em direta contradição com sua teoria. Mas não recuou diante da contradição, nem saltou a uma solução demasiado fácil. Como a cultura evoluiu depois do seu tempo, tornou-se, porém, cada vez mais difícil sobreviver com tal contradição.

Proponho neste livro uma solução para o problema. Faço-o baseado na convicção de que omitimos uma dimensão da experiência humana, importante e até mesmo crucial para a vontade. Um exemplo do dilema surge num trecho de Hudson Hoagland:

> Suponhamos que eu seja um fisiologista onipotente, com total conhecimento da fisiologia, da química e das atividades moleculares do seu

> cérebro, a qualquer momento. Com tal conhecimento posso predizer exatamente o que você fará em consequência da ação dos mecanismos cerebrais, uma vez que seu comportamento, inclusive o consciente e verbal, está totalmente relacionado com as funções neurológicas. Mas isto só se aplica se eu não lhe revelar minhas previsões. Suponhamos que eu lhe diga o que fará como resultado de meu completo conhecimento do seu cérebro. Assim agindo, terei modificado a sua fisiologia cerebral proporcionando-lhe esta informação. Isto poderá levá-lo a portar-se de maneira totalmente diferente da minha previsão. Se eu previsse antecipadamente os efeitos da revelação estaria logicamente condenado a uma infindável regressão... correria atrás de minha cauda, num esforço para prever os efeitos da previsão dos efeitos, e assim indefinidamente.

A percepção e o consciente humanos – isto é, o saber – introduzem no homem elementos imprevisíveis. E o homem é a criatura que obstinadamente insiste em saber. A mudança de mentalidade que isto acarreta é tanto "externa" como "interna" e consiste em forças do ambiente operando sobre o indivíduo e na atitude da pessoa que está atentando para estas forças. Podemos observar que a percepção, no exemplo de Hoagland, incluiria tomar consciência de acontecimentos esquecidos ou enterrados na infância, e de outros aspectos das experiências "profundas" que emergem em terapia.

Este é – antecipando uma futura exposição – o problema da *intencionalidade* em oposição à simples *inten-*

ção. Intencionalidade, na experiência humana, é o que sublinha a vontade e a decisão. É não só anteriores a elas, como as torna possíveis. Bastante óbvio é o motivo por que foi negligenciada na história ocidental. Desde que Descartes separou a compreensão da vontade, a ciência continuou baseada nesta dicotomia e tentamos supor que os "fatos" sobre os seres humanos podem ser separados da conotação. Isto não é mais possível, especialmente depois de Freud, embora este, sem fazer plena justiça às suas próprias descobertas, se tenha agarrado à velha dicotomia da teoria científica. A intencionalidade não anula a influência determinista, mas situa todo o problema do determinismo e da liberdade em nível mais profundo.

8
Desejo e vontade

Entre a concepção
E a criação,
Entre a emoção
E a reação
Cai a sombra.
A vida é muito longa.
T.S. Eliot

Não podemos repousar sobre as contradições que encontramos na psicologia e na psicoterapia. Nem deixar ao acaso a vontade e a decisão. Não podemos trabalhar baseando-nos na suposição de que eventualmente o paciente, "seja como for", fará uma escolha, ou deslizará para uma decisão por tédio, carência ou mútua fadiga com o terapeuta, ou agirá pressentindo que este (agora pai benevolente), o aprovará se adotar tais ou tais medidas. Proponho recolocarmos a decisão e a vontade no centro do quadro – "A pedra que os construtores rejeitaram é a pedra angular". Não no sentido do livre-arbítrio contra o determinismo, nem no de negar o que Freud descreve como experiência inconsciente. Esses fatores deterministas "inconscientes" agem com certeza e nós que fazemos terapia não podemos evitar que nos lembrem isso diversas vezes por hora[1].

A questão não é contra o número infinito de forças deterministas operando sobre cada pessoa. Conservaremos desimpedida a nossa perspectiva se concordarmos em que elas contêm certos valores. Um deles é que a fé num determinismo, como no calvinismo, no marxismo ou no behaviorismo, nos alia a um poderoso movimento. O fato de a pessoa ser mais livre para agir energicamente e com abandono, – caso do marxismo – em virtude de estar aliado a um determinismo, é um dos paradoxos do nosso problema. Outro valor é que o determinismo liberta a pessoa da maior parte das questões, mesquinhas ou não, que precisamos enfrentar diariamente; todas já estão antecipadamente resolvidas. O terceiro valor é que a fé no determinismo domina a autoconsciência – segura de si, a pessoa pode atirar-se para a frente. Pois neste sentido o determinismo é uma ampliação da experiência humana, uma vez que coloca as questões em plano mais profundo. Mas se formos fiéis à experiência precisaremos encontrar a liberdade neste mesmo nível.

---

1. William James declara, em seu capítulo sobre a vontade, em *Principies of Psychology,* que o problema do livre-arbítrio é insolúvel no nível psicológico. Trata-se de uma questão metafísica; e se o psicólogo toma posição sobre o livre-arbítrio e o determinismo como tais, precisamos saber que está falando sobre metafísica e assumir as precauções apropriadas.

Tal paradoxo exclui o "completo determinismo", que é uma contradição lógica. Pois se fosse verdadeiro não haveria necessidade de demonstrá-lo. Se alguém se propusesse a demonstrar, conforme acontecia com frequência em meus tempos de universidade, que é completamente predestinado, eu concordaria com suas razões e depois acrescentaria à sua lista uma quantidade de maneiras pelas quais se está predestinado pela dinâmica inconsciente, maneiras que ele talvez ignorasse, e que na verdade está destinado (possivelmente por motivos de insegurança emocional), a apresentar naquela mesma argumentação, por absoluto determinismo. E prosseguiria apresentando a réplica lógica de que sua atual argumentação é um simples resultado do fato de estar totalmente predestinado; de que argumenta sem considerar se é falso ou verdadeiro o que diz e portanto, que nem ele, nem eu, temos critérios para decidir qual é a verdade. Esta autocontradição lógica do completo determinismo, segundo creio, é irrefutável. Mas é provável que eu preferisse – permanecendo existencial – indicar ao meu interlocutor que na própria elaboração das perguntas e no desgaste de energia para fazê-las está utilizando um significativo elemento de liberdade.

Em terapia, para dar maior exemplo, por mais que o paciente seja vítima de forças das quais não tem consciência, ele se orienta de maneira especial para as informações da própria revelação e a exploração dessas forças deterministas de sua vida. Encontra-se assim empenhado numa escolha, por mais insignificante que pareça, e sente alguma liberdade, por mais sutil que ela seja. Isso não significa absolutamente que estejamos "empurrando" o paciente a uma decisão. Na verdade, estou convicto de que somente pelo esclarecimento da vontade e da decisão o terapeuta poderá evitar impelir inadvertidamente a pessoa nesta ou naquela direção. Meu ponto de vista é que a própria autoconsciência – a percepção potencial de que o vasto, complexo, proteico fluxo de experiência é a *sua* experiência, fato que muitas vezes o surpreende – inevitavelmente proporcionará os elementos para uma decisão em todas as situações.

Há vários anos estou convicto de que a minha experiência de psicanalista cada vez mais se aprofunda, de que ainda não levamos em conta nos nossos estudos algo mais complexo e significativo que existe no domínio da vontade e da decisão. E estou convencido de que o omitimos em detrimento tanto da ciência psicológica, como da compreensão de nossas relações com nós mesmos e com os outros.

Nossa tarefa nestes capítulos é explorar tais problemas. Em primeiro lugar tomaremos a inter-relação de vontade e desejo e, em seguida, o significado mais profundo do desejo. E passaremos à análise da *intencionalidade.* Finalmente, aplicaremos o que aprendemos à prática da terapia. As questões subjacentes: encontraremos através de tais explorações um novo *insight* do sentido da vontade humana e uma nova base para as soluções dos problemas da vontade e da decisão?

A morte da força de vontade

Para começar, os termos "força de vontade" e "livre-arbítrio" são dúbios, para dizer o mínimo, e talvez nem mais tenham utilidade, caso sejam ainda mencionados. A "força de vontade" expressava os arrogantes esforços do homem vitoriano para dominar seu meio e a natureza com mão de ferro, ao mesmo tempo que dominava a si mesmo, controlando sua vida como se controla um objeto. Essa espécie de "vontade" era colocada em oposição ao "desejo" e usada como faculdade por meio da qual o "desejo" poderia ser negado. O homem vitoriano procurava, conforme observou Ernest Schachiel, negar que fora criança, reprimir suas tendências irracionais e chamados desejos infantis, como inaceitáveis à imagem de si mesmo como ser adulto e responsável. A força de vontade era a maneira de evitar a consciência dos impulsos físicos, sexuais e hostis, que não se encaixavam no quadro do *self* controlado e bem orientado.

Observei com frequência nos meus pacientes que a ênfase na força de vontade é uma reação contra os desejos passivos recalcados, um modo de combatê-los; e isto é provável porque este mecanismo tinha muito a ver com a forma que a vontade assumiu no vitorianismo. A vontade era utilizada para negar o desejo. Falando-se em termos clínicos, este processo resulta num vácuo emocional ainda maior, num progressivo esvaziamento de conteúdos, o que empobrece a imaginação e a experiência intelectual. Não é preciso lembrar as grandes cargas de ressentimento, inibição, hostilidade, autorrejeição e sintomas clínicos análogos que podem desenvolver-se como resultado dessa espécie recalcada de força de vontade.

Uma mulher com cerca de 30 anos – e uma vez que tornaremos a aludir ao seu caso é melhor dar-lhe um nome, Helen – informou-me no princípio do tratamento que seu moto fora sempre "Quem quer pode". O moto parecia ajustar-se ao seu trabalho executivo, que exigia muita rotina e ao mesmo tempo sérias decisões, e também ao seu respeitável *background* de família tipicamente classe média alta, da Nova Inglaterra. Dava a impressão, à primeira vista, de ser uma pessoa de "vontade firme". O único problema era que um dos seus mais marcantes sintomas era uma atividade sexual compulsiva e promíscua; parecia incapaz de dizer não. Fosse qual fosse a causa, o sintoma – sem dúvida apoiado pelo fato de ser uma bonita moça – era diretamente contrário à sua "força de vontade", como se pode facilmente verificar. Além disso, comia com avidez, às vezes acabando com tudo o que os outros deixavam no café da manhã, e sofrendo depois de dores no estômago e sendo mais tarde obrigada a fazer regime para manter o peso. Sua vida profissional revelava padrões igualmente compulsivos – trabalhava catorze horas seguidas, mas nunca se adiantava. Em breve revelou, chorando muito, que apesar de seu sucesso social, era uma pessoa profundamente solitária e isolada. Falava de anseio pela mãe, manifestando-o parte em fantasia, parte em recordações, nas quais se via sentada ao seu lado, ao sol, bem pequenina, e também num sonho frequente, onde desejava ser rodeada pelas ondas do oceano. Sonhava que ia para casa e batia à porta, mas a mãe, ao abri-la, não a reconhecia e fechava-a na sua cara. A verdade era que a mãe havia sofrido uma séria depressão e fora hospitalizada numa instituição para doentes mentais, durante boa parte da primeira infância da menina.

O que vemos então na paciente é uma criança solitária, patética, ansiando por algo que jamais tivera. Parecia claro que a grande relevância atribuída à "força de vontade" era uma frenética "reação", um desesperado esforço para compensar os sintomas de seus impulsos infantis não concretizados, uma estratégia de vida, apesar daqueles penosos anseios de criança. Não é surpreendente – tal a ironia e a "compensação" dos complexos processos mentais – que seus sintomas fossem do tipo compulsivo. Isto é, precisamente a vontade desviada, tornada autodestruidora, dirigida contra a própria pessoa. A vida lhe dizia – se é que podemos falar em sentido figurado, em termos do seu moto – que onde existem tais anseios e necessidades não concretizadas a vontade *não é* exatamente a solução.

Observamos, além do mais, que seu problema não era simples *desafio* aos pais, conforme vemos normalmente num comportamento adolescente. Isto revelaria a "vontade" ainda presente e ativa, embora negativa, e uma situação não muito difícil de se enfrentar. O problema da nossa paciente era mais sério – um vácuo, um anseio para preencher algo que desde a infância estivera vazio. Este padrão pode conduzir a problemas críticos de apatia, se a "vontade" ceder antes que os sentimentos de independência sejam trazidos para o consciente e até certo ponto integrados. O trauma ensinou a Helen, desde criança, que devia renunciar aos seus desejos, pois eles continham um forte grau de desespero, que provavelmente a conduziriam a uma psicose. "A força de vontade" foi o meio pelo qual resolveu o caso. Mas a neurose vingou-se então, exatamente no setor onde se originaria o problema.

O sistema antivolitivo de Freud

A psicanálise criou-se graças ao fracasso da vontade. Não é surpreendente que Freud, observando na cultura vitoriana de que modo a vontade era sistematicamente usada a serviço do recalque, houvesse criado a psicanálise como sistema antivolitivo. Em Freud, como observa o Professor Paul Ricoeur, o fenômeno da vontade é esmagado entre a dialética do instinto e a autoridade, na forma do superego. A observação freudiana, segundo a qual a vontade é dominada por três senhores, id, superego e o mundo exterior, coloca-a numa situação de impotência. Precisando muito vencer na vida, Helen tinha uma consciência ativa; mas o mundo, o id e o superego – caso se aceite tal formulação – estavam implacavelmente gravando o seu moto, "quem quer pode", transformando-o numa patética zombaria e extorquindo um doloroso preço de seu remorso masoquista.

Freud considerou a vontade como um instrumento a serviço da repressão, não mais uma força motriz positiva. Procurando a força e o motivo da atividade humana, buscou-os nas "vicissitudes dos instintos", no "destino da libido recalcada" etc. Objeto-escolha, no sistema freudiano, não é escolha no sentido real, e sim uma função da transformação das vicissitudes históricas. Na verdade, Freud considera a "vontade" como o demônio de todo o sistema, pois tem a função negativa de ativar a resistência e o recalque. Ora, se o termo "demônio" incorre em petição de princípio, podemos usar para isso um nome sofisticado, sugerido por Wheelis, isto é, manobra "antifóbica"[2], que marca o momento em que "o inconsciente tornou-se herdeiro da força de vontade".

Quais as fontes desta destruição da vontade na teoria freudiana? Uma é óbvia: suas corretas observações clínicas. A segunda é cultural: a teoria freudiana concordava e era uma expressão, da alienação que descrevia. É preciso não esquecer que Freud tanto falou como refletiu uma cultura objetivista, alienada, popular. Conforme observei algures, o próprio excesso de ênfase na força de vontade, na era vitoriana, fazia parte da compartimentalização que prenunciou o colapso da cultura, de fato ocorrido em 1914. E este excesso de ênfase foi paralelo ao padrão cada vez mais rígido da "vontade" no neurótico compulsivo, antes que todo o sistema desabasse. A alienação de si mesmo, no homem vitoriano, sob a rubrica da *vonta-*

---

2. Wheelis, p. 289.

de, é expressa no sistema freudiano sob a rubrica do polo oposto, isto é, o desejo.

A terceira razão é que Freud precisava substituir a vontade por causa das exigências do seu modelo científico, sendo seu objetivo e desejo criar uma ciência determinista, baseada na imagem da ciência natural do século XIX. Precisava assim de um sistema quantitativo de causa-e-efeito; falava de seus mecanismos como sendo "hidráulicos" e em seu último livro a libido surge acompanhada de uma carga "eletromagnética".

Sua quarta razão para procurar destruir a vontade era exatamente aquela pela qual estamos agora interessados em redescobri-la em bases mais profundas, isto é, aprofundar a experiência humana, colocar estes fenômenos num plano que refletiria mais adequadamente a dignidade e o respeito pela vida humana. Pois, contrário à sua intenção, a "força de vontade" vitoriana, sugerindo que todo homem era "senhor do seu destino" e capaz de decidir todo o curso de sua vida com uma resolução de primeiro ano, ou um capricho de domingo, na igreja, diminuía na verdade a vida, roubando-lhe dignidade e vulgarizando a experiência humana.

O fato de serem contraditórios alguns desses aspectos, como os dois últimos, não nos deve assustar; uma das marcas da grandeza de Freud foi justamente ter podido viver com tais contradições. Poderia muito bem revidar tal acusação com o verso de Walt Whitman: "Eu me contradisse? Muito bem, então me contradisse".

O desejo

Ao atacar os mórbidos processos psicológicos da "força de vontade", Freud colocou uma ênfase de longo alcance no "desejo". Não é a "vontade" e sim o "desejo" que nos move. "Nada, exceto o desejo, é capaz de pôr em ação o mecanismo mental", afirma repetidamente. Uma vez que nos dispomos a explorar as implicações do desejo é útil observar que se supõe seja ele também a "força" de outros sistemas psicológicos mais ou menos determinantes. No tipo de behaviorismo de Hull, "desejo" está presente como desejo sexual e necessidade de reduzir a tensão, uma ênfase surpreendentemente parecida à definição freudiana de prazer como redução de tensão. Em geral, as ciências humanas supõem os costumeiros desejos adaptacionais e evolucionários, isto é, que as pessoas querem "sobreviver" e "viver muito tempo".

A palavra "desejo", apressamo-nos a dizer em vista do fato de que em nossa era pós-vitoriana tendemos ainda a empobrecer o termo transformando-o numa concessão à nossa imaturidade ou "desejos" infantis, pode ser encontrada em processos muito mais extensos que o resíduo da infância. Os correlatos de "desejo" podem ser apontados em todos os fenômenos da natureza, até ao mais minúsculo padrão de reação atômica, por exemplo, no que Alfred North Whitehead e Paul Tillich chamam movimentos negativo-positivos de todas as partículas da natureza. O tropismo é uma forma, no sentido etimológico da inata tendência dos organismos biológicos a "voltarem-

-se para". Se, porém, detivermos o "desejo" à altura desse movimento mais ou menos cego e involuntário de uma partícula para a outra, ou de um organismo para outro, somos inexoravelmente impelidos à conclusão pessimista de Freud, o "instinto de morte" tomado literalmente, isto é, a inevitável tendência dos organismos a voltar ao estado inorgânico. Se o desejo é *apenas uma força*, estamos todos envolvidos numa peregrinação frustrada, que consiste apenas em voltar ao estado da pedra inorgânica.

Mas o desejo contém ainda o elemento de *significado*. Na verdade, é a confluência da força com o significado que constitui o desejo humano. Este "significado" está, com certeza, presente no conceito freudiano de desejo e constitui uma de suas principais contribuições, embora contraditoriamente Freud fale do desejo como de uma simples força cega. Utilizou-se dele com tal fecundidade – especialmente nas fantasias, livres-associações e sonhos – porque aí viu não só um cego impulso, mas também uma tendência contendo significados. Embora quando escreva a respeito da realização do desejo e da satisfação de necessidades libidinosas, como se o desejo fosse apenas uma quantidade econômica, uma força por si mesma, o contexto que supunha é o ponto de encontro do significado com a força.

Nas primeiras semanas de vida, por exemplo, pode-se crer que a criança procure com a boca, indiscriminadamente, o seio; qualquer seio, humano ou de borracha, serve[3].

3. Ernest Schachtel me informa que os filhotes de gaivota têm a reação da hora do alimento ao verem uma mancha amarela pintada sobre madeira, nu sob qualquer outra forma similar à marca que a gaivota-mãe tem no pescoço.

Mas, com o despontar e evolução da consciência e capacidade para sentir a si mesma como sujeito num mundo de objetos, emergem novas aptidões. A principal é o uso dos símbolos e o relacionamento com a vida por meio de simbolismos. De então em diante, o desejo passa a ser mais do que um cego impulso – contém um significado. O mamilo torna-se seio – e como são diversas as denominações! O primeiro é uma descrição anatômica da parte do corpo que nos fornece alimento para a sobrevivência. O último é um símbolo que lembra uma experiência total – o calor, a intimidade, e mesmo a beleza e possível amor que acompanham o carinho feminino.

Estou a par das dificuldades que essa dimensão de significado simbólico introduz na ciência natural humana. Contudo, precisamos aceitar o homem, nosso objeto de estudo, como o encontramos – uma criatura que se relaciona com sua vida por meio de simbolismos, que são a sua linguagem. É assim metodicamente inseguro e empiricamente incorreto reduzir o desejo a uma simples força. Após o despontar da consciência no homem, *os desejos nunca são simples necessidades, nem meramente econômicos.* Sinto-me sexualmente atraído por uma mulher, não por outra; não se trata jamais de pura quantidade acumulada de libido, e sim da minha "força" erótica, orientada e constituída pelos diversos sentidos que teve para mim a primeira mulher. Acrescentaríamos ao nosso "jamais" da frase anterior duas exceções: uma referente a situações artificiais, como a de soldados prestando serviço no

Ártico durante doze meses, nas quais alguns aspectos da experiência estão simples e conscientemente apoiados. Outra exceção é patológica – a pessoa está impulsionada por desejo sexual indiscriminado, em relação a homem ou mulher, como a nossa paciente Helen. Mas temos aqui um estado definido precisamente como patológico; e é prova relevante de minha afirmativa que a sexualidade indiscriminada se coloca contra um elemento significativo do desejo humano. Ignoro em que se baseava Luís XVI ao dizer "Qualquer mulher serve, basta dar-lhe um banho e mandá-la ao dentista". Mas sei que as pessoas comuns, que não estejam radicalmente perturbadas e tenham relações sexuais com alguém bastante leviano, digamos, num encontro casual, ou no carnaval, acabam revestindo o parceiro, talvez somente na fantasia, de ternura, virtude, ou atributos especiais que tenham para elas algum significado. *Nojo* é também uma expressão de desejo humanamente significativo ou, mais especificamente, sua frustração. Em casos de relacionamento sexual quase puramente anônimo, como ocorre, por exemplo, em algumas práticas homossexuais, a reação final, em que a pessoa sente nojo, demonstra também o que estamos expondo. Minha experiência como terapeuta sugere que o ser humano precisa tornar a criatura com quem tem relações sexuais de algum modo pessoal, mesmo que somente na fantasia, senão sofrerá, ele próprio, uma despersonalização.

Isso apresenta o corolário de que as discussões e *approaches* em terapia, baseados em conceitos como "controle dos impulsos do id" e "integração dos processos primários", são todas inúteis. Existirá mesmo um processo primário? Somente em casos seriamente patológicos, ou em teoria abstrata. No primeiro exemplo encontramos a situação na qual os processos simbólicos significativos se desmoronam, como no caso dos nossos pacientes; no último, o nosso próprio simbolismo é usado como terapia. Temos não um organismo constituído de processos primários e dotado de controle, e sim um ser humano, cuja experiência inclui desejos, impulsos e necessidades sentidas e conhecidas por ele e por nós, caso o compreendamos, através de simbolismos. *Na neurose, os simbolismos é que se desviam e não o impulso do id.*

O desejo humano não é um simples impulso do passado, um apelo de necessidades primitivas exigindo satisfação. Contém também alguma seletividade. É uma formação do futuro, um amoldamento por processo simbólico, que inclui tanto a memória como a fantasia daquilo que esperamos seja o futuro constituído. O desejo é o início de nossa orientação para o futuro, uma admissão de que *desejamos* que o futuro seja desta ou daquela maneira; é a capacidade de mergulhar no próprio íntimo e nos entregarmos ao anseio de modificar o futuro. Observem que eu disse o *início* e não o fim; estou perfeitamente cônscio da "realização pelo desejo", do desejo como substituto da vontade etc. O que aqui afirmo é que não existe vontade sem desejo prévio. O desejo, como todos os processos simbólicos, possui um elemento *progressivo,* um movimento para a frente, assim como um polo *regressivo*, uma propulsão à retaguarda. O desejo contém seu *significado* e sua *força*. A força motivadora reside na conjunção de ambos. Não compreendemos por que William Lynch afirmava que "desejar é o mais humano dos atos"[4].

A doença como incapacidade para desejar

De outro setor chegam-nos dados novos para ampliar a importância do desejo: o fato de que a doença, o vazio e o desespero resultam da incapacidade de desejar. T. S. Eliot o demonstra em ampla escala cultural no *The Waste Land*. Os inesquecíveis incidentes do poema que marcou época cantam repetidamente, com a força cumulativa de uma sinfonia. O personagem principal, uma senhora ociosa, saturada de sexo e luxo, diz ao amante:

> Que farei agora? Que farei?
> Correrei para fora como estou, caminhando pelas ruas
> com os cabelos soltos, como agora. Que faremos amanhã?
> Que faremos sempre?
>
> Água quente às dez.
> E, se chover, carro fechado às quatro.
> E jogaremos uma partida de xadrez,
> Comprimindo olhos sem pálpebras, a espera que alguém bata à porta.
> (II-131-138)

---

4. De um trabalho inédito de William F. Lynch, pronunciado numa conferência sobre a vontade e a responsabilidade, em Nova York, 1964.

É impossível identificar no poema algumas das características do deserto emocional e espiritual contemporâneo. Uma é a desesperadora incomunicabilidade: quando a senhora pergunta ao amante por que ele não fala, e implora que lhe diga o que está pensando, ele responde simplesmente:

> Estamos num beco de ratos
> Onde os mortos perderam os ossos.
> (II-115-116)

Cessar de desejar é estar morto, ou pelo menos habitar a terra dos mortos. Outra característica é a saciedade: se os desejos são meros impulsos para a gratificação, o fim consiste na satisfação da necessidade. O poema diz que *o vazio e a futilidade são maiores onde todos os desejos encontram satisfação.* Pois isso significa que a pessoa deixa de desejar.

Mas Eliot, escrevendo poeticamente sobre os assuntos menos poéticos, é mais profundo do que isso – e o mesmo poderia ocorrer à nossa psicologia. Ele descreve as causas íntimas desta situação numa palavra, *a esterilidade.* É a esterilidade sexual literal no mito que ele adota como base do seu poema, a lenda de um homem chamado Fisher King, que governava uma *waste land,* ou seja Terra Desolada. Esta velha lenda refere-se à fertilidade da terra, a primavera sucedendo-se à "terra desolada" do inverno; e mais tarde, o mito passa às histórias do Rei Artur, do Santo Graal, que se torna o instrumento da cura de Fisher King. "A terra estava árida e seca e assim permaneceria até que um cavaleiro de toda pureza chegasse para curar Fisher King, ferido nos órgãos genitais"[5]. A essência da esterilidade é a frivolidade, a falta de objetivo, a carência de entusiasmo pela vida, associadas ao radical bloqueio da mente. "É a inconsciência da mulher que se torna tão terrível ..."[6]. Isso, por sua vez, é interpretado por Eliot como consequência da falta de fé, que em parte resulta de afastarmos o *self* das grandes experiências simbólicas, na tradição de nossa cultura histórica. Ele situa este *boudoir* contemporâneo em meio a referências a Shakespeare, Milton e Ovídio, mas a mulher não tem a menor consciência da beleza que a rodeia. O poeta situa o caso sexual entre alusões aos grandes amantes do passado, como Dido e Eneias, Antônio e Cleópatra – mas sexo, para esta mulher e seu amante, longe de ser apaixonado, não é sequer um "fútil arquejo, epiderme contra epiderme".

Eliot quer dizer, de fato, que sem fé não podemos *desejar.* E isto inclui os impulsos sexuais: sem fé tornamo-nos impotentes, genitalmente e em outros sentidos. O contexto religioso do poema pode ser interpretado nos termos que estou usando neste capítulo – isto é, que existe uma dimensão de significado expressa no simbolismo do desejo, é ela que empresta ao desejo sua qualidade especificamente humana, e sem este significado até os aspectos emocionais e sexuais do querer tornam-se áridos. O poema foi escrito em 1922, em princípios da era de otimismo,

---

5. Do debate e crítica de *The Waste Land,* Wright Thomas e Stuart Brown, *Reading Poems: An Introduction to a Critical Study* (Nova York, Oxford University Press, 1941), p. 716.

6. Ibid.

quando acreditávamos que a paz e a prosperidade estavam bem próximas e dentro de poucos anos o progresso resolveria todas as nossas necessidades; a "era do jazz", de F. Scott Fitzgerald, quando o único pessimismo era uma melancolia romântica, nostálgica, cheia de autocompunção. Embora seja o mais discutido poema de nossa era, pouca gente, naquele tempo, por mais impressionada que estivesse, compreendeu até que ponto se tratava de uma previsão; e eu ficaria admirado se mesmo Eliot soubesse que a psicoterapia clínica substanciaria mais tarde sua previsão de apatia e impotência.

Eliot, como diversos existencialistas, não acreditava que já fosse possível encontrar resposta na cultura em que escreveu o poema. O "tempo não estava maduro", nas palavras de Heidegger; no *Kairós* de Tillich não está ainda presente. O cavalheiro só chega até à capela perigosa:

> Há uma capela vazia, lar somente do vento,
> Sem janelas, a porta estremece,
> Ossos ressequidos não fazem mal a ninguém.
> (V-388-390)

Não vendo esperanças de ressurreição naquela época, na conclusão do poema, Fisher King está ainda

> Pescando, a árida planície às minhas costas.
> Porei em ordem, pelo menos, as minhas terras?
> A ponte de Londres está caindo, caindo, caindo.
> (V-424-426)

Acho impressionante esta inclinação de Fisher King para as tarefas *técnicas.* Colocar suas "terras em ordem" é o que se faz quando a ansiedade bloqueia a intencionalidade mais profunda. A preocupação técnica é particularmente impressionante quanto justaposta àquela vigorosa linha "A ponte de Londres está caindo..." Embora a época, 1922, não estivesse madura para uma resposta, talvez a nossa se encontre mais pronta para uma resolução.

Há neste poema, porém, uma espécie de desejo que se esgueira por sob a questão do alívio da genitália, ou a satisfação do estômago. É o anseio imaginativo expresso nos "olhos sem pálpebras... a espera duma batida na porta". Em seu plano mais simples vemos aqui refletido, biológica e psicologicamente, o mito da Bela Adormecida, a espera do beijo do príncipe. Só que a princesa, em sua ingenuidade, dorme, enquanto que a senhora, desesperada, tem olhos sem pálpebras, que não se podem fechar para o sono. Em plano mais profundo parece-me que nesse "a espera que alguém bata à porta" existe um profundo desejo, presente também no desespero, uma espera que pode ser representada pelo anseio de um estado para além do desespero, como em "*Waiting for Godot*". Mas contém ainda a esperança de solução, embora latente, o início dinâmico do desejo de possibilidades construtivas, que transcendem o vazio, a frivolidade e a apatia.

Incapacidade para desejar

Nos últimos anos, diversos psiquiatras e representantes de setores afins vêm ponderando e explorando os problemas do desejo e da vontade. É válido supor que esta confluência de preocupações seja reação a uma forte necessidade, hoje, de lançar novas luzes sobre tais questões.

Em suas penetrantes interpretações da literatura relacionadas com a psicologia profunda, o Padre William Lynch apresenta a tese de que não é o desejo que causa a doença e sim a *carência de desejo*. Sustenta que é aprofundar nas pessoas a capacidade de desejar e que uma das facetas da nossa tarefa, em terapia, era criar esta aptidão. E define o desejo como "uma concepção positiva na imaginação"[7]. Desejar é um verbo transitivo – inclui um *ato*. Existe no desejo um elemento autônomo, que Lynch relaciona com um ato da imaginação – "todo desejo genuíno é um ato criativo"[8]. Encontro na terapia um apoio para a afirmativa: quando o paciente é capaz de sentir e declarar com firmeza "*desejo* isto ou aquilo", está dando, na verdade, um passo positivo. Isto desloca o conflito de um plano submerso, inarticulado, onde não assume responsabilidade, mas espera que Deus e os pais leiam seus desejos por telepatia, a um conflito franco, sadio, sobre aquilo que deseja. Baseado no mito teológico da criação, "Deus exulta quando o homem emite um desejo seu"[9].

---

7. William Lynch, num discurso pronunciado na Convenção Anual da Associação Americana de Psicologia Experimental e Psiquiatria, 1964. Isso me recorda o ensinamento de Spinoza, segundo o qual devemos "ter sempre em mente a virtude que desejamos adquirir", de maneira a poder ver como é aplicada a cada situação que se apresenta. Assim, a virtude ficará gradualmente impressa em nós. Até que ponto o conselho poderá ser seguido, eu o ignoro, mas o que queremos sublinhar, tanto em Spinoza como no Padre Lynch acima mencionado, são os aspectos transitivos, ativos, da consciência.

8. Ibid.

9. Ibid.

Lynch passa então a indicar algo que em geral esquecemos, isto é, que *o desejo, no relacionamento interpessoal, exige reciprocidade.* Eis uma verdade que desponta em diversos mitos e que quando não levada em conta atira a pessoa à sua condenação. Peer Oynt, na peça de Ibsen, dá a volta ao mundo, agindo de acordo com seus desejos; o único problema é que estes nada têm a ver com as pessoas que ele encontra, pois são totalmente egocêntricos, "encerrados num barril de *self,* selados com uma rolha de *self.* Na *Bela Adormecida,* pelo mesmo motivo, o jovem príncipe que assalta a floresta, a fim de salvar e despertar a jovem adormecida, "antes que o tempo amadureça", nas palavras do conto de fadas, são exemplos de comportamento que tenta forçar ao amor e ao sexo antes que o outro esteja pronto, revelando um desejo sem reciprocidade. Os jovens príncipes preocupam-se com seus próprios desejos e impulsos, desligados de outrem. Se o desejo e a vontade podem ser vistos e sentidos a esta luz de atos autônomos e imaginativos de reciprocidade interpessoal existe profunda verdade na frase de Santo Agostinho: "Ama e faz o que queres".

Mas o Padre Lynch, e Santo Agostinho, com toda certeza, não tinham uma visão ingênua em relação à natureza humana (exatamente como Freud). Sabiam muito bem que o desejo é expresso em termos ideais. Sabiam que o problema é precisamente o homem desejar e querer contra seu semelhante, que a imaginação é não só a origem de nossa capacidade para formar o desejo criativo mútuo, como se encontra também cerceada pelas limitações, convicções e experiências do próprio indivíduo; e assim há sempre no desejo um elemento de violência tanto contra o outro como contra nós mesmos, por mais equilibrados que sejamos, ou por mais que sejamos receptáculos da graça. Lynch chama a isso o elemento "teimoso", o vocábulo significando aqui a insistência no próprio desejo contra a realidade da situação. A teimosia, afirma, é o desejo motivado pelo desafio, manifestando-se mais *contra* do que *a favor* de seu objeto. O ato desafiador, teimoso, diz Lynch, é correlacionado mais com a fantasia do que a imaginação, e é o espírito que nega a realidade, seja esta uma pessoa ou um aspecto da natureza impessoal, em lugar de vê-la, formá-la, respeitá-la, ou gozá-la.

O elemento autônomo, espontâneo, do desejo e do querer encontra-se também presente nos novos e importantes estudos da vontade, feitos pelo psiquiatra Leslie Farber[10]. O Dr. Farber demarca dois domínios da "vontade", consistindo o primeiro numa experiência do *self* em sua totalidade, um movimento relativamente espontâneo em determinada direção. Nessa espécie de querer, o corpo movimenta-se como um todo e a experiência é caracterizada por um relacionamento e uma qualidade de franqueza e imaginação. É o sentimento de liberdade que

10. Leslie Farber, numa conferência sobre a vontade e a responsabilidade em Nova York, 1964. Mais tarde publicada em *The Ways of the Will: Essays Toward a Psychology and Psychopathology of Will* (Nova York, Basic Books, 1966), pp. 1-25.

antecede qualquer discussão sobre independência política ou psicológica; é uma liberdade, acrescentaria, pressuposta pelo determinista e anterior a qualquer debate sobre determinismo. Em contraste, a vontade, no segundo domínio, segundo a vê o Dr. Farber, é aquela onde figura algum elemento estranho, uma necessidade de decisão, ou um caráter, uma resolução com um elemento *contra* e simultaneamente *a favor* de alguma coisa. Para usar a terminologia freudiana, a "vontade do superego" se incluiria neste domínio. Farber apresenta esses contrastes usando a vontade no segundo sentido: somos capazes de querer ler e não compreender, de desejar o saber, mas não a sabedoria, o escrúpulo sem a moral. Isto é ilustrado pelo trabalho criativo. O segundo domínio da vontade, de acordo com Farber, é a aplicação conscienciosa, diligente e crítica ao esforço criador, na preparação de um discurso, ou na revisão de um manuscrito, por exemplo. Mas quando se está na realidade fazendo o discurso, ou quando a "inspiração" nos domina ao escrever, ficamos envolvidos num certo grau de esquecimento do *self*. Nessa experiência, desejar e querer tornam-se um só. Uma característica da experiência criativa é contribuir para uma união temporária, transcendendo o conflito.

Farber sublinha que a tentação é deixar que o segundo domínio sobrepuje o primeiro; perdemos a espontaneidade, o livre-fluxo da atividade, e a vontade torna-se forçada, controlada – isto é, a força de vontade vitoriana. Nosso erro, então, nas palavras de Yeats, é deixar que "a vontade assuma a tarefa da imaginação". A meu ver, o que Farber descreve como vontade de primeira categoria está muito próximo do que Lynch chama "desejo". E ambos, Lynch com o "desejo", e Farber no domínio da "vontade espontânea", descrevem muito bem algo a que nos dedicaremos no capítulo seguinte, a *intencionalidade.*

Apresentarei algumas definições provisórias. *Vontade é a capacidade para organizar-se,* de maneira que o movimento em determinada direção, ou determinado objetivo, possa realizar-se. *Desejo é o imaginativo brincando com a possibilidade* de um ato ou estado.

Mas, antes de passarmos a questões mais complexas, precisamos fazer duas coisas. A primeira é bloquear uma grosseira dialética da inter-relação de vontade e desejo. A finalidade é demonstrar certos aspectos fenomenológicos que precisam ser levados em consideração. Pode-se considerar que "vontade" e "desejo" operam em polaridade. A "vontade" exige autoconsciência; o "desejo" não. A "vontade" supõe uma possibilidade ou opção; o "desejo" não. O "desejo" proporciona calor, conteúdo, imaginação, o brinquedo infantil, o frescor, e a riqueza para o "querer". O "querer" proporciona orientação e maturidade para "desejar". A "vontade" protege o "desejo" permitindo-lhe continuar sem correr riscos demasiado grandes. Mas sem o "desejo", a "vontade" perde a vitalidade, a viabilidade e tende a expirar em autocontradição. Se a pessoa sente apenas "vontade" e nenhum "desejo" é um vitoriano ressequido, neopuritano. Se tem apenas "desejo" e nenhuma "vontade" é uma pessoa dirigida, tolhida, infantil, que, quando adulta, permanecerá criança e talvez venha a tornar-se um robô.

William James e a vontade

A outra tarefa a ser cumprida antes de se explorar a intencionalidade é estudar William James, aquele psicólogo-filósofo, americano genial, que lutou durante toda a vida com o problema da vontade. Sua experiência nos servirá de ponto de partida.

Um dos meus estimados colegas, escrevendo sobre a "séria depressão de James" e o fato de que "durante vários anos esteve à beira do suicídio", pede-nos para "não julgá-lo severamente por esses desajustes"[11]. Tenho um ponto de vista diferente. Acredito que compreender as depressões de James e a maneira como as enfrentou aumenta nosso apreço e admiração por ele. É verdade, durante toda a vida foi torturado pela vacilação e a incapacidade de tomar uma decisão. Em seus últimos anos, quando lutava para renunciar ao ensino em Harvard, escreveu um dia no seu diário: "Peça demissão"; no seguinte, "Não peça demissão"; e no terceiro novamente "Peça demissão". A dificuldade para tomar uma decisão relacionava-se com sua riqueza interior e as inúmeras possibilidades que para ele cada opção continha.

---

11. E.R. Hilgard, "A Obra Inacabada de William James", trabalho apresentado na Convenção Anual da Associação Americana de Psicologia, Washington, D.C., setembro de 1967.

Mas foram precisamente as depressões de James – durante as quais muitas vezes falava de seu anseio por "uma razão para viver mais quatro horas" – que o forçaram a preocupar-se tanto com a vontade, e precisamente *na luta contra elas aprendeu tanto sobre a vontade humana.* Acreditava – e, como terapeuta, creio que seu juízo é clinicamente sadio – que foi sua própria descoberta da aptidão para querer que o capacitou a viver uma existência tremendamente fértil, até morrer aos 68 anos, apesar das depressões e da contínua insônia, perturbações da visão, na espinha etc. Em nossa "era de vontade desordenada", conforme já foi chamada, voltamo-nos com avidez para William James, buscando a ajuda que poderá proporcionar-nos em relação ao problema da vontade.

Começa seu famoso capítulo sobre a vontade, publicado em 1890[12], classificando sumariamente o *desejo* como algo que existe quando ansiamos por uma coisa impossível de ser realizada, e opondo-se à *vontade,* que ocorre quando o fim está ao nosso alcance. Se no desejo existe a sensação de impossibilidade de alcançá-lo, simplesmente *desejamos.* Creio que esta definição revela o vitorianismo de James, que considera os desejos como irreais e infantis. Evidentemente nenhum desejo é possível quando começamos a desejar. *Torna-se* possível somente quando o desejamos de diversas maneiras, considerando-

12. Em *Princípios de Psicologia*, a obra-prima de James, publicado em 1890, dez anos antes que Freud publicasse sua *Interpretação dos sonhos*.

-o deste ou daquele ângulo, às vezes por um prolongado período de tempo, gerando então a força e assumindo o risco para *torná-lo* realidade.

Mas James atira-se então ao que se revela um dos mais emocionantes tratados sobre a vontade na literatura, e ao qual só posso aludir de passagem. Apresenta primeiro o tipo "primário", que se distingue pelo fato de não exigir uma série de decisões. Decidimos mudar de camisa, ou começar a escrever e, uma vez que começamos, desencadeamos uma série de movimentos: é o ideomotor. Esta "vontade primária" exige ausência de conflito. James tenta aqui preservar a espontaneidade tomando posição contra a força de vontade vitoriana, o exercício desta faculdade independente, que deve ter fracassado em sua vida, levando-o à paralisia que se manifestava por depressões. Sabemos muito mais agora sobre esta chamada "ausência de conflito", graças principalmente à psicanálise, e também que se passa infinitamente mais nos estados aparentemente sem conflito.

Alude então à "vontade sadia", que define como ação resultante da visão. A visão exige um nítido conceito e consiste de motivos em correta proporção uns com os outros – o que constitui um quadro bastante racionalista[13].

13. James acreditava que o sistema prazer-dor de motivação – isto é, desejamos certas coisas porque elas nos causam prazer e recusamos outras porque nos causam dor – tem dois graves defeitos. Um é que, embora o prazer e a dor sejam motivações em nível superficial, são apenas dois entre diferentes motivos. Segundo, em nível mais fundamental, o prazer e a dor são antes acompanhantes que causas:

Discutindo a vontade doentia focaliza com razão a *vontade obstruída.* Um exemplo por ele utilizado é o estado em que mergulhamos quando nossos olhos ficam desfocalizados e nos tornamos incapazes de "prestar atenção". "Ficamos sentados, olhando sem ver e sem fazer coisa alguma". Os objetos do consciente não nos atingem, nem nos impressionam. Grande fadiga ou exaustão marcam esta condição; "é uma apatia semelhante à conhecida nos hospícios pelo nome de *abulia,* sintoma de doença mental"[14]. É interessante que ele relacione a apatia somente com a doença mental. Quanto a mim, creio que seja o estado crônico, endêmico, psíquico, da sociedade contemporânea – "A personalidade neurótica do nosso tempo".

A questão reduz-se então a: por que nada me *interessa,* me toca, me empolga? E James chega então ao problema central da vontade, isto é, *a atenção.* Ignoro se ele compreendeu tratar-se de uma ideia genial. Ao analisarmos a vontade com todos os recursos da moderna psicanálise, somos impelidos ao plano da *atenção,* ou *intenção,* como sede da vontade. O esforço que acompanha o exercício da vontade é de fato um exercício da atenção; o esforço para querer é o esforço para conservar nítido o consciente, isto é, a atenção focalizada. A pessoa bem-ajustada não precisa

---

eu ajo para me realizar de alguma maneira e se minha ação para isso contribui resulta em prazer. Conforme diz James, não continuo a escrever porque isso me causa prazer, mas vejo-me escrevendo, cheio de excitação mental, e continuo esse projeto ou tarefa por suas próprias razões, embora possa, de fato, sentir prazer de diferentes espécies pelo fato de ter prosseguido.

14. James, II, p. 546.

de muito esforço, comenta James, mas os heróis e os neuróticos sim. Isso conduz a uma surpreendente e penetrante declaração: a identidade entre *crença, atenção* e *vontade:*

> Vontade e crença, significando uma certa relação entre os objetos e o *Self*, são em suma nomes diferentes do mesmo fenômeno *psicológico*[15].
>
> A fórmula mais concisa seria talvez que *crença e atenção* são o mesmo fato[16].

Em seguida, diverte-nos com um dos seus exemplos profundamente humanos e rasteiros. Cito-o detalhadamente porque desejo voltar a ele ao discutir os aspectos inacabados do seu conceito de vontade:

> Sabemos o que é sair da cama numa manhã de frio, num quarto sem aquecimento. O próprio princípio vital dentro de nós protesta contra a experiência penosa. (O cenário é a Nova Inglaterra antes do aquecimento central). A maioria das pessoas fica provavelmente deitada, certas manhãs, durante uma hora inteira, incapaz de reunir coragem para levantar-se. Raciocinamos que ficaremos atrasados, que as obrigações do dia sofrerão com isso; dizemos "preciso levantar-me, é uma vergonha" etc. Mas o calor das cobertas é demasiado delicioso e o frio lá fora demasiado cruel, e a resolução murcha e se adia repetidamente, no exato instante em que parecíamos à beira do ato decisivo. De que modo nos levantamos em tais circunstâncias? Se me permitirem fazer uma generalização, baseado

---

15. Ibid., p. 321.
16. Ibid., p. 322.

> em experiência pessoal, na maioria das vezes levantamo-nos sem qualquer luta ou decisão. Descobrimos de repente que *precisamos* levantar. Ocorre feliz lapso de consciência, esquecemos tanto o calor como o frio: *caímos num devaneio relacionado com as atividades do dia,* no decorrer do qual uma ideia nos atravessa a mente: "Ora! Não posso continuar aqui deitado" – ideia que naquele feliz instante não desperta sugestões contraditórias ou paralisantes e, por conseguinte, produz de imediato seus efeitos motores adequados. Foi a aguda consciência tanto do calor como do frio, durante o período de luta, que paralisou a nossa atividade...[17]

E conclui dizendo que o momento de inibição cessa, a ideia original exerce seu efeito e nós nos levantamos. Acrescenta, com confiança tipicamente jamesiana, que "este caso parece-me conter em miniatura os dados de toda a psicologia da volição".

Examinemos agora, de modo especial, o próprio exemplo de James. Observamos que, exatamente ao chegar ao coração do problema da vontade, surge uma notável observação. "De repente descobrimos que *temos* que nos levantar". Isto é, ele salta por sobre todo o problema. "Não ocorre nenhuma decisão absolutamente", mas apenas um "feliz lapso de consciência".

Mas, pergunto, o que houve naquele "feliz lapso de consciência"? O laço paralisador de sua ambivalência abriu-se, é verdade. Mas isto é uma declaração negativa

17. Ibid., p. 524. O grifo é meu.

e não nos revela nada além do que aconteceu. Não podemos chamar a isto apenas "um feliz instante", como James. Se a verdade, para nós, se baseia na simples "sorte", nossa casa está de fato construída sobre a areia e não dispomos de nenhum fundamento para a vontade.

Não sugiro que James, neste exemplo, tenha deixado de dizer alguma coisa. Disse, e muito importante: todo o incidente demonstra o *fracasso da força de vontade vitoriana*, vontade consistindo numa "faculdade" baseada em nossa capacidade de forçar o corpo a agir contra o seu desejo. A força de vontade tudo transformava numa questão de razão ou moral – isto é, a atração da cama quente, a ignomínia de ceder a ela, opostas à chamada pressão do "superego" para ser "correto", isto é, levantar-se e trabalhar. Freud descreveu minuciosamente o farisaísmo e a racionalização contidas na força de vontade vitoriana e, creio, arrasou-a de uma vez por todas. O exemplo revela a luta do próprio James contra os efeitos paralisantes do vitorianismo, no qual o objetivo é destorcido, transformado numa demonstração autocentralizada do próprio caráter, e a verdadeira questão moral fica inteiramente perdida na confusão.

Assim, voltamos à questão crucial. O que ocorreu naquele "feliz lapso de consciência"? James diz apenas que "caímos num devaneio ligado às obrigações do dia". Ah! Aqui está o nosso segredo! A psicoterapia proporcionou-nos uma grande quantidade de informação sobre esse "devaneio", informação que James não possuía. E eu não creio que possamos "cair" absolutamente em devaneio.

Por questões de clareza, registrarei aqui meu argumento relativo ao "ponto inacabado" no seu conceito da vontade. *Sugiro que toda uma dimensão de experiência é deixada de lado por James e também por nós, omitida na psicologia contemporânea.* A resposta não se encontra na análise consciente de James, ou na análise freudiana do inconsciente, e sim numa dimensão que atravessa e inclui tanto o consciente como o inconsciente, a cognição e a conação.

Para esta dimensão, historicamente conhecida como *intencionalidade,* nós nos voltamos agora.

9
Intencionalidade

> Aprender não é acumular fragmentos de conhecimento. É um *crescer,* onde cada ato de conhecimento desenvolve quem estuda, capacitando-o a constituir objetividades cada vez mais complexas – e onde o crescimento objetivo é paralelo em complexidade ao desenvolvimento subjetivo na capacidade.
>
> Husserl, *segundo interpretação de Quentin Lauer.*

Ao explorarmos o significado mais profundo de desejo observamos a recorrência de um estranho tema. No desejo existe mais do que parece à primeira vista. O tema está implícito quando Lynch fala no elemento “autônomo” do desejo, ou quando tanto ele como Farber se referem à relação do desejo com a imaginação e a espontaneidade. E está presente de modo especial quando consideramos o *significado,* aquele aspecto do desejo no ser humano que vai além da simples força e é expresso através da linguagem da arte e de outros símbolos. E é grande “X” sobre o qual James saltou ao ilustrar o ato de sair da cama numa manhã de frio.

Este tema, que percorre obrigatoriamente o nosso debate, é a *intencionalidade.* Por intencionalidade entendo a estrutura que dá significado à experiência. Não deve ser confundida com intenções, – é a dimensão que as sublima; é a capacidade humana para ter intenções. É a nossa participação imaginativa nas possibilidades do dia que se inicia, segundo o exemplo de James, e da qual emerge a consciência de nossa capacidade para formar, amoldar, modificar a nós mesmos e ao dia, um em relação ao outro. O devaneio de James deitado na cama é disso uma bela expressão, embora negada. A intencionalidade encontra-se no âmago da consciência. Creio que é também a chave do problema do desejo e da vontade.

Primeiro – que significa o termo? Nós o definimos em dois estágios. O preliminar é o fato de que nossas intenções são decisivas com relação a nossa maneira de perceber o mundo. Esta tarde, por exemplo, visitarei uma casa nas montanhas. Suponhamos primeiro que eu esteja procurando uma residência para amigos alugarem durante o verão. Ao aproximar-me indagarei se é sólida e bem-construída, se recebe bastante sol e outras coisas que para mim têm o significado de "abrigo". Ou suponhamos que eu seja um corretor de imóveis: o que mais me interessará é a facilidade de fazer reparos, se me trará um preço mais alto que o que paguei por ela e outras coisas que signifiquem "lucro". Ou digamos que eu esteja visitando a casa de amigos: neste caso, eu a verei com olhos que se refiram à "hospitalidade" – o terraço, as espreguiçadeiras que tornarão mais agradável a conversa à tarde. Ou, caso se trate de um coquetel em casa de amigos que deixaram de comparecer a uma festa que ofereci em minha casa, vejo-me procurando coisas que indiquem que os outros prefeririam meu *cottage* ao deles, e outros aspectos de inveja ou de "*status* social", pelos quais nós, seres humanos, somos tão conhecidos. Ou finalmente, se naquela tarde saí munido de aquarela, decidido a pintar um pouco, observarei como a casa se prende à encosta da montanha, as linhas do telhado seguindo na direção dos picos distantes, e descendo para o vale lá embaixo. Neste caso preferirei que a casa esteja meio em ruínas, o que me dará melhores possibilidades artísticas.

Em cada um desses cinco exemplos, é a mesma casa que fornece os estímulos e eu sou a mesma pessoa que a eles reage. Mas, em cada caso, morada e experiência têm significado inteiramente diferente.

Este é apenas um dos aspectos da intencionalidade. O outro é que ela provém igualmente do objeto. Intencionalidade é a ponte entre os dois. É a estrutura do sentido que nos possibilita, sujeitos que somos, a ver e compreender o mundo exterior, objetivo, tal qual é. Na intencionalidade, a dicotomia entre sujeito e objeto é em parte vencida.

As raízes da intencionalidade

O conceito me parece tão importante e foi de tal modo negligenciado na psicologia contemporânea que peço ao leitor acompanhar-me numa exploração do seu significado. As raízes podem ser encontradas entre os antigos pensadores. Aristóteles disse: "O que é dado aos olhos (em linguagem nossa, o que se percebe) é a *intenção* da alma". Cícero refere-se à "alma como as tensões do corpo"[1]. Mas o conceito específico de intencionalidade foi introduzido no pensamento ocidental pelos filósofos árabes, no princípio dos tempos medievais, e tornou-se fundamental no pensamento da Idade Média. Significava então a nossa maneira de conhecer a realidade, isto é, uma epistemologia. Distinguiam-se duas espécies de intencionalidade: *intensio prima,* relativo ao conhecimento de determinadas coisas em particular – isto é, objetos que realmente existem; e *intensio secunda,* as relações desses objetos com os conceitos gerais, isto é, conhecer por conceitualização.

Tudo isto pressupõe que não podemos conhecer coisa alguma, a menos que de certo modo tenhamos dela participado. Para Santo Tomás de Aquino, a intencionalidade é o que o intelecto capta sobre o que foi compreendido. Ele declara, em linguagem que infelizmente não se tornou mais clara com a tradução, que "o intelecto, ao ser informado no ato intelectual, forma uma intenção da coisa compreendida"[2]. Notamos as palavras "ser informado" na forma passiva, seguidas mais tarde por "forma", na voz ativa. Para mim, isto significa que, no processo de conhe-

1. Lido e traduzido para mim de um dicionário alemão de filosofia de Paul Tillich.

2. Ver nº 1 acima.

cer, somos *informados* pela coisa compreendida e simultaneamente o intelecto *dá forma* ao que compreendemos. O importante aqui é a palavra "informar", ou "formar dentro". Dizer algo a alguém, informar, é *formá-lo* – processo que às vezes pode tornar-se bastante poderoso em psicoterapia, quando o terapeuta diz apenas uma sentença, uma palavra, no momento exato. Que diferença do que nos ensinavam na escola, isto é, que informação é apenas dado frio, exterior a nós, e que pode ser manipulado!

A intencionalidade começa assim com uma epistemologia, um modo de conhecer a realidade, contendo o sentido da realidade como a conhecemos.

Nosso tema recebe gigantesco impulso graças a Immanuel Kant, com sua "segunda revolução de Copérnico" no pensamento moderno. Kant afirmava que a mente não é simples barro passivo, onde se inscrevem sensações, ou algo que simplesmente absorve e classifica fatos. O que realmente acontece é que os próprios objetos se moldam à nossa maneira de compreender[3]. Bom exemplo disso é a matemática, feita de construções mentais. Mas a natureza conforma-se, "responde" a elas. Como diria Bertrand Russel sobre a física, um século e meio depois de Kant: "A física é matemática, não porque conhecemos tanta coisa a respeito do mundo físico, e sim por conhecermos tão pouco: a única coisa que podemos descobrir são as duas

3. Aqui a palavra "con-forme" é extremamente interessante. Significa "formar com".

propriedades matemáticas"[4]. A revolução de Kant consistiu em tornar a mente humana participante ativa e formadora daquilo que conhece. A própria compreensão é, portanto, constitutiva desse mundo.

Na última metade do século XIX, o conceito de intencionalidade foi reintroduzido por Franz Brentano, a cujas vigorosas conferências na Universidade de Viena assistiram tanto Freud como Husserl. Brentano acreditava que a consciência se define pelo fato de *pretender* algo, apontar para alguma coisa fora de si mesma – especificamente ela *intenciona o objeto.* Assim, a intencionalidade empresta conteúdo significativo ao consciente.

Embora Freud, que eu saiba, jamais mencione Brentano em seus escritos, claro está que ele foi mais do que um simples ouvinte anônimo de suas conferências. Há provas da participação ativa de Freud nas aulas e também de que Brentano, em certa ocasião, deu-lhe uma recomendação. Parece-me que a intencionalidade implícita nos pontos de vista freudianos constitui um dos não raros casos de influência do pensamento de um homem sobre outro, de maneira tão adequada que dele se torna parte integrante, como se as ideias sempre houvessem sido dele. A intencionalidade está inerente ao *approach* freudiano da livre-associação, sonhos e fantasias. A razão pela qual Freud não menciona especificamente o conceito pode ser a mesma que o exclui de outros aspectos de nossa psi-

4. Citado por Arthur Koestler, *The Act of Creation* (Nova York, Macmillan Co., 1964), p. 251.

cologia acadêmica e científica; Freud queria estabelecer uma psicologia tipo ciência natural para a sua psicanálise, e a intencionalidade explícita – o "elo que faltava" entre mente e corpo – torna a tarefa infinitamente mais difícil, senão impossível. Tomemos, por exemplo, seu esforço para elaborar uma teoria "econômica" da libido, sendo as alterações nas quantidades econômicas da excitação a variante significativa. Podemos supor uma certa força, digamos, de puro desejo sexual, com correlatos glandulares e neuromusculares em todo o corpo, assim como excitação específica nos órgãos sexuais. Mas acontece que a libido não é uma quantidade fixa, mas se altera de acordo com as associações da pessoa com o ente amado, o pai, a mãe, amantes etc., e esses sentidos simbólicos – que são quantitativos – têm mais relevância e força como um elemento variável do que a quantidade de libido. Freud foi quem, acima de todos, nos esclareceu sobre esses mesmos significados que destroem a sua própria, ou qualquer outra, interpretação quantitativa.

Edmund Husserl, discípulo de Brentano, que se tornaria o pai da moderna fenomenologia, ampliou o conceito para todo o âmbito dos nossos conhecimentos. A consciência, observou, nunca existe num vácuo subjetivo, mas é sempre consciência *de* alguma coisa. Não só não pode ser separada de seu mundo subjetivo, como na verdade constitui esse mundo. O resultado é que "significado é uma intenção da mente", nas palavras de Husserl[5]. O

5. Citação de Quentin Lauer, *The Triumph of Subjectivity* (Nova York, Fordham University Press, 1958), p. 29.

ato e a experiência da própria consciência são um contínuo amoldar e reamoldar do nosso mundo, *self* inseparavelmente relacionado com objetos, e objetos com *self*, este participando do mundo e, ao mesmo tempo, observando-o, sendo inconcebível o polo de um sem o outro. Isso não significa, naturalmente, que não possamos separar, num momento, os lados subjetivo e objetivo da experiência. Quando meço a minha casa para verificar a quantidade de tinta necessária para pintá-la, ou quando recebo um relatório de testes endocrinológicos de meu filho, isolo no momento a minha maneira de sentir: quero somente compreender, tão claro quanto possível, os algarismos. Mas, em seguida, minha responsabilidade é colocar esses fatos objetivos de volta ao contexto em que têm para mim significado – o projeto de pintar a casa, ou o tratamento de saúde do meu filho. Acredito que um dos nossos sérios erros em psicologia seja dispersar parte da experiência e jamais tornar a reuni-la.

Heidegger deu o passo seguinte retirando o conceito de Husserl "das alturas" do idealismo platônico e estendendo-o ao ser humano sensível, racional e ativo. Ele o fez por meio do seu conceito de cuidado (Sorge). Cuidado tem em nosso mundo um sentido análogo ao da compreensão de Kant. O homem é o ser, diz Heidegger repetidamente, que se preocupa com o Ser. E quando não o faz, poderíamos acrescentar, baseados em observações terapêuticas de estados de conformismo e despersonalização, perde o ser, isto é, perde suas potencialidades.

Existe um estreito e íntimo relacionamento entre o cuidado e a intencionalidade, já sugerido pelo fato de que a raiz da palavra "cuidar" (*tend,* em inglês) é o âmago do vocábulo intencionalidade.

A palavra, por si mesma, concretiza uma sabedoria cumulativa, criativa, uma vez que é o produto de séculos de amoldamento, formação e reformulação por parte de um número infinito de pessoas que procuram comunicar algo importante a si próprias e aos seus companheiros de cultura. Vejamos de que modo nos pode auxiliar a compreensão de "intencionalidade" e seus relativos "intend" e "intenção", investigando suas raízes etimológicas.

Todos esses vocábulos vêm do latim *intendere,* que consiste de *in* mais *tendere, tensum,* sendo que o último significa "estender" e é a origem da palavra "tensão". Isto revela imediatamente que a intenção é "estender-se" em direção a alguma coisa.

Agora, um fato que talvez surpreenda a muitos, como surpreendeu a mim: o primeiro sentido atribuído à palavra "intencionar", no Webster[6], nada tem a ver com "propósito", ou "desígnio", como ao dizermos "Pretendo fazer algo", e sim com "significado". Apenas em segunda instância o Webster apresenta a definição "ter em mente um propósito ou desígnio". A maioria das pessoas de tradição vitoriana tende a omitir o significado primário e central e usar o conceito somente no sentido derivado de desígnio consciente e propósito. E já que a nossa

6. *Webster's Collegiate Dictionary.*

psicologia em breve se tornou capaz de provar que esses desígnios e propósitos conscientes, eram, na maioria, ilusões, que não somos absolutamente criaturas desses planos simpáticos e livremente escolhidos, ficamos constrangidos a abandonar todos os "intentos" com a etiqueta de "intenções". Já sabíamos que a estrada do inferno está pavimentada de boas intenções e ficamos sabendo agora que essas intenções, boas ou más, são produtos de nossa presunção. Mas, trocando-se "presunção" por "preocupação" e compreendendo que não existe conhecimento ou ato sem esta preocupação consigo mesmo – que tudo contém sua concernência ou intento, e que conhecemos nosso mundo em virtude desses intentos – se fizermos a transposição da forma pejorativa para a positiva das palavras, como ficam diferentes as implicações!

O aspecto mais significativo da intenção é a sua relação com o *sentido.* Nós o empregamos numa fórmula legal: "Qual o *intento* da lei?" referindo-nos ao seu significado. "Intento" é a "inclinação da mente em direção a um objeto", anunciou o Webster na primeira definição, "*daí,* um desígnio, um propósito"[7]. Desígnio e propósito vêm após o "daí", isto é, os aspectos voluntários da experiência residem no fato de a mente já estar voltada para um objeto que tem para ela certa importância e significado.

Percorrendo toda esta etimologia encontra-se, naturalmente, aquela palavrinha "tende", que se refere ao mo-

---

7. Ibid.

vimento em direção a alguma coisa – *tende* a, tendência. Para mim, este é o âmago de toda a questão; sua presença central é um perpétuo lembrete de que nossas intenções nunca são puramente "intelectuais", ou os nossos atos simples resultados de impulsos do passado; mas em ambos os casos estamos nos movendo *em direção* a alguma coisa. E *mirabile dicta,* o vocábulo significa também, conforme vimos rapidamente, "cuidar de" – cuidar das ovelhas ou do gado, cuidar de nós mesmos.

Assim, quando Husserl diz "Pretender é uma intenção da mente" inclui tanto o *significado* como o *ato,* e o *movimento em direção a alguma coisa.* E aponta esse duplo significado na língua germânica: a palavra *meinung,* que significa tanto opinião como intenção, tem a mesma raiz do que o verbo *meinen,* "pretender". Meditando sobre a língua inglesa com relação ao assunto surpreendi-me – tendo sido educado no sentido de julgar que o fato objetivo era o epítome de tudo, ocupando lugar junto a Deus, senão seu próprio trono – ao descobrir que ela possui também esse duplo sentido. Quando digo: "Significa que o papel é branco", os outros consideram minha sentença como uma declaração de fato, tendo equivalência unilateral: "A" é "B". Mas quando digo: "Pretendo virar a esquina, mas o carro está derrapando", aceita-se a frase como a minha intenção, uma afirmativa de meu intento e convicção. Só mais tarde veremos se será possível concretizá-la.

A conclusão, portanto, a que conduz o nosso argumento é que *toda intenção contém um compromisso.* E isto não se refere ao uso dos músculos *depois* de se ter tido uma ideia, com a finalidade de realizá-la... E acima de tudo não se refere ao que um behaviorista talvez dissesse, depois de ler estes parágrafos: "Exatamente o que sempre afirmamos – o consciente está apenas no ato e, para começar, poderíamos estudar, portanto, apenas a ação muscular, o comportamento". Não, nossa análise conduz exatamente à conclusão oposta, isto é, que não se trata de um simples movimento de músculos, como o da laringe durante a fala. O que temos é um ser humano *intencionando* fazer alguma coisa. E é impossível compreender o comportamento franco exceto em relação a, e como expressão de sua intenção. Pretender não tem significado independente da intenção. Cada ato consciente *tende* a alguma coisa, é um voltar da pessoa em direção a algo e contém, embora apenas latente, um impulso orientado para uma ação.

Cognição, ou saber, e conação, ou querer, andam juntos, portanto. Um não poderia existir sem o outro. É por isso que o compromisso é tão importante. Se eu não *quero* algo, jamais poderia *conhecê-lo;* se eu não *conheço* alguma coisa, jamais possuiria conteúdo para o meu querer. Neste sentido pode-se dizer que o homem faz sua própria intenção. Observe-se que eu não disse que ele faz *apenas* sua intenção, ou que esta não seja dialeticamente relacionada, a todo momento, com a realidade. Digo que se o homem não está empenhado em realizar sua intenção, jamais conhecerá a realidade.

Minha tarefa, até aqui, tem sido definir o conceito de intencionalidade. Sublinhei que ele contém tanto o conhecimento como a formação da realidade, e que ambos são inseparáveis. Do ponto de vista da intencionalidade, o devaneio de James deitado na cama é inteiramente sensato, e o súbito ato de levantar-se não é absolutamente "um feliz instante" de capricho, ou um "afortunado acontecimento", e sim uma compreensível e fidedigna expressão de sua "*conexão com os acontecimentos do dia*". É sua "participação imaginativa" no dia e nos acontecimentos daquelas vinte e quatro horas que o alcançam e envolvem, fazendo com que se levante.

Exemplos tirados da psicanálise

Desejo agora apresentar alguns exemplos tirados da psicanálise, sobre o problema da intencionalidade. Tomemos o fascinante caso de um paciente que não consegue perceber algo óbvio, não porque tenha algum defeito de visão, ou nas funções neurológicas, ou qualquer problema semelhante, mas porque *a intencionalidade à qual está ligado impossibilita-o de enxergar.*

Um paciente meu, na primeira sessão de psicanálise, revelou que a mãe tentara um aborto quando o estava esperando e que depois o entregara a uma tia solteirona para criar, nos seus dois primeiros anos de vida. Em seguida internara-o num orfanato, prometendo visitá-lo todos os domingos, mas raramente cumprindo a promessa. Se eu lhe dissesse, tendo a ingenuidade de julgar que lhe faria algum bem, que "sua mãe o odiava", ele ouviria as palavras, mas talvez estas não tivessem para ele nenhum significado. Ocorre às vezes algo impressionante: o paciente nem sequer *ouve* a palavra "ódio", embora o psiquiatra a repita várias vezes. Suponhamos que meu paciente seja psicólogo ou psiquiatra. Talvez observasse: "Compreendo que tudo isso é o mesmo que dizer que minha mãe me rejeitou, não me amava, mas essas palavras soam simplesmente estranhas ao meu ouvido". Não estará mentindo ou jogando de esconde-esconde comigo. É um fato: *o paciente não se permite perceber o trauma até estar pronto a tomar uma atitude em relação a ele.*

Tal experiência não será novidade para ninguém: sentimos que seremos despedidos de um emprego; que alguém a quem amamos vai morrer dentro de pouco tempo. Mas o que ocorre é uma estranha conversação interior conosco mesmos: "Sei que conseguirei apreender isto mais tarde, mas no momento não posso". O que é o mesmo que dizer: "Sei que é verdade, mas não posso permitir a mim mesmo aceitá-lo no momento". O mundo pode mostrar-se arrasador se formos incapazes de tomar uma atitude em relação a um acontecimento traumático e não conseguirmos também fugir a percebê-lo. A esquizofrenia é uma reação a este dilema. Às vezes o terapeuta comete o engano de martelar na cabeça do paciente uma verdade óbvia que ele não conseguia admitir; por exemplo, dizer a uma mulher que ela não ama o filho. O que muitas vezes acontece é que o paciente, caso não abandone a terapia, desenvolve outro bloqueio ainda pior entre si próprio e a realidade.

A intencionalidade pressupõe relacionamento tão íntimo com o mundo que não poderíamos continuar a existir se não o bloqueássemos de vez em quando. Isto não deve receber a expressão condenatória de "resistência". Não duvido da realidade da resistência conforme Freud e outros a explicaram, mas sublinho aqui um fenômeno mais amplo, estrutural: "Toda intenção é uma atenção, e atenção é eu-posso", na expressão de Merleau-Ponty[8]. Somos, portanto, incapazes de dar atenção a alguma coisa enquanto não pudermos de algum modo sentir um "eu-posso" em relação a ela.

O mesmo princípio é evidente na memória, de maneira também extremamente interessante. Os pacientes precisam muitas vezes de um ou dois anos de análise para recordarem um acontecimento óbvio da infância. Quando subitamente o recordam será porque a memória melhorou? Claro que não. O que se deu foi uma modificação na relação do paciente com o seu mundo, em geral por meio de crescente confiança no terapeuta e, por conseguinte, em si mesmo. Ou então uma redução da ansiedade neurótica, por outras razões. Sua relação com a intencionalidade – em contraste com a mera intenção consciente, que se supõe estar presente – modificou-se. *A memória é uma função da intencionalidade.* Nesse sentido é como a percepção:

8. Citado pelo Professor Paul Ricoeur, num seminário.

o paciente é incapaz de recordar algo, a menos que esteja pronto a assumir uma posição em relação ao assunto. "A recuperação de lembranças da infância não é a causa e sim o resultado da análise"[9], diz Franz Alexander.

Tudo isto gira em torno da inseparabilidade do conhecer e do querer, da cognição e da conação, que em parte alguma se revela com tanta clareza como na psicoterapia. Procura-se a psicoterapia por se ter consciência de não poder agir na vida por *ignorar* – não se percebeu os impulsos do "inconsciente", desconhecem-se os próprios mecanismos etc. Mas, caso seja este o único *approach*, o paciente permanecerá no divã durante oito ou nove anos, sem agir jamais, por não conhecer bastante; a psicanálise, nas palavras de Silvan Tomkins, torna-se então um "treinamento sistemático para a indecisão".

Mas é também um erro se inclinar a terapia na direção oposta, como diversas escolas têm feito ultimamente, e insistir em que a função do terapeuta seja esclarecer a "realidade" para o paciente e fazê-lo agir de acordo. Isto transforma o terapeuta em policial psíquico da sociedade, cuja tarefa é ajudar o paciente a ajustar-se aos costumes do nosso período histórico – e a respeito dos quais só se pode dizer que, se forem ainda válidos, são de mérito extremamente duvidoso. A única maneira de evitar ambos os erros é transferir o problema a um plano mais profundo de intencionalidade.

9. Comunicação pessoal.

Minha tese é que a função da psicanálise seria impedir a "intenção" para a dimensão mais profunda, ampla e orgânica da intencionalidade. Não foi sempre sua função demonstrar que jamais existe uma intenção puramente consciente, que nós – literalmente assassinos ou não – somos sempre impulsionados pelo "irracional", o demoníaco, as forças ocultas do lado "sombrio" da vida, de que falaram Schopenhauer, Nietzsche e Freud? O último destituiu a deliberação da função de motivo das ações. Façamos o que fizermos, há sempre envolvido infinitamente mais do que nossas razões "racionais" e justificativas. A psicanálise fornece os dados que fazem a necessária distinção, assim como a necessária conexão, entre intenção e intencionalidade.

Precisamos fazer agora uma pausa para distinguir intencionalidade de "propósito", ou "voluntarismo". Intencionalidade é uma forma de epistemologia que o propósito e o voluntarismo não são. Inclui *reação*, o que não ocorre nem com o propósito, nem com o voluntarismo. Não solipsística, a intencionalidade é uma reação afirmativa da pessoa à estrutura do seu mundo. A intencionalidade é o fundamento que torna possíveis o propósito e o voluntarismo.

A intenção *voluntária* de um paciente, na medida em que dela tem consciência, talvez seja chegar a tempo na hora marcada comigo, contar-me este ou aquele fato importante que lhe aconteceu, relaxar e ser completamente franco. Mas suas razões inconscientes, pelo contrário, talvez sejam agradar-me, representando o papel de "bom paciente", ou impressionar-me pelo brilho de suas livres-associações, ou forçar a minha atenção incondicional descrevendo as coisas catastróficas que poderá fazer a si mesmo e aos outros. A intenção é um estado psicológico; posso dispor-me a fazer voluntariamente isto ou aquilo. A intencionalidade é o que jaz sob as intenções, tanto conscientes como inconscientes. Refere-se a um estado de ser e envolve, em maior ou menor grau, a *totalidade* da orientação da pessoa em relação ao mundo, naquele momento. Muito interessante, em psicoterapia, são as ocasiões em que uma forte intenção voluntária – correlacionada com a "força de vontade" – bloqueia o caminho para a intencionalidade, impedindo o paciente de se comunicar com as dimensões mais profundas de sua experiência. Nosso William James, lutando na cama com a força de vontade vitoriana e permanecendo paralisado enquanto lutava, é disso um interessante exemplo. Enquanto ponderava podia ter a certeza de continuar paralisado.

A intencionalidade, no sentido que estou atribuindo ao termo, desce a planos mais profundos do que a percepção imediata e inclui elementos espontâneos, físicos, e outras dimensões em geral chamadas "inconscientes". Isto tem implicações tanto positivas como negativas. Por exemplo: minha *intenção* neste momento é colocar estas ideias, que me parecem importantes, em estilo compreensível e terminar o capítulo em futuro não muito distante. Mas, a menos que esteja participando de uma *intencionalidade* que vá mais além – isto é, a menos que me tenha comprometido a escrever uma obra tão válida quanto possível –, realizarei apenas um trabalho corriqueiro, nada produzirei de genuína importância, ou significado, pois na pressa de terminar o capítulo bloquearei novas ideias que talvez me ocorram, novos *insights* e formas emergindo do pré-consciente e do inconsciente da experiência. A intenção acompanha o propósito consciente. Mas o dom da psicanálise é a *profundidade* da dimensão, uma contribuição que muito amplia a intenção e na verdade a impele do propósito consciente ao homem mais total, inorgânico, que sente e deseja, homem que é o produto do seu passado e que se movimenta em direção ao futuro. A psicanálise não permite que a intenção permaneça simples intenção, mas a impele a um plano de intencionalidade mais profundo, amplo e orgânico.

Dissemos que a intencionalidade fornece a estrutura do desejo e do querer. Falando do ponto de vista psicanalítico, fornece a estrutura na qual ocorrem o recalque e o bloqueio das intenções conscientes. Freud tornou bem claro, no seu uso da "livre-associação", que as associações que parecem simplesmente casuais não o são absolutamente. Na livre-associação, os pensamentos, lembranças e fantasias assumem forma, padrão e tema significativo (que o paciente, ou quem quer que se entregue à livre-associação fora do divã, na reflexão e criatividade normais, talvez não perceba inteiramente no momento) pelo fato de serem fantasias e associações *da pessoa*, saídas de *sua* maneira de ver o mundo, seus compromissos e problemas. Somente mais tarde ela própria percebe e absorve o significado de coisas aparentemente desconexas e casuais que estava dizendo. *A livre-associação é uma técnica para se ir além da simples intenção consciente, e entregar-se ao domínio da intencionalidade.* É no domínio básico, mas inclusivo, da intencionalidade que se encontram essas intenções mais profundas; mas é também aí que descobrimos primordialmente as razões dos recalques do paciente. Creio que o prolongado impacto de Freud e da psicanálise será o aprofundamento e ampliação de nossa compreensão da intencionalidade.

Percepção e intencionalidade

Na escrivaninha diante da qual me encontro há uma folha de papel. Se tenho em mente tomar notas para o meu manuscrito verei a folha em termos de limpeza; já terá sido rabiscada? Se minha intenção é construir um avião para meu neto, vejo o papel em termos de resistência. Ou se a intenção é fazer um desenho verifico a aspereza, o grão, a contextura, convidando meu lápis e prometendo traços mais interessantes. Em cada caso a folha de papel é a mesma e eu sou o mesmo homem a ela reagindo. Mas vejo três folhas de papel inteiramente diferentes. Não faz sentido, naturalmente, chamar a isso "distorção": trata-se de um simples exemplo da infinita variedade de sentidos que determinado acontecimento, padrão de estímulo e reação podem conter.

Intencionar é voltar a atenção para alguma coisa. Neste sentido, a percepção é dirigida pela intencionalidade. Isto pode ser ilustrado pelo fato de que o consciente consiste numa constelação figurada. Se olho para uma árvore, a montanha é o pano de fundo; se olho para a montanha, o caso se inverte; a montanha torna-se então a figura, e o resto o fundo. O processo seletivo, ou caráter da percepção, é um dos aspectos da intencionalidade: não posso olhar para uma coisa neste instante sem me recusar a olhar para outra. Dizer "sim" significa que naquele instante devo dizer "não" a outra coisa. Eis um exemplo de como o conflito faz parte da essência do consciente. O conflito, que é parte integrante da intencionalidade, é o princípio da volição, e o princípio da volição está presente na estrutura do próprio consciente.

Mas apressemo-nos a dizer que este processo seletivo – olho para aqui e não para ali – não é absolutamente um mero uso dos músculos do pescoço e dos olhos ao voltar a cabeça e alterar a linha de visão, na escolha do objeto a contemplar. É muito mais complicado e interessante. Trata-se do processo interior de *conceber o* objeto a fim de *percebê-lo.* Tal é a inter-relação surpreendentemente íntima de minha experiência subjetiva com o que ocorre no mundo objetivo: não posso *perceber* alguma coisa antes de *concebê-la.* O Professor Donald Snygg lembra aquele memorável acontecimento em que o povo de uma sociedade primitiva foi incapaz de ver o navio do capitão Cook quando ele entrou na baía por não possuir nenhum vocábulo, nenhum símbolo para navio[10]. O que viram, nós não sabemos – talvez uma nuvem ou um animal, mas pelo menos era algo para o que possuíam um símbolo. A linguagem, ou o processo simbólico, é a nossa maneira de *conceber* o que *percebemos*.

A palavra "conceber" é usada em nossa cultura com o significado de engravidar e a analogia não deixa de ser apropriada. Pois o ato de perceber exige também capacidade para dar à luz algo dentro de si mesmo; se a pessoa não pode ou, por qualquer razão, não está pronta ainda para dar à luz em si mesma alguma posição em relação ao que está vendo é incapaz de percebê-lo. Baseados em exemplos tirados da psicanálise, é claro que o paciente não pode ter *insights*, perceber verdades a respeito de si mesmo e de sua vida, a menos que esteja pronto a assumir uma atitude em relação à verdade, que seja capaz de concebê-la.

A raiz, tanto de perceber como de conceber, é o vocábulo latino *capere*, que significa tomar, agarrar. Até a palavra "apreender" tem a mesma qualidade ativa e não passiva, vindo, como vem, de *prehendere*, agarrar com a mão (que distância entre a sabedoria inerente à evolução destes vocábulos e o quadro passivo que a maioria de nós aprendeu sobre a percepção, isto é, um estímulo que ocorre e impressiona a retina!) A analogia com o sexo e a gravidez não são descabidas: tanto a percepção como a concepção constituem uma forma ativa do mundo que ocorre no re-

10. Discurso na Convenção Anual da Associação Psicológica de Nova York, fevereiro de 1953.

lacionamento entre o ser vivo, o homem, e o mundo com o qual se relaciona. Nasce uma nova ideia. Cézanne cria uma nova visão das árvores, surge um novo invento técnico. A mente *cria* no sentido de conceber seu conhecimento; mas trata-se de uma reciproca contínua, atraindo e contra-atacando, relacionamento reativo entre sujeito e objeto, lembrando a relação sexual. Não é a mera relação entre senhor e escravo. Se tomarmos a conhecida metáfora do escultor e da argila, veremos que a argila também amolda o escultor, condiciona o que ele executa, limita e até modifica suas intenções, formando assim sua mente e potencialidades.

Se a intencionalidade é um processo relevante da percepção, conforme creio que seja, mais lamentável é ainda que a dimensão não tenha sido levada em consideração nos estudos psicológicos. Em vez de deixá-la especificamente *fora* do quadro – o que, julgo eu, em si mesmo contaminou nosso trabalho – deveríamos considerar a intencionalidade de importância direta. Isso significa em conta o preconceito do analista. Robert Rosenthal já demonstrou de que modo as expectativas, as "intenções" do pesquisador têm influência sobre os resultados[11]. Deveríamos também levar em conta, em qualquer experiência, a intencionalidade do elemento humano. Que existe sob as intenções de seus colegas ao participar de sua experiência? Qual a intencionalidade dos elementos da classe em que você está aplicando o Teste de Apercepção Temá-

11. Consultar os diversos escritos do Professor Robert Rosenthal sobre a falsidade experimental, Departamento de Relações Sociais de Harvard.

tica? É surpreendente, na verdade, que tenhamos aparentemente acreditado que tais coisas não têm importância.

De qualquer modo, sublinharei que, de vez em quando, ao ler trabalhos de psicologia, tenho a convicção de que o psicólogo está estudando algo bem diferente do que julga. Não saberá verdadeiramente quais os resultados, a menos que consiga esclarecer, no nível da intencionalidade, a situação das pessoas participantes.

Isto nos conduz ao limiar da relação entre corpo e intencionalidade. Antes de transpô-lo, contudo, precisamos esclarecer um erro muito comum. Intencionalidade não deve ser confundida com introspecção. Não é um olhar para dentro de nós mesmos, a fim de descobrir isto ou aquilo. Não é um olhar que me transforme num objeto. Nada tem a ver com "inspeção", conforme observa Paul Ricoeur, nem com dividir-me entre "espectador" e "ator". A tendência comum a ligar intencionalidade com introspecção é outro exemplo do quanto é difícil, em nossos dias, vencer o hábito, após a dicotomia original de Decartes, de tudo transformar em sujeito ou objeto. A intencionalidade revela-se no próprio ato. Revelo-me por meu ato e não me contemplando. A atribuição correlacionada com intencionalidade não é matéria especulativa, e sim um ato que, uma vez que sempre envolve reação, é responsável.

O corpo e a intencionalidade

O homem vitoriano utilizava a vontade para abafar e suprimir o que chamava de desejos "inferiores" do corpo. Mas não se pode ser um homem decidido sem levar em consideração os desejos físicos. A discussão do tema desejo, no capítulo anterior, indica que devem ser integrados com a vontade, senão um bloqueará o outro. O corpo consiste nos correlativos musculares, neurológicos e glandulares da intencionalidade, tais como um aumento na secreção da adrenalina quando estamos irados e queremos agredir, aceleração das batidas cardíacas quando estamos ansiosos e queremos fugir, ingurgitamento dos órgãos sexuais quando sexualmente excitados e desejosos de ter relações. Em terapia, quando um paciente, em determinada hora, tem um bloqueio dos desejos e da intencionalidade em geral, é conveniente que o terapeuta o ajude simplesmente a tomar consciência das sensações corpóreas e do estado físico do momento.

William James preocupava-se muito com o corpo. Isto é evidente na sua firme insistência sobre a importância das sensações e na sua visão das emoções como a percepção das alterações físicas íntimas. Há um paralelo na preocupação daquele outro vitoriano, Freud, com o sexo e o instinto. Em ambos, vemos o esforço da mentalidade vitoriana para entrar em entendimento com um *corpo do qual a sua cultura os havia alienado.* Cada um deles usava-o como instrumento, sem perceber que isto era uma expressão da própria alienação que procuravam vencer.

Quando estive tuberculoso, há duas décadas e meia, descobri que minha "força de vontade" hereditária mostrava-se estranhamente ineficaz. Naquele tempo, o único tratamento era repouso na cama e exercício cuidadosamente dosado. Não se podia ficar bom simplesmente por desejá-lo, e os tipos "voluntariosos", dominadores, sofriam em geral mais do que os outros. Mas descobri que ouvir meu corpo era de crucial importância para a cura. Quando me tornei sensível a ele, "ouvindo-o" quando estava fatigado e necessitado de descansar mais, ou sentindo que estava bastante forte para exercitar-me, comecei a melhorar. E quando percebia que a consciência de meu corpo entrava em bloqueio (estado similar ao de meus pacientes em análise, quando afirmam não estar "sintonizados"), eu piorava. Isto pode parecer um ponto de vista poético ou "místico", a que uma pessoa seriamente doente seria capaz de entregar-se, mas na verdade é uma questão sólida, empírica, um caso de vida ou morte. Em minha opinião, isto era exato também em relação a outros pacientes. Esta percepção corpórea surge às vezes espontaneamente, mas não é obrigatória. "Querer é escutar", diz Pfanders[12], o que evoca, de modo especial, a "escuta" do corpo. Em nossa cultura é preciso às vezes um considerável esforço para ouvir o corpo – um esforço de permanente "abertura" a qualquer pista que daí nos advenha. Recentemente, a obra dos reeducadores do corpo, os professores de ioga, trouxe à luz a importante inter-relação da capacidade de ouvir o corpo e o bem-estar psicológico. A presença da volição revela-se nas expressões que usamos, tais como "aceitar" a fadiga, "concordar" em

12. Citação de Paul Ricoeur, em comunicação pessoal.

repousar, "consentir" em seguir as recomendações do médico (ou do professor), "adotar" um regime. Existe, portanto, um querer que não é apenas contra os desejos do corpo, mas *com* o corpo, um querer que vem de dentro; é um querer de *participação* e não de *oposição.*

"A vontade age através do desejo", diz Aristóteles. O fato de meus desejos serem sentidos e experimentados no meu corpo, com todas as alterações glandulares que acarretam – o fato de serem *corporificados* – significa que não posso deixar de assumir uma posição em relação a ele, ainda que seja apenas para negar que o tenho. Puro desligamento só funciona quando podemos desembaraçar o corpo. Daí que a direta negação da percepção dos desejos envolve em geral violência ao próprio corpo.

Meu corpo é a expressão por excelência do fato de que eu sou um indivíduo. Já que sou um corpo, separado de outros como entidade individual, não posso eximir-me a me situar de uma maneira ou de outra – ou recusar-me a isso, o que vem a dar no mesmo. Pode-se tentar adaptar-se psicologicamente a outra pessoa, ser uma reprodução das *ideias* alheias; mas irmãos siameses são muito raros. O paciente que não consegue sentir-se fisicamente desligado de outrem, digamos, de sua mãe, é em geral um caso seriamente patológico, com frequência de tipo esquizofrênico. Pelo fato de ser uma entidade no espaço, meu corpo tem esta motividade e particular relação com o espaço que lhe é conferido por meus movimentos e torna-se um símbolo vivo do fato de que não posso fugir, de um modo ou de outro, a "assumir" uma *posição.* A vontade, sublinha Paul Ricoeur, é vontade *corporificada.* Assim, muitas palavras relacionadas com a vontade referem-se ao nosso espaço físico – "tomar posição", aceitar um "ponto de vista", escolher uma "orientação". Ou então dizemos que alguém é "direito", "correto", ou o oposto, "decaído", "esquivo", "torto" – e tudo se refere à vontade e à decisão reveladas na posição do corpo. Peer Gynt, na peça de Ibsen, jamais poderia tornar-se um ser individual enquanto acompanhasse o espírito de Boyg e "andasse às voltas", caminhasse "torto"; só alcançou alguma individualidade quando andou "direito", como Ibsen expressa a posição do homem de vontade honesta.

Mais interessante ainda é o corpo como *linguagem* de intencionalidade. Não só a expressa como a *comunica.* Quando um paciente transpõe a porta do meu consultório, a intencionalidade está expressa na sua maneira de andar, nos gestos; inclina-se para mim, ou se afasta? Fala com a boca semicerrada? E o que diz sua voz quando deixo de escutar as palavras e ouço apenas o tom? Não só na terapia como na vida real nossa comunicação tem, muito mais do que percebemos, a sutil característica da dança, o sentido comunicado em virtude das formas que criamos continuamente por meio dos movimentos corpóreos.

Num trabalho de pesquisa entre esquizofrênicos, em Wisconsin, Carl Rogers e seus associados obtiveram quadros vívidos de intencionalidade com pacientes que não podiam ou não queriam se comunicar, pelo menos durante alguns meses, exceto através da linguagem corpórea. Eugene Genlin conta, por exemplo, que certa vez entrou na enfermaria para tratar de um paciente que jamais falava[13]. A princípio fugiu à aproximação do Dr. Genlin. Em seguida, passou a demorar algum tempo antes de fugir, e finalmente permaneceu a hora inteira, enquanto o psiquiatra se mantinha de pé ao seu lado. Num rápido pestanejar nos momentos de medo, num tremor dos lábios prestes a chorar ou a sorrir, em todas essas expressões existe uma linguagem que pode ser mais significativa, e é com certeza mais eloquente do que a maioria das palavras faladas. É óbvio que comunica muito mais do que a brilhante conversa intelectualizada do paciente sofisticado, disposto a tagarelar durante meses, a fim de evitar a consciência de seus sentimentos íntimos.

Vontade e intencionalidade

Num de seus sonetos, Shakespeare fala de deitar-se à noite, cansado da viagem do dia. E prossegue:

> Mas então tem início a jornada na minha mente
> Para que trabalhe o espírito quando termina a tarefa do corpo;
> Pois estão meus pensamentos – longe de onde me encontro

---

13. Eugene Genlin, "Processos terapêuticos no trato com esquizofrênicos", cap. 16, *The Terapeutic Relashionship with Schizophrenics,* de Rogers, Genlin e Kiesler (Madison, Wls., University of Wisconsin Press, 1967).

– *Intentam* uma zelosa peregrinação a ti,
Mantendo abertas minhas pálpebras que se
fechavam...[14]

Usando a palavra *intentam,* Shakespeare já tem o ato presente na intenção. Hoje diríamos "pretendem *fazer* uma zelosa peregrinação a ti"; vemos o ato separadamente, como algo a que se deve aludir explicitamente, acrescentado *após* tomar-se uma decisão. Shakespeare representa não só a versão mais poética, como a mais correta do ponto de vista psicológico. É o que experimentamos anteriormente à abstração artificial. A separação de intenção e ato é uma posição artificial e não descreve corretamente a experiência humana. O ato está na intenção, e a intenção no ato.

O Professor Paul Ricoeur apresenta o seguinte exemplo[15]: Estou viajando. A viagem não é uma simples questão objetiva, isto é, o verme no destino. É também algo *a ser feito,* um projeto a ser realizado *por mim.* É uma possibilidade de realização minha, tanto quanto cabe em meu poder. Ricoeur observa que, ao projetar a viagem, lidamos com estruturas futuras, mas não é correto dizer depreciativamente que isso é "apenas" subjetivo. É não menos objetivo por ter algo a ver com o futuro, com es-

---

14. Do Soneto 27. O grifo é meu.

15. Os estudos e seminários de Paul Ricoeur, professor de Filosofia da Sorbonne, são extremamente importantes como contribuição contemporânea para a compreensão da vontade. Alguns dos pensamentos de Ricoeur serão vertidos para o inglês com a publicação de suas Conferências em Yale. Sou grato por inúmeras ideias do Professor Ricoeur em seminários e debates pessoais.

truturas não concretizadas. Trata-se de uma redução injustificável por parte de Wittsgenstein e os positivistas – e neste ponto podemos incluir os behavioristas – constituir o mundo somente de fatos objetivos. "Eu posso" faz parte do mundo. Este ponto é particularmente importante em terapia, pois os pacientes nos procuram por serem incapazes de dizer "eu posso" e sim apenas "eu não posso". A fim de compreender o segundo precisamos estudar o primeiro, que fica por detrás e do qual é uma negação.

Não pode ter escapado à atenção do leitor, como não escapou à minha, que no decorrer de todo este capítulo a palavra "vontade", em conexão com intencionalidade, foi empregada no futuro (will). Vontade e intencionalidade estão intimamente ligados ao futuro. Ambos os sentidos – futuro simples, algo que acontecerá – ou decisão pessoal, algo que eu farei acontecer – estão presentes em graus variáveis em toda declaração de intencionalidade. "Virei a Nova York em setembro" talvez contenha bem pouco de resolução e seja quase inteiramente uma simples alusão ao futuro. Mas "Eu vou me casar", ou "escreverei um poema" são menos um comentário relativo ao futuro que o anúncio de uma decisão. O futuro não consiste apenas na declaração do tempo em que algo ocorrerá, mas contém o elemento "eu farei acontecer". Poder é potencialidade, e potencialidade aponta para o futuro, é algo a ser realizado. Futuro é o tempo no qual prometemos a nós mesmos, assinamos uma nota promissória, nos colocamos na linha. A afirmativa de Nietzsche, "O homem é o único animal capaz de fazer promessas", está relacionada com a nossa capacidade de nos projetarmos no futuro. Isso nos recorda o fiat de William James: "Seja". A impotência de tantos pacientes, que talvez se expresse por meio de depressão, desespero, sensação de incapacidade e resultante impotência podem, com proveito, ser considerados, de determinado ponto de vista, como a inaptidão para visualizar ou construir o futuro[16].

É na intencionalidade e na vontade que o ser humano sente a sua identidade. "Eu" é o eu de "eu posso". Descartes estava errado ao pronunciar sua famosa frase: "Penso, logo existo", pois a identidade não advém do pensamento em si, e certamente não da intelectualização. A formulação de Descartes exclui, conforme observamos anteriormente, o variável mais significativo; salta do pensamento para a identidade, quando o que na verdade ocorre é o variável intermediário de "eu posso". Kierkegaard zom-

---

16. Isso se encaixa no conceito do dr. Robert Litton, segundo o qual a doença psíquica é devida a um "senso debilitado da imortalidade simbólica". Também o dr. Eugene Minkowski vê a depressão não como *resultado* e sim como *causa.* (Cf. cap. 4 de *Existence: A New Dimension of Psychiatry and Psychology,* Rollo May, Ernest Angel e Henri Ellenberger, Nova York, Basic Books, 1958.) A nossa preocupação com as esperanças do paciente, como uma face das suas necessidades, e um aspecto sólido e construtivo da psicoterapia. Tais esperanças e necessidades talvez sejam românticas, irreais ou eivadas de ressentimento; tanto maior razão para trazê-las à luz. Ou a sua condição aproxima-se de uma genuína ausência de esperança, caso em que revelarão pronunciados sintomas de apatia. De qualquer modo, sua intencionalidade com respeito ao futuro condicionará em grande parte o que ele recorda e de que modo encara o passado, conforme indicamos no capítulo 4 de *Existence,* acima mencionado.

bava do simplismo e da solução intelectualista de Hegel, segundo quem "a potencialidade passa à atualidade", ao proclamar que de fato a potencialidade não passa à atualidade, *mas o variável é a ansiedade.* Poderíamos dizer o mesmo de maneira diversa: "a potencialidade é sentida como *minha* - meu poder, minha questão - e portanto passar ou não à atualidade depende de mim, em certa medida, e do quanto eu me esforce ou hesite", e assim por diante. O que acontece na experiência humana é "eu concebo - eu posso - eu quero - eu sou". O "eu posso" e "eu quero" são as experiências essenciais da identidade, que nos salvam da posição, insustentável em terapia, de assumir que o paciente desenvolve o senso de identidade e, *em seguida,* age. Pelo contrário, ele se identifica *na* ação, ou pelo menos na sua possibilidade.

Observei algures que a ansiedade e a potencialidade são duas faces da mesma existência[17]. Quando a potencialidade para a relação sexual surge na adolescência, o jovem não só experimenta alegria e valor pessoal diante de sua nova força, como também ansiedade normal, uma vez que tal força o envolve num complexo padrão de relacionamentos, alguns potencialmente muito importantes, dentro do qual terá que agir. Ansiedade normal, construtiva, acompanha a consciência e o assumir de suas potencialidades. A intencionalidade é o uso construtivo da ansiedade normal. Se tenho certas expectativas e a

17. May (*The Meaning of Anxiety*).

possibilidade de agir por mim mesmo, progrido. Mas se a ansiedade se torna opressiva, as possibilidades de ação ficam anuladas. Assim, Paul Tillich observa que a pronunciada ansiedade neurótica destrói a intencionalidade, "destrói nosso relacionamento com o conteúdo significativo do conhecimento ou da vontade". É a ansiedade do "nada". Sem intencionalidade nada somos, na verdade.

Tillich prossegue, o que é interessante, relacionando a intencionalidade com a vitalidade e depois com a coragem:

> A vitalidade humana é proporcional à sua intencionalidade: ambas são interdependentes. Isto torna o homem o mais vital de todos os seres. Ele pode transcender qualquer situação, em qualquer sentido, e esta possibilidade o impele a criar para além de si mesmo. A vitalidade é o poder de criar algo que nos transcenda sem nos perdermos. Quanto maior o poder de criação transcendental, tanto mais vitalidade a pessoa terá. O mundo das criações técnicas é a expressão mais conspícua da vitalidade humana e de sua infinita superioridade sobre a vitalidade animal. Somente o homem possui completa vitalidade porque só ele possui completa intencionalidade... Se a correlação entre vitalidade e intencionalidade for corretamente compreendida pode-se aceitar a interpretação biológica de coragem dentro dos limites de sua validez[18].

18. Paul Tillich, *The Courage to Be* (New Haven, Yale University Press, 1952), pp. 81-82.

A excessiva ansiedade destrói a capacidade de perceber e conceber o seu mundo, de buscá-lo, a fim de amoldá-lo e reformá-lo. Neste sentido, ele destrói a intencionalidade. Não podemos esperar, planejar, prometer ou criar em estado de severa ansiedade; encolhemo-nos por detrás de uma trincheira de consciência limitada, esperando somente nos preservar até que passe o perigo. Intencionalidade e vitalidade estão correlacionadas pelo fato de que a vitalidade humana se revela não apenas como força biológica, mas também como busca, formação e reformulação do mundo por meio de várias atividades criativas. O grau de intencionalidade da pessoa pode ser assim considerado como o grau de sua coragem. Tillich descreve o conceito grego de *areté*, que significa uma combinação de força e valor, e da *virtus* romana, como uma similar união de força máscula e nobreza moral. "Vitalidade e intencionalidade estão unidas neste ideal de perfeição humana, igualmente distante do barbarismo e do moralismo"[19].

Aceitando uma indicação final da própria origem da palavra podemos ir mais além, relacionando intencionalidade com "intensidade" de experiência, ou com o grau de "intenção" na vida. Já se fez um certo número de tentativas para identificar o que consideramos vitalidade na esfera psicológica: empregam-se vocábulos como "vivacidade" e similares, mas sem que se tenha muita convicção

19. Ibid., p. 83.

do que se está dizendo. A intencionalidade não nos oferecerá um critério para definir a vitalidade psicológica? O grau de intencionalidade pode definir a vivacidade da pessoa, o potencial de compromisso e a capacidade – no caso de um paciente – de persistir na terapia.

10
Intencionalidade em terapia

Nem no campo teórico, nem no prático
damos valor, ou procuramos ajuda, entre os
que evitam os riscos e não têm senso para
viver à beira do perigo.
William James

Voltando-nos agora para a terapia temos um duplo propósito. Primeiro: apresentar algumas sugestões sobre a maneira como a intencionalidade e a vontade podem ser utilizadas no trabalho clínico entre pessoas com dificuldades psicológicas. Segundo: verificar qual a luz que os exemplos práticos lançam sobre a questão mais importante, isto é: que são intencionalidade e vontade? A psicoterapia deveria ser uma fonte de dados, de riqueza e profundidade sem igual, relativa ao modo como o desejo, a vontade e a intencionalidade são experimentados por pessoas que vivem, sentem e sofrem.

Ao discorrer sobre a intencionalidade é possível que eu tenha dado – contra minha intenção! – a impressão de haver um modo ideal de querer, um querer por participação, que nos coloca em harmonia com o próprio corpo e com o mundo. Este é um dos domínios do desejar e do querer. Mas, e o *conflito* da vontade? Ele permanece, sem dúvida, exigindo que passemos a um outro campo. Como dizia comovedoramente William James, o simples talvez quase não o sinta, mas o herói e o neurótico sentirão bastante, conforme tinha boas razões para saber. A neurose pode ser mais ou menos definida como um conflito entre duas maneiras de *não se realizar.* Usando o exemplo de James, nem ficar na cama quente, nem se levantar para provar seu nobre caráter acrescenta um milésimo à própria estrutura. Se James fosse meu paciente e começasse uma sessão com a história do conflito para levantar-se da cama, eu teria concordado imediatamente – tácita ou francamente – com o seu *desejo:* é de fato agradável permanecer numa cama quente em manhã de frio. Além do mais proporciona, diante daquela rígida sociedade que nos ordena levantar e trabalhar, a satisfação adicional de demonstrar a nossa autonomia. E talvez continuar na cama fosse uma expressão de ambas as faces do problema de James em relação ao pai, aquele homem extraordinário que muito amava, mas exigia demais. Somente admitindo e afirmando o desejo *imediato* podemos chegar ao plano mais profundo daquilo que ele *realmente* deseja – isto é, aos acontecimentos do dia.

A terapia, esclarecendo a intencionalidade, desvia a luta para o verdadeiro campo de batalha, ajuda ao paciente e a nós mesmos a combater o conflito em bases onde é possível uma autêntica realização; desvia a luta, colocando-a entre a genuína realização e a não realização. O devaneio de William James sobre as possibilidades do dia, que não foi simplesmente casual, insisto, demonstra que no plano da intencionalidade ele era de fato um homem com um profundo interesse pela vida e espírito de dedicação ao que realizava.

Como terapeuta, minha tarefa é estar cônscio, tanto quanto possível, da intencionalidade do paciente naquela determinada sessão. E se esta não é apenas uma de uma série em progressão contínua, mas representa uma crise, como acontece tantas vezes, minha tarefa é revelar essa intencionalidade, a fim de que o paciente não deixe de também tomar consciência. E isto com frequência não é tarefa simples.

O caso Preston

A sessão da qual darei agora algumas citações *verbatim* ocorreu no sétimo mês de análise*. O paciente, um escritor, cujo sintoma era um constante e às vezes extremamente severo "bloqueio para escrever", era um homem culto e talentoso de 40 anos, que já passara por cinco anos de análise antes de me procurar.

A análise anterior fora benéfica até certo ponto; era agora capaz de manter-se num emprego, enquanto que antes vivia dos rendimentos da mulher. Mas sofria ainda

* Os dados foram retirados de uma gravação da sessão.

de profunda ansiedade, depressão e problemas sexuais. (Por razões que não aprofundei, o analista anterior julgara serem estes incuráveis). Quando me escreveu, um mês após ter rompido com o analista anterior, e num estado de penosa, quase paralisante, tensão e desespero, concordei em atendê-lo. Meus motivos foram em parte devidos ao desafio constituído por uma pessoa de estatura e recursos interiores, que não conseguira ajuda, pelo menos no sentido fundamental, da análise anterior. A terapia deveria ser benéfica a pessoas desse tipo e quando tal não acontece é preciso saber por quê. O fato de tratar-se de alguém muito sofisticado, que conhecia quase tudo sobre o assunto, foi um dos motivos por que me mostrei nesta sessão mais ativo e desafiador, do que seria com outros pacientes.

Permitam-me apresentar de saída uma conclusão relacionada com nossa presente discussão: acredito agora que uma das razões por que a psicanálise "não funciona", não chega, em alguns casos, aos fundamentos dos problemas de pessoas como Preston, é não ter alcançado a intencionalidade do paciente. Este jamais se compromete plenamente; portanto, jamais mergulha totalmente na análise, nunca experimenta um verdadeiro encontro.

Cinco meses antes da sessão que agora reproduzo, Preston apareceu muito perturbado com a luta, que se prolongava há semanas, para escrever um importante artigo. Naquela sessão, senti que desejava desesperadamente ajuda e – variando minha técnica, como faço com frequência – mergulhei direta e especificamente no problema prático do bloqueio, perguntando o que ocorria quando ele se sentava diante da máquina de escrever etc. Após aquela sessão, voltou ao seu estúdio e escreveu o que considerou o seu melhor artigo, veredito confirmado objetivamente mais tarde. Menciono o incidente anterior porque provavelmente teve algo a ver com suas *intenções* conscientes, em contraste com sua *intencionalidade* na sessão que agora descrevo.

Quando chegou nesse dia, atirou-se ao divã e suspirou audivelmente.

> **Preston**: Estou com o pior bloqueio para escrever que jamais experimentei. A coisa mais tola, uma simples peça que estou tentando escrever. É um trabalho modesto, pequeno. Não consigo nada... O pior bloqueio dos últimos tempos, desde que escrevo... Tenho um monte de papel desta altura (gesto). É uma nítida prova da minha condição psíquica... nada no trabalho... Não espero mágicas... Parece uma espetacular ilustração de minha perversidade... Alguma coisa tem que acontecer ... preciso voltar ao escritório esta tarde – e eu não queria. Tenho outras coisas a fazer... Tem que estar pronto amanhã à noite... limite máximo. É difícil... não compreendo por que está sendo particularmente complicado (pausa). Não sei se continuo a falar nisso, ou se deixo de lado, passando a outras coisas.
>
> **Terapeuta**: Prefiro deixá-lo decidir, continue como quiser.
>
> **Preston**: (suspirando profundamente) Estou tão acostumado a ver-me como diretor de cena por

aqui... Talvez esteja agindo assim para evitar falar sobre outra coisa. Não posso controlar meu comportamento nessa história. Comecei muito bem esta manhã, escrevendo de bom humor a peça... e, de repente! Agora as pressões estão se acumulando doidamente, é claro... não sei o que fazer... bem... não sei se... falo sobre o assunto... Não é nada... sabe... apenas uma peça sem importância.

Isso foi dito num tom de voz apático, desinteressado; mal abria os lábios para falar. Depois de muito suspirar, continuou:

> Ontem à noite tive alguns sonhos, não me lembro deles, mas recordo que os tive... se me lembrasse, alguma coisa surgiria... eu entraria em contato comigo mesmo... uma parede fina... porque não posso atravessá-la... estive pensando antes de entrar... é tal o peso do hábito às minhas costas, sobre a minha doença, sabe, que sempre que tenho a impressão de conseguir ver algo, ou alguma coisa se modifica... é como uma alfinetada num pneu, sabe... Preciso fazer alguma coisa... minha ansiedade está aumentando... Fiquei tenso o dia inteiro... procuro neutralizá-la... Tenho fantasias masoquistas... Enquanto tento escrever, levanto-me de cinco em cinco minutos, vou ao banheiro, bebo... tenho uma pilha deste tamanho de páginas... (gestos) é coisa que se poderia escrever por si mesma... Nunca consegui começar bem... eventualmente a coisa se modifica... Não tenho interesse nisso... Não penso no assunto... Nunca estive pior. É um hábito... não tenho o menor interesse.

Nos primeiros quinze minutos dessa hora fiquei quase inteiramente em silêncio, tentando ouvir, ingênua e simplesmente, o que ele estava fazendo com suas comunicações. Que quer? Que procura hoje de manhã? Está pedindo ajuda, como o fez há cinco meses? Ao ouvir seu tom apático julguei que não. Impossível concluir que desejasse ajuda diante de observações do teor: "Não estou interessado" e "É coisa que se poderia escrever sozinha". Contudo, estava muito perturbado, isto era óbvio e genuíno. Desejaria alguma intervenção mágica para escrever? Existe, com certeza, um elemento assim no estilo de vida de Preston: no primeiro sonho que contou em análise, na segunda semana, via-se num hospital e lhe haviam ministrado o soro da verdade. A princípio não funcionou: em seguida sentiu-se tonto e ele e o assistente julgaram que daria resultado; mas no final do sonho teve medo de que "o que seria revelado não fosse aquilo que queriam ouvir". Julguei existir tal elemento presente naquele dia e que ele precisasse ficar "tonto", masoquisticamente, a fim de "receber a magia". Mas achei que isso não era o principal. Além do mais, havia aquela significativa sentença no princípio do sonho – temia que a revelação não fosse o que desejavam ouvir, maneira impressionante de dizer que a magia não era o importante, e sim "o que seria revelado" – sua atitude e sentimentos ocultos em relação a "eles" (inclusive a mim, que no sonho lhe injetara o soro da verdade). Esta era a sua intencionalidade, no sentido que usamos aqui o termo. E o fato de ter surgido em sonho, e portanto sob menor distorção consciente, levou-me a dar-lhe particular atenção.

Quando eu procurava ouvir o que dizia naquele dia, recordei sua maneira de andar e atirar-se no divã, no início da sessão. Captara a sensação, sem estar disso cônscio no momento, de que parecia estar zangado, o que foi apoiado pela maneira de falar, a boca quase fechada, as palavras pronunciadas entre dentes. Minha hipótese, portanto, foi de que estava irado e, mais especificamente, irado contra mim.

Deveria interpretar para ele o que percebera? Se o fizesse, menearia afirmativamente a cabeça e nada mais aconteceria, exceto retrair-se ainda mais por detrás de suas defesas, talvez revelando a meio sua irritação. Ou diria simplesmente que eu estava enganado, e voltaríamos ao ponto de partida. Se a intencionalidade é a ira, ou em qualquer sentido negativa, uma discussão racional está fora de cogitação. Não se pode revelar a intencionalidade pela interpretação verbal. Preston, graças àquele maravilhoso símbolo, "sou um pneu *self-seal*", tornou bem clara para nós a questão. Qualquer alfinetada que recebesse o afetaria tanto quanto a um pneu e ele se reconstituiria logo, automaticamente.

Eu precisaria fazer com que ele *sentisse* sua ira por mim, levá-lo a viver comigo o que estava fazendo. Era uma arrogância de minha parte, como terapeuta, achar que o paciente devia passar por todos esses sofrimentos só em meu benefício: mas acontece que eu era a única pessoa que estava na sala com ele, no momento, era a personificação de seu mundo interpessoal. Assim, era aquele a quem dirigia a intencionalidade, diante de quem a agitava, apesar de todos os elementos de transferência genética que continha. Estava ao seu lado tanto como pessoa real, por meu próprio direito, como na qualidade de representante das pessoas em relação às quais ele sentia e vivia seus conflitos naquele domínio *intra* e *inter*pessoal.

Após o primeiro quarto de hora, houve o seguinte diálogo:

> **Terapeuta**: O que vem dizendo desde o começo da sessão é que a peça pode se escrever sozinha... que nada tem a ver com ela... atirou isso na minha frente... perguntou-me até se devia falar do assunto... você se colocou fora do caso... como se nada pudesse fazer a respeito.
>
> **Preston**: (pausa) É uma coisa incontrolável... A maior parte da minha vida não tem eixo... meu próprio eixo não funciona. É claro que me coloco de fora, não há mais o que dizer... (Exaltando-se, quando não me manifesto). Não posso fazer nada.

Achei que esta referência à "vida sem eixo", que bem poderia ter saído de um escrito meu lido por ele, era a isca para me atrair a uma discussão. Respondi simplesmente: "Sim".

> **Preston**: Não posso!... Não é voluntário, ou estratégico. Como, *como?*... Sentei diante da máquina e trabalhei... Tentei e tentei... Maldição. Que diabo esperam que eu faça?... A peça não é difícil... Trabalhei – o material não me assus-

ta... não era monótono, não muito... Eu sabia o que tinha a dizer... conhecia a linguagem... sabia quais os meus juízos... Sentei à máquina e não me ocorreu coisa alguma, nada, nada, nada! Havia uma pilha de papel desta altura – todas as variações possíveis com as mesmas palavras... *Agora* (gritando), que diabo esperam que eu faça?

Terapeuta: Está me fazendo uma pergunta, não está?

Preston: Claro!

Terapeuta: Está me fazendo uma pergunta – e isso por si mesmo já coloca o assunto fora de você.

(Pausa)

Preston: Tá bem... Neste momento... estou me sentindo muito, muito irritado... Puxa!... Não tenho vontade de dizer nada... Estou me sentindo acuado... Tenho vontade de matar alguém...

Terapeuta: Está furioso.

Preston: Sei que estou.

Terapeuta: Furioso comigo.

Preston: Sim, é verdade.

Terapeuta: Disse há momentos que não pode escrever porque não tem vontade. Mas a razão de não ter vontade é ter-se colocado fora do assunto. Não tem nada a ver com o caso, a peça pode se escrever sozinha. Se não houver ninguém diante da máquina, quem a escreverá?

Preston: Não sinto vontade de colocar-me no assunto. Conscientemente eu o faço, mas a vontade é toda inconsciente. Na noite passada quis *conscientemente* amar uma garota. (Refere-se a um incidente em que se sentira impotente.)

Terapeuta: O que me disse ontem foi exatamente que *não* queria amá-la.

Preston: Bem, eu pensei que queria... Ou *deveria* querer. Oh, Deus, não sei! (Baseado na teoria de que a melhor defesa é uma boa ofensa, mudou de tática). Desde o outono passado não modifiquei nem um pouco. Estou tão mal como antes – tão mal como quando o vim procurar.

O que eu queria, ao observar que ele estava "atirando tudo na minha frente", será óbvio ao leitor: levava-o a defrontar-se com a ficção: "a peça se escreve sozinha", e "ele nada tem a ver com o assunto". Destaquei suas *intenções,* a fim de fazê-lo sentir o conflito entre elas e sua *intencionalidade.* Surgira naquela manhã, supunha-se, com a intenção de pedir ajuda para o problema do bloqueio na escrita. Mas vimos logo de início a nítida contradição entre sua atitude apática e seu tom de voz, e o fato de estar realmente sofrendo e enfrentando um sério problema. Esses dois temas são contraditórios ao nível da intenção, mas deveriam ter alguma unidade e estar ambos circunscritos na sua intencionalidade, fosse qual fosse. Toda esta parte da hora pode ser vista como o conflito entre intenção e intencionalidade vindo à luz e inevitavelmente sentido juntamente com qualquer afeto que o acompanhasse (no caso, ira). Quando eu disse: "Se não houver ninguém diante da máquina, quem escreverá a peça?" a resposta óbvia seria: "Você, May, a escreverá para mim" (fazendo-a surgir pronta graças a um passe de mágica). Mas quando isso veio à luz pareceu-lhe tão patentemente absurdo que não o disse. Quando o conflito se definiu claramente, Preston emitiu aquela fascinante declaração a respeito da vontade. Se eu a tivesse discutido com ele, o que ficaria revelado seria intelectualização inútil e perderíamos a verdadeira questão: mas, tomando-o no contexto, surpreendemo-lo enunciando claramente a contradição entre o que julgava querer conscientemente (intenção) e a "vontade subjacente" (intencionalidade). Pessoas inteligentes como Preston, no calor da psicanálise, emitem muitas vezes surpreendentes *insights* sem perceber a importância do que estão dizendo. Creio que esta sentença, "A vontade é toda inconsciente, de qualquer maneira", foi um desses *insights.*

Se o leitor me acusa de "encurralá-lo" responderei: Sim, era isto exatamente o que estava procurando fazer, ou mais exatamente, encurralar o conflito, forçando-o assim a vir à luz. Se minha hipótese estivesse errada – isto é, se eu interpretasse erroneamente o que estava acontecendo – tais sentenças cairiam como semente sobre as pedras: ele não reagiria. Ou simplesmente me diria que eu estava enganado, indicando talvez o que se passava; ou poderia reagir com maior desespero e impotência. Quando o terapeuta se engana a respeito da intencionalidade o resultado é que o diálogo terapêutico simplesmente não funciona.

Quando o paciente sentiu todo o impacto do conflito no consciente acusou-me, irado, de não lhe ter ajudado, de estar tão mal quanto na ocasião em que me procurara. Tal zanga era de se esperar; nós encontramos o seu protótipo na ira de Édipo contra Tirésias, quando este era a voz pela qual o conflito de Édipo se tornou plenamente consciente.

A entrevista prossegue:

> **Terapeuta**: Uma coisa é bem clara hoje: você está zangado comigo. Pode explodir.
>
> **Preston**: Não é isso. Bem, talvez seja... Que diabo! Que inferno! Estou liquidado. Estou perdido, acabado. Não posso escrever. Estou suspenso por um fio deste emprego. Vou perdê-lo. Não poderei pagar-lhe. Vou dizer a eles: "Não consegui escrever a peça, sou neurótico", ficarão felizes com isso. E lá vou eu para as minas de sal dos intelectuais.
>
> **Terapeuta**: Bem, isso lhe dará muito espírito de vingança contra mim, não é mesmo? Você irá para o inferno... será vagabundo... não poderá fazer coisa alguma... não me poderá pagar.
>
> **Preston**: Não era isso que eu queria dizer. Não é exato, nada do que digo é exato, é por isso que me sinto tão frustrado, maldição...
>
> **Terapeuta:** Uma coisa é verdade, hoje: está zangado comigo. Estava zangado desde que entrou. O que o impede de escrever e o torna tão tenso é a raiva.
>
> **Preston**: *Por que* estou zangado? *Contra que* estou zangado? Que significa isso, estar zangado? Que sentido tem estar zangado?... Não falarei.
>
> **Terapeuta:** Isso nada tem a ver com todos esses porquês e quês. Ao inferno com tudo isso! Já que não quer falar, é uma excelente maneira de me atar as mãos.
>
> **Preston**: Então eu falo. Ótimo! E daí?

Terapeuta: Que quer que eu faça?

Preston: Não sei. Minha ira desaparece quando penso nela.

Após a ira sentida no debate comigo, minha pergunta "Que quer que eu faça?" era, creio, muito importante. É uma dessas indagações – "Que deseja hoje de mim?", ou a outra, ligeiramente mais chocante: "Por que veio hoje?" – que faço muitas vezes, e com frequência quando o paciente me atira uma pergunta hostil. É um modo direto de revelar sua intencionalidade. Se eu houvesse tentado fazer isto antes que ele sentisse plenamente a ira, ele a teria afogado numa banalidade: não era óbvio que desejava que o ajudasse a vencer o bloqueio? Mas, uma vez que a pergunta não pôde ser evitada, *surgiu o primeiro desespero real daquela hora.*

Preston: Não posso fazer nada porque começo a pensar... não posso...

A esta altura do desespero faço uma interpretação sumária:

Terapeuta: Diz que não consegue escrever. Diz que está zangado, mas não pode me contar coisa alguma porque está pensando. Bem, uma coisa é capaz de fazer: falar sobre seus sentimentos. Ontem passou quase toda a hora me dizendo que precisa continuar doente. Quando me falou o que acontecia quando tentava escrever, disse exatamente que não tentava – levanta-se para beber de cinco em cinco minutos, ou para qualquer outra coisa. O que ouvi hoje não foi "eu não posso" e sim o grito repetido: "Não que-

> ro". Sei que não pode modificar isso com um simples ato da vontade – pelo amor de Deus! Se fosse tão fácil assim, por que estaríamos aqui? Mas, por detrás do seu "não posso", existe uma luta irada e obstinada. Uma luta que hoje se travou comigo. E também com seu pai. O que me disse há minutos é exatamente o que mais teria enfurecido seu pai. Perderá o emprego, ficará sem dinheiro, cairá na miséria, e se tornará um vagabundo.

Seu tom de voz, que naturalmente não pode ser transmitido por escrito, é inteiramente diferente, na resposta seguinte, do tom apático, ou do faça-o-que-eu-digo-diabo, da primeira parte da hora. Fala agora abrindo os lábios e com seriedade, querendo comunicar-se:

> **Preston**: Disse que estou na mesma desde que cheguei aqui. Não, mudei muito. Parece que sou o mesmo. Por quê? Porque o conflito é muito mais perigoso. A lâmina é mais aguda... vejo-o agora e não me via então. O que ficou claro é o seguinte: preciso que me considere doente. Fiquei zangado exatamente quando se recusou a acreditar que eu não podia modificar... Oh... oh... tão doente, doente (em tom de quem caçoa de si mesmo). Você não disse uma só palavra... Precisava aceitar-me como doente. Era como se estivesse dizendo: "Tudo isso é merda"... Acreditava que eu seria capaz de escrever. E eu queria que acreditasse que eu não era. Não quero escrever. Não há satisfação em estar bem. O que satisfaz é estar doente. Sou um mártir!
>
> **Terapeuta**: Exatamente.

Preston: Sou um mártir, sou nobre, sensível, não consigo escrever. É uma tragédia. O que estava dizendo ontem é que devo ser impotente – o mártir para as garotas! – impotente... Agora estou numa situação em que isso não funciona. Porque preciso estar doente. Porque preciso mostrar que não posso viver. Morrerei se for um sucesso. Morrerei se for rico. Assim não poderão me despedir, me abandonar. "Como pode fazer isso a uma pessoa doente?" Se eu for autossuficiente, você me despedirá: "Saia da minha sala, saia da minha casa!" Eu ficaria abandonado... Não tenho lugar no mundo.

Terapeuta: Pelo menos isto ficou esclarecido: você abandona a si mesmo, trata-se como se não pertencesse a este mundo. Foi exatamente o que fez ao escrever hoje. Se entrasse aqui dizendo: "Trabalhei muito, consegui", que haveria nisso de especial? Mas quando diz "Não consigo fazer nada", é uma verdadeira tragédia.

Preston: É por isso que fiquei tão furioso quando não aceitou o "não posso". Fiquei zangado. Não estou agora, estava. Estava tão zangado que nem podia falar. Fiquei de boca quase fechada. Poderia haver algo mais óbvio?

Terapeuta: Sim, ficou furioso exatamente no ponto em que me recusei a aceitar o "não posso".

Isto ilustra o que eu disse no capítulo anterior, isto é, que o terapeuta aceita o paciente em termos do "eu posso", por detrás do "eu não posso". Não sugiro, naturalmente, que verbalizar para o paciente o lado positivo vá ajudar, ou mesmo que devemos obrigatoriamente verbalizá-lo;

talvez seja preciso muito tempo para que o "eu posso" se torne uma realidade prática. O que quero dizer é que o paciente pode discutir e falar sobre o "eu não posso" desde agora até o juízo final sem que isso se torne viável, sem que o falar tenha a capacidade de modificá-lo, ou mesmo trazer alívio emocional, a menos que o "eu posso" faça parte da polaridade. É ele que torna dinâmica a conversa do "eu não posso", que a torna contundente, que faz emergir alguma motivação para modificar. De outro modo será resignação, que poderá causar a princípio uma espécie de satisfação agridoce, nostálgica, romanticamente cética, mas em breve se tornará vazia e zombeteira.

Quando o paciente está genuinamente impotente e em desespero, eu não o desafio desta maneira, por razões óbvias – sendo a principal que ele não teria necessidade disso. Importante aqui é que o "não posso escrever" foi usado por Preston como estratégia para estalar o chicote sobre minha cabeça. É um disfarce do verdadeiro "não posso", que não é "não posso escrever", e sim "não posso me dar ao luxo de ficar curado, senão serei despedido, abandonado, desprezado", conforme ele mesmo dizia. É na verdade uma séria ameaça para os pacientes acreditarem no seu "eu posso", mesmo que isto não seja feito como uma exortação ou moralismo, mas simplesmente como uma crença realista, brotando do conhecimento (e da fé sadia) de que as pessoas modificam e evoluem. É uma ameaça, não apenas por torná-lo responsável, mas pela razão mais sutil e profunda de que ele não possui um mundo para o qual se possa orientar. O fato de não me encaixar no mundo que vem no decorrer de toda a sua vida construindo para si, abala seriamente seu relacionamento *self*-mundo.

Mais tarde, na mesma sessão, chorando quase todo o tempo, Preston continuou:

> **Preston**: Eu tentava desesperadamente dizer "estou doente". E *por quê?* Esqueci de dizer antes... Lembrei-me pela primeira vez quando falou no meu pai. Por que teria deixado de tocar no assunto? Disse que o que estava escrevendo nada tinha a ver com o bloqueio de hoje. Mas tem, com certeza. A peça era a respeito de pai, mãe e filho recém-chegado da guerra. Dois dias após o regresso, o filho estava se desintegrando, exatamente o que me aconteceu quando voltei da guerra. O pai, tenso. O filho diz para a mãe: "Vou embora; papai nunca disse que ipê amava"... Então pensa – talvez eu não lhe tenha dito. E fala: "Papai, gosto de você". O pai, que está tenso, comove-se e os dois se abraçam. Finjo que não o quero... Quero que meu pai diga: "Eu o amo, não pode ir embora" (Pausa). Quero que meu pai passe o braço pelos meus ombros e diga "Eu gosto de você. É um bom rapaz. Pode trabalhar, pode mesmo... Tem o direito de viver". Mas não obtenho esta sanção. Mais uma coisa. Mamãe cedeu à minha ideia... e há tensão. Mas papai, não... Papai disse apenas: "Mantenha-se longe de garotas". Papai nunca me deixava sair. Eu queria que ele dissesse: "Pode! Você pode!" E ele disse: "Você não pode... você não viverá".

No restante da sessão aludiu aos seus sentimentos para com as pessoas que o apreciam só pela fama e revelou o temor contraditório de que, caso se tornasse mais famoso, não fosse amado. Seu conflito íntimo – o aspecto intrapsíquico que se revela quando há um encontro interpessoal – fica bem manifesto na seguinte sentença, tirada do final: "Funciono como um espelho – duas pessoas em direções opostas".

De que modo resumiremos o que se passou? Há primeiro a *intenção consciente* do paciente. Esta era, na medida em que dela tinha consciência: "Sofro um bloqueio no meu trabalho de escritor; sinto-me muito mal por estar bloqueado". Não percebia que o mal-estar era, em primeiro lugar, ira e ressentimento pelo fato de ter que enfrentar tal problema vivendo-o como uma perturbação generalizada, com a resultante intenção: "Farei um apelo de emergência ao Dr. May, para que me ajude nisto".

Em seguida, na minha opinião, chegamos à intencionalidade, sua maneira geral de relacionar-se comigo, presente ao entrar, embora em plano inconsciente. Consistia em ira e ressentimento contra mim, um agressivo estalar de chicote, que inconscientemente revela com aquele símbolo: "Aqui sou diretor de cena". Assumiu a forma de uma luta para fazer-me assumir o controle, lançar o problema sobre meus ombros etc. Isto apresenta semelhança com as exigências de uma criança pequena – o príncipe dando ordens aos adultos para servi-lo e enraivecido porque as promessas que lhe haviam feito (a mãe, supõe-se) não estavam sendo cumpridas. A ira resultante é, de um lado, raiva por encontrar-se em tal bloqueio, insulto e humilhação acrescentados à injúria, uma vez que o príncipe deveria ser capaz de movimentar a mão, manejar a pena e produzir grandes escritos. Não conseguiria verbalizar o que acabo de descrever se eu lhe tivesse pedido no início da hora; contudo, hesitaria em dizer que tudo isso era "inconsciente". Estava sendo vivido, presente na linguagem dos seus movimentos corpóreos, dito simbolicamente na maneira de me falar. Era a ponte que ligava diferentes níveis de consciente e inconsciente.

Surge então algo que pode ser corretamente chamado de inconsciente: o elemento recalcado, quando disse que a peça que assistira na véspera nada tinha a ver com sua perturbação. Quando me recusei a aceitar o "não posso", a memória recalcada manifestou-se. A meu ver, somente após o debate comigo ele poderia vencer o recalque. Conseguiu então recordar que a peça tinha muito a ver com o conflito e sem dúvida com a razão do sério bloqueio daquela manhã em especial (Se eu escrever bem e tiver sucesso, meu pai não me amará).

No último terço da sessão surgem os conflitos intrapsíquicos. Sua ira oculta uma ânsia de ser amado, o medo de ser expulso e abandonado; a única maneira pela qual se pode ser amado, em especial pelas mulheres, é estando doente, necessitado, fracassado. Isto tem muito a ver com os fatores genéticos, as experiências de infância etc., que são o verdadeiro âmbito da psicanálise e que não negligencio, mas não constituem nosso campo de pesquisa no momento. Mas não se pode alcançar esses domínios sem explorar o desejo e a vontade – isto é, sem que a intencionalidade venha primeiro à tona.

Alguns leitores talvez hajam indagado no decurso da nossa exposição sobre a intencionalidade: qual a diferença entre isto e o *acting out* em terapia? E talvez acrescentem outra pergunta: "A ênfase no ato, como parte inseparável do intento, equivale a uma recomendação de *acting out*?

Acting out é a transmutação de um impulso (ou intento) em comportamento franco, a fim de evitar o *insight.* Ver a total implicação de um desejo ou intenção, obter um *insight* relativo ao seu significado, perturba tipicamente mais ainda o relacionamento *self*-mundo e é, portanto, mais penoso e gerador de ansiedade do que expressar fisicamente o desejo, mesmo que a pessoa seja repelida ou magoada posteriormente. Se conseguir pelo menos manter todo o problema no nível do comportamento muscular não terá que enfrentar a ameaça mais séria à sua autoestima. É por isso que o *acting out* está corretamente associado a tipos de caráter infantil, psicopático e sociopático. *Acting out* ocorre não só no plano consciente, como no nível da "percepção" que, conforme indicarei a seguir, é a capacidade que o ser humano partilha com o animal, o nível de evolução mais primitivo, anterior ao consciente. Em pacientes adultos, *acting out* é, em geral, um esforço para descarregar o desejo ou intenção sem ter que passá-los ao consciente. Não é fácil viver com intencionalidade sem expressá-la; viver numa polaridade de intento e ato significa viver com a própria ansiedade. Daí que se os pacientes não podem escapar ao ato, tentam evitar a tensão fazendo o oposto, isto é, negando toda a própria situação.

O paciente culto usa o método – que me parece habitual hoje em dia – de racionalizar a intenção, negando por esse meio o afeto, castrando e esvaziando toda a experiência. Hoje, quando o paciente experimenta ódio e desejo de matar o pai, sabe em geral que não precisa de uma arma para realizá-lo. Mas, caso se desligue de tudo, lembrando a si mesmo que "todo mundo tem ideias assim em psicanálise, faz parte do complexo de Édipo", falar eternamente no assunto não adianta nada; pelo contrário; aumentará as defesas contra uma solução do verdadeiro problema em relação ao pai. O que o paciente faz é precisamente retirar a *intencionalidade* da experiência. Ele a submete à castração, a fim de não pretender na verdade coisa alguma, não se mover em direção a nada, discutir uma ideia isolada. O desligamento e o *acting out* psicopático são duas maneiras opostas de fugir a confrontar-se com o impacto da própria intencionalidade, sendo o primeiro o método do tipo racionalizador, compulsivo-obsessivo; e o último, o método do tipo infantil, psicopático.

O que queremos é que o paciente sinta genuinamente as implicações e o significado de sua intenção: e "sentir" inclui o ato, mas definido *na estrutura do consciente* e não fisicamente. Quando sublinhamos que a intenção age dentro da estrutura do consciente sugerimos duas coisas: uma – que o ato seja sentido, experimentado e aceito como parte do *eu,* junto com suas implicações sociais; e dois – que eu seja por meio dele libertado da necessidade de expressá-lo fisicamente. Expressá-lo ou não behavioralmente no mundo é problema de diferente nível. Se enfrentei minha intencionalidade posso ter a esperança de tomar uma decisão no mundo exterior.

A psicanálise deveria ser o meio por excelência para se viver as intenções e suas ações e significados implícitos – o "playground da intencionalidade", se pedirmos emprestada a Freud sua expressão relativa à transferência – sem que o paciente tenha que transformá-las em comportamento franco. Não há dúvida de que os terapeutas arriscam-se a que ocorra também um *acting out* prejudicial, já que existe risco sempre que a pessoa sente genuinamente alguma coisa. Mas quando o paciente fica emocionalmente perturbado ao tomar consciência de seu desejo de matar o pai, e o afeto pode e deve ser utilizado a serviço de *modificar o relacionamento com o pai.* Esse ódio e desejo de matar, quando presentes na vida adulta, revelam-se em geral, segundo minha experiência, expressões de dependência paterna. O resultado normal, construtivo, é que através de *insight* no sentido da experiência, assim como de ab-reação no afeto, ele "matará" seu próprio elo excessivo com o pai, adquirindo, portanto, maior independência emocional. Esta exposição deve parecer, com certeza, excessivamente simplista, mas espero que demonstre a distinção entre sentir a intenção e suas implicações no consciente e o *acting out* psicopático. Tanto os tipos psicopatas como os desligados lutam para fugir a um confronto com o sentido de sua intencionalidade. Tudo o que vimos tentando fazer nestes capítulos sobre a intencionalidade é restabelecer e dar importância ao significado do ato. Assim, a preocupação com a intencionalidade pode ser o genuíno solapamento do *acting out* em psicanálise.

É preciso apontar aqui outra coisa. A intencionalidade baseia-se num padrão de significados partilhado por paciente e terapeuta. Todo mundo, sadio ou insano, vive dentro de um padrão que ele mesmo cria até certo ponto – é individual – porém existe dentro da condição geral da história e da linguagem humanas. É por isso que a linguagem é tão importante: é o meio pelo qual encontramos e formamos nosso padrão de significados, meio que partilhamos com os seres humanos nossos semelhantes. "A linguagem é a raiz espiritual de todo homem", diz Binswanger. Declaramos igualmente que a história é o corpo cultural do homem. O padrão de significados vem antes de quaisquer discussões, científicas ou não, já que é o que possibilita essas discussões – como em psicoterapia. Não compreenderemos jamais o padrão de um doente, ou de pessoa alguma, observando-o de maneira puramente objetiva. Preciso estar apto a participar dos significados do meu paciente, mas preservando ao mesmo tempo os meus próprios. Assim interpretarei inevitável e corretamente o que está fazendo – e muitas vezes em relação a mim. O mesmo é exato em todos os outros relacionamentos humanos: a amizade e o amor exigem que participemos do padrão de significados dos outros, mas sem renunciar aos pessoais. É desta maneira que a mente humana compreende, desenvolve-se, modifica, esclarece e adquire sentido.

Estágios em terapia

O processo terapêutico dirigido a pacientes individuais envolve a reunião das três dimensões: desejo, vontade e decisão. À medida que o paciente se adianta de uma para a outra no caminho da integração, a dimensão anterior é incorporada e permanece presente na que se segue. A intencionalidade faz parte das três dimensões.

Já discutimos o desejo, a vontade e a decisão em capítulos anteriores. É importante voltarmos agora ao assunto depois de termos debatido a intencionalidade. Pois esta é essencial à completa compreensão do desejo, da vontade e da decisão. Demonstraremos agora mais plenamente o significado de nosso problema descrevendo a terapia prática nos três níveis.

A primeira dimensão, *desejo,* ocorre no plano da *percepção,* a dimensão que o organismo humano partilha com os animais. Os desejos infantis, as necessidades e desejos fisiológicos, a sexualidade, a fome e toda a gama infinita e inesgotável de impulsos que ocorrem a qualquer indivíduo constituem o âmago de praticamente toda a psicoterapia, desde a de Rogers, até a mais clássica freudiana. No ser humano, sentir tais desejos talvez acarrete dramática ansiedade e às vezes traumática agitação, à medida que os recalques que conduziram ao bloqueio da percepção vêm à luz. Com respeito à importância e ànecessidade de desmascarar o recalque – aspectos dinâmicos que se encontram fora do âmbito da nossa presente discussão – várias espécies de terapia diferem radicalmente; mas não posso conceber qualquer tipo de psicoterapia que deixe de conceder lugar central ao processo da percepção. As terapias de condicionamento, de Wolfe e Skinner, por exemplo, não têm a finalidade de revelar esses aspectos da percepção. Eu não as chamaria de psicoterapia, porém, e sim do que seu nome sugere – terapia de *comportamento* – recondicionamento, reeducação, retreinamento de padrões de hábito.

A experiência do desejo pode manifestar-se nas mais simples formas – desejo de acariciar e ser acariciado, desejos associados originalmente à amamentação e à proximidade da mãe e da família na primeira infância. Na vida adulta podem variar desde a intimidade sexual até o aperto de mão de um amigo, ou o simples prazer ao contato do vento e da água na epiderme; e vai até as requintadas mas ingênuas experiências resultantes de um instante de deslumbramento, quando a pessoa se vê diante de um canteiro de flores e repara de repente no brilhante azul do céu visto para além do seu colorido. Esta imediata percepção do mundo prolonga-se por toda a vida, em ritmo acelerado pela esperança, e é infinitamente mais variada e rica do que se poderia julgar ao ouvir a maioria dos debates psicológicos.

A crescente percepção do próprio corpo, de seus desejos e anseios – processos evidentemente relacionados com a experiência da identidade – acarretam também, em geral, uma apreciação mais profunda e maior respeito por si mesmo como um ser, e pelo ser em si mesmo. É neste ponto que as filosofias orientais, como o zenbudismo, têm muito a nos ensinar.

Observemos novamente o caso de Helen, a paciente que descrevemos no capítulo sobre o desejo e a vontade e que se utilizava do "quem quer pode" como reação contra seu forte anseio de ser abraçada pela mãe. Observamos que este anseio parecia ter origem nos dois primeiros anos de vida, quando a mãe fora internada numa instituição para doentes mentais, após uma crise de depressão. No início da terapia, Helen não percebia que desejava o amor e o carinho maternos, o anseio de ser abraçada (embora o obtivesse com promiscuidade dos diversos homens com quem dormiu). Tinha consciência apenas de depressão generalizada, tristeza e desgosto nas profundezas da sua existência movimentada e superficial. Sua crescente consciência e aceitação desses desejos infantis, o senti-los nas horas de terapia, fez emergir uma certa ira, muito ressentimento, impotência e sensação de vergonha por suas "fraquezas", acentuada passividade durante algum tempo, alternada com raiva, e assim por diante. Menciono isto para demonstrar que tornar conscientes esses desejos importantes e há tanto tempo negados não é absolutamente fácil, não é de modo algum uma brincadeira infantil. É dramático e pode ser profundamente perturbador. Daí encontrarmos tantas vezes a regressão em psicanálise. E não trazemos tais desejos ao consciente só para "desabafar", ou "expandir os afetos" – embora eu seja de opinião que é essencial sentir os afetos genuínos, acompanhados da inevitável tristeza, dor e luto pelo passado perdido. Mas o fato, mais importante que o puro desabafo afetivo, é que o desejo aponta para um significado. Helen começou a descobrir a relação entre o amor frustrado pela mãe e o que desejava obter de seus inúmeros amantes; seu uso do sexo e da intimidade como gratificação oral; e suas necessidades desafiadoras e competitivas ("Se meus pais não querem me amar, eu lhes mostrarei como conseguirei amor!"). E isto, de acordo com a habitual evolução da raiva e do ressentimento numa neurose, será um meio, entre outros, de irritar os pais.

Existe, porém, um outro estágio não raro em nossa cultura: uma forma mais *estruturalizada* do que foi dito acima, na qual o paciente cria o objetivo de "não querer", uma espécie de finalidade cética ou desesperada de não desejar coisa alguma. Em minha experiência, isto ocorre com personalidades obsessivas, compulsivas. A pessoa vive segundo a fórmula "é melhor não querer", "querer torna-me vulnerável", "querer me deixa sem defesas", "se eu jamais desejar, jamais serei franco". Nossa cultura dá relevância a isso de uma maneira estranha, oblíqua. De um lado, a sociedade parece prometer que todos os nossos desejos serão satisfeitos – dilúvios de propaganda garantindo transformar uma loura em ruiva de um dia para outro e arrebatar a moça da cadeira de estenógrafa, colocando-a num jato para Nassau no próximo fim de semana. O mito Horatio Alger há muito desapareceu, mas não o mito de que tudo conseguiremos. Mas parece haver também em nossa cultura uma estranha cautela – "Você obterá abundantes gratificações se não *sentir* demais, não desejar demais".

O resultado é que, em vez de conquistar o mundo como Alger, devemos esperar passivamente até que o gênio da tecnologia – que não impelimos, nem influenciamos, *aguardamos* – nos proporcione as devidas gratificações. Tudo isto faz parte das recompensas que acompanham a fé no mito da máquina, no século XX.

Seja qual for a interpretação cultural o resultado é o mesmo: as pessoas carregam no íntimo um grande número de desejos que conservam escondidos e aos quais reagem passivamente. O estoicismo, hoje, não é força para dominar desejos, mas para ocultá-los. Diante de um paciente que, digamos, esteja interminavelmente racionalizando e justificando, equilibrando isto contra aquilo, como se a vida fosse um tremendo mercado onde todos os negócios são feitos por escrito e automaticamente e nunca haja *bens,* sinto às vezes vontade de gritar: "Nunca deseja coisa alguma?" Mas não grito, pois é fácil ver que em determinado plano o paciente não deseja muito; o problema é que formulou e reformulou seus desejos até que estes "chocalham como ossos", na expressão de Eliot. Tornaram-se endêmicas em nossa cultura as tendências para que a negação dos desejos seja racionalizada e aceita, com a crença de que esta negação resultará em realização. E mesmo que o leitor discorde de mim neste ou naquele detalhe, o problema psicológico é o mesmo: é necessário ajudarmos o paciente a alcançar alguma validez e sinceridade emocional revelando seus desejos e capacidades de desejar. Isto não é o fim da terapia e sim um ponto de partida essencial.

Observamos que o *corpo* é particularmente importante no desejo. Diversas vezes o vocábulo emergiu quando discutíamos essa dimensão – desejo de acariciar o corpo, a percepção principalmente como empreendimento físico etc. O corpo é importante como linguagem neste estágio da terapia. Os desejos e a intencionalidade que os sublinha são expressos por gestos sutis, maneiras de falar e caminhar, inclinar-se para a frente, ou distanciar-se do terapeuta, o que constitui uma linguagem que, por ser inconsciente, é mais correta e sincera do que a articulada conscientemente. Este é, em geral, o motivo pelo qual o corpo precisa ser aceito com exultação e concupiscência, amado e respeitado. Os conflitos emergem quando a "armadura corpórea" é solapada, na expressão de Wilhelm Reich; e existirão sempre, como parte da expressão corporal. Mas podem ser enfrentados de maneira construtiva, embora nada de positivo aconteça se o corpo permanecer prisioneiro.

Do desejo à vontade

A segunda dimensão é a transmutação da percepção em autoconsciência. Isto tem correlação com a forma distintiva da percepção nos seres humanos – o consciente. O vocábulo *consciente,* originando-se etimologicamente de *con* e *scire,* significa "saber com". Estritamente falando, a autoconsciência, no sentido em que aqui empregamos o termo, é uma redundância; a própria consciência inclui a percepção do meu papel dentro dela. Neste plano, o paciente sente "sou-eu-quem-tem-estes-desejos". É nesta dimensão que aceitamos a ideia de que temos um mundo. Se vivo o fato de que meus desejos não são cegos impulsos em direção a alguém ou a algo, que sou *eu* que me encontro neste mundo, onde o tato, o alimento, o prazer sexual e o relacionamento são possíveis entre mim e outras pessoas, posso começar a perceber o que fazer em relação a tais desejos. Isto me possibilita o *in-sight,* ou "visão interior": observar o mundo e as pessoas em relação a mim mesmo. Assim, o obstáculo anterior – de um lado, recalcar desejos por não poder suportar a sua não gratificação e de outro ser compulsivamente impelido para sua cega gratificação – é substituído pelo fato de eu próprio me encontrar envolvido nesses relacionamentos de prazer, amor, beleza, confiança. Tenho então a possibilidade de modificar meu próprio comportamento para torná-los mais visíveis.

O termo genérico usado para as intenções autoconscientes é vontade. Este vocábulo reflete o sabor ativo e a autoafirmação desses atos intencionais.

Nesta dimensão, a *vontade* entra em cena, não como negação do desejo, e sim como incorporação do desejo a um plano mais elevado de consciência. Sentir o azul do céu para além das flores no simples plano da percepção e desejo talvez resulte em prazer e vontade de renovar ou prolongar a experiência, mas a compreensão de ser eu uma pessoa que vive num universo onde há flores amarelas e céu tão brilhante e de que posso até ampliar meu prazer partilhando a experiência com um amigo tem profundas repercussões na vida, no amor, na morte e nos problemas máximos da existência humana. Conforme Tennyson observou, ao contemplar a flor na parede rachada: "... Eu seria capaz de compreender a Deus e ao homem". É nesta dimensão que emerge a criatividade. O ser humano não se detém no prazer ingênuo, mas pinta um quadro, ou escreve um poema que, segundo espera, comunicará algo de sua experiência aos seus semelhantes.

Do desejo e da vontade à decisão

A terceira dimensão do processo terapêutico é a da *decisão* e *responsabilidade*. Reúno os dois termos com certa redundância, a fim de distingui-los da vontade. A responsabilidade implica reagir a, *responder*. Assim como o consciente é a forma nitidamente humana da percepção, a decisão e a responsabilidade são as formas distintivas do consciente no ser humano que caminha para a autorrealização, a integração, a maturidade. Repetindo: esta dimensão não é alcançada com a negação dos desejos e a vontade dogmática, e sim incorporando e conservando presentes as duas dimensões anteriores. *Decisão*, em nosso sentido, cria com as dimensões anteriores um padrão de ação e de vida, dinamizado e enriquecido pelos desejos, confirmado pela vontade e receptivo e responsável diante das pessoas relevantes para mim, na realização dos objetivos a longo prazo. Se a questão não fosse óbvia, poderia ser demonstrada segundo a teoria psiquiátrica interpessoal de Sullivan, a filosofia de Buber, e outros pontos de vista. Indicam todos que desejo, vontade e decisão ocorrem dentro de um nexo de relacionamentos, do qual o indivíduo depende não só para a sua realização, como também para sua própria existência. Isto soa como uma afirmativa ética e o *é*, de fato. Pois a ética tem seu fundamento psicológico na capacidade do ser humano de transcender à situação concreta do desejo imediato auto-orientado e viver nas dimensões do passado e do futuro, e nos termos do bem-estar das pessoas e grupos dos quais depende intimamente sua própria realização.

O Professor Ernest Keen formula esta minha terceira dimensão, a da decisão, da seguinte maneira:

> Sair da minha autoconsciência é a minha experiência pessoal como "*self* avaliador" e "*self* em evolução". Os termos talvez tenham que ser aqui menos precisos porque esta experiência é mais altamente individualizada. O "emergir" supõe uma integração ou síntese de minha percepção corpórea e minha autoconsciência ou, pode-se dizer, de meu desejo e minha vontade. Reservar

um plano adicional para o funcionamento total do Ser em intercâmbio com o mundo reflete não só a natureza dialética da "decisão", como também o importante *insight* de que intencionar com todo o seu ser é mais do que a soma das parcelas de desejar e querer. Uma "decisão" não é nem um desejo, nem um ato da vontade, nem uma combinação dos dois. Desejar algo contra a minha vontade é como ser tentado a roubar uma barra de chocolate; querer algo contra a minha vontade é como negar que gosto de chocolate; decidir algo é registrar em mim mesmo (e para mim mesmo) que tentarei (ou não) obter alguma coisa. Assim, tomar uma decisão é um compromisso que inclui sempre o risco do fracasso, e é um ato em que todo o meu ser está envolvido[1].

Liberdade humana

Nossa questão final é a relação entre a vontade humana e a liberdade. William James estava inteiramente correto ao observar que a questão é ética e não psicológica. Mas a questão, como observou também James, não pode ser evitada. Pressupõe-se sempre resposta na vida e trabalho de todo mundo, e esclarecê-lo é simples sinal de honestidade.

O impacto de Freud e da nova psicologia tem sido ampliar a esfera do determinismo, ou necessidade. Vemos, como jamais anteriormente, o quanto somos criaturas condicionadas, impelidas e amoldadas por nossos

1. Ernest Keen, meu ex-assistente no curso de Harvard durante o verão de 1964, agora professor em Bucknell.

processos inconscientes. Se nossa liberdade se limita a escolher, nos domínios que nos restam, o espaço negativo que permanece quando o determinismo toma conta do resto, estamos verdadeiramente perdidos. A liberdade e a escolha reduzem-se e tornam-se simples migalhas que nos são temporariamente lançadas, até a descoberta de novos determinismos. A liberdade e a vontade humanas tornam-se então absurdos infantis.

Mas essa visão ingênua e primitiva da vontade e da liberdade devem ser recusadas. Uma coisa é bem clara, desde os tempos de Freud: a "liberdade primária", a liberdade ingênua do Jardim do Éden antes da "queda" no consciente, ou da criança antes da luta para alcançar e ampliar o consciente é uma falsa liberdade. O atual combate com a máquina é a mesma questão que se repete. Se a liberdade é o que resta, o que a máquina *não pode* fazer, a questão está perdida desde o início: estaremos condenados quando, no futuro, for inventada uma máquina também para isso. A liberdade não pode jamais depender de uma suspensão de necessidade, por Deus, pela ciência, ou por qualquer outra coisa. A liberdade não pode jamais ser uma *denegação da lei,* como se a nossa "vontade" só operasse dentro de uma margem temporária de alívio do determinismo. Mas o planejamento, a formação, a imaginação, a escolha de valores, a *intencionalidade* são as qualidades da liberdade humana.

Liberdade e vontade não consistem na negação do determinismo e sim em nosso *relacionamento* com ele.

"Liberdade", escreveu Spinoza, "é o reconhecimento da necessidade"[2]. O homem se distingue pela capacidade de saber que é determinado, e escolher seu relacionamento com o que determina. Pode e deve, a menos que abdique da própria mente, optar pela maneira como se relacionará com as necessidades tais como a morte, a velhice, as limitações da inteligência, e o condicionamento inevitável ao seu *background.* O homem aceitará, negará, combaterá, afirmará, consentirá nestas necessidades? Todas as palavras contêm um elemento volitivo. E a esta altura deveria estar bem claro que o homem não fica simplesmente "por fora" em sua subjetividade, como um crítico no teatro, contemplando a necessidade e decidindo o que pensar a respeito. Sua intencionalidade já é um elemento da necessidade na qual se encontra. A liberdade não está em triunfar sobre a natureza objetiva, ou no pequeno espaço que nos resta da natureza subjetiva, e sim no fato de sermos quem sente a ambas. Em nossa *intencionalidade, as duas se reúnem e ao senti-las nós já as modificamos.* A intencionalidade não só nos possibilita assumir uma posição em relação à necessidade, como exige que tomemos

2. O Dr. Robert Knight está enganado ao citar o determinismo de Spinoza como do tipo que destrói a liberdade humana. É uma confusão que identifica todo determinismo com os processos de causa e efeito. Estes podem ser, de fato, inimigos da liberdade humana se forem usados sem justificativa para criar princípios. Mas como o determinismo de Spinoza é um aprofundamento da experiência humana, um acréscimo de dignidade, se quiserem, torna a conquista da liberdade mais difícil e por isso mesmo ainda mais real. "Necessidade" para Spinoza é o fato de viver e morrer, não a necessidade de um processo técnico do tipo proposto pelo dr. Knight.

essa posição. Isto se encontra ilustrado *ad infinitum* em psicoterapia, quando o paciente argumenta com rígido determinismo, em geral quando está desanimado ou deseja escapar ao sentido de suas intenções. E quanto mais "decidido a ser determinista" – quanto mais argumenta (o que já é intencionalidade) que nada tem a ver com o destino que pesa sobre ele – tanto mais se predestina.

Nietzsche falou muitas vezes no "amor ao destino". Queria dizer que o homem pode enfrentar diretamente seu destino, conhecê-lo, desafiá-lo, acariciá-lo, lutar com ele – e amá-lo. E embora seja arrogância dizer que somos "senhores do nosso destino", estamos a salvo da necessidade de ser suas vítimas. Somos na verdade *cocriadores do nosso destino.*

A psicanálise exige que não repousemos nas intenções, ou racionalizações conscientes, mas prossigamos até a intencionalidade. Nosso consciente jamais voltará a ser simples, baseando-se na crença de que só pelo fato de pensarmos algo conscientemente isso se torna verdade. O consciente é uma experiência imediata, mas seu significado precisa passar através da linguagem, da ciência, da poesia, da religião e de todos os outros aspectos do simbolismo humano.

Partilhamos com William James a perplexidade de viver numa era de transição, ele no começo, e nós, espera-se, próximo ao fim. Uma coisa deixou bem claro: embora jamais se saiba ao certo, e embora não haja nunca e jamais haverá respostas absolutas, o homem precisa agir de qualquer maneira. Entre os 20 e os 30 anos, quando paralisado pela depressão e quase incapaz de desejar a coisa mais simples, decidiu um dia realizar um ato de vontade crendo na liberdade. Ele *quis* a liberdade, tornou-a seu *fiat.* "O primeiro ato de liberdade é optar por ela", escreveu. Convenceu-se mais tarde de que foi isso que o capacitou a enfrentar e a transcender a depressão. Está claro em sua biografia, a essa altura, a vida extremamente construtiva que levou até morrer aos 68 anos.

Esse *fiat* tornou-se parte integrante da visão jamesiana da vontade. Entre as várias sensações que nos saúdam, os diversos estímulos que nos afetam, temos a capacidade de escolher entre esta e aquela possibilidade. De fato dizemos: "Que esta seja, a minha realidade". O *fiat* é o salto de James; é sua declaração de compromisso.

Ele sabia que num ato da vontade o homem realiza algo mais do que parece à primeira vista: cria, amoldando alguma coisa que jamais existiu antes. Há risco em tal decisão, nesse fiat, mas permanece a nossa contribuição original, singular para o mundo. Critiquei a teoria da vontade de James onde omite a intencionalidade, o âmago do problema. Mas no *ato humano* da vontade, no qual todo homem começa do princípio e só pode dizer, como Sócrates ao decidir beber a cicuta, "Não sei, mas creio", e dar o salto, James é, ainda assim, muito grande. Já que suas palavras vibram com a sinceridade e a força de quem as forjou no âmago de seu próprio sofrimento e êxtase, nada de melhor podemos fazer que citá-lo:

O imenso mundo que nos rodeia faz-nos uma quantidade de perguntas e nos prova numa diversidade de maneira. Algumas das provas que enfrentamos pelas ações são fáceis, e a algumas das perguntas respondemos com palavras articuladas. Mas a pergunta mais profunda que nos é feita não admite resposta, exceto o mudo desvio da vontade e o aperto no coração ao dizermos: *"Sim, eu quero, assim mesmo!"*...

O mundo encontra então no homem heroico seu digno adversário e companheiro; e o esforço que ele faz para manter-se ereto e conservar o coração invicto é a medida exata do seu valor e função no jogo da vida humana. Ele pode *suportar* este Universo... Pode mesmo sentir entusiasmo, não um esquecimento de avestruz, e sim pura disposição interior para enfrentar o mundo (apesar de) todos os obstáculos...

"*Você quer ou não que seja assim*?" nos é indagado a todas as horas do dia, em relação às coisas mais importantes e às mais insignificantes, às mais teóricas e às mais práticas. Respondemos por meio de *consentimentos* ou *não consentimentos* e não com palavras. Não é para admirar que estas respostas tácitas pareçam os mais profundos órgãos de comunicação com a natureza das coisas!... Não é para admirar que a quantidade que dela cedemos seja a única contribuição estritamente primitiva e original que fazemos ao mundo![3]

3. James, II, p. 578.

Parte III

Amor e vontade

11
A relação entre amor e vontade

A paixão sexual é a causa da guerra e o fim da paz, a base do que é sério e o objetivo do gracejo, a fonte inesgotável do espírito, a chave de todas as alusões, e o significado de todas as misteriosas sugestões... só porque a mais profunda seriedade se encontra em seus fundamentos... Mas tudo isso está de acordo com o fato de que a paixão sexual é a semente da vontade de viver e por conseguinte, a concentração de todo desejo; *portanto, no texto chamei os órgãos genitais de foco da vontade.*

Schopenhauer

É curioso que Schopenhauer, velho misantropo como é muitas vezes chamado pelos sensitivos, tenha no texto acima chamado à paixão sexual de "semente da vontade de viver" e aos "órgãos genitais de focos da vontade". Expressa aqui uma verdade do relacionamento entre amor e vontade, a sua interdependência, de um modo contraditório à compreensão convencional do homem moderno.

Poder – que identificamos agora com a vontade – e amor, mesmo o amor sexual, são considerados antíteses. Creio que Schopenhauer tinha razão – não são opostos e sim estreitamente relacionados.

Nossa discussão da questão demoníaca demonstrou que a autoafirmação e a autoassertiva, evidentemente aspectos da vontade, são essenciais ao amor. Nós os discutimos juntos nesta obra porque são inter-relacionados de maneira crucial para a vida pessoal de todos nós, e especificamente para a psicoterapia.

Tanto o amor como a vontade são formas conjuntivas da experiência. Isto é, ambas descrevem uma pessoa buscando, movendo-se em direção à outra, procurando afetá-la – e abrindo-se, a fim de ser por ela afetada. Tanto o amor como a vontade são maneiras de amoldar, formar, relacionar-se com o mundo e tentar obter uma resposta através das pessoas cujo interesse ou amor ambicionamos. O amor e a vontade são experiências interpessoais que trazem à luz força para influenciar significativamente os outros e ser por eles influenciado.

Amor e vontade bloqueando-se mutuamente

A inter-relação de amor e vontade revela-se, além disso, pelo fato de cada qual perder sua eficácia quando não mantido em exata correlação; bloqueiam-se mutuamente. A vontade bloqueia o amor. Isto pode ser observado especialmente na "força de vontade" da pessoa de tipo introvertido, conforme descrito nos estudos de Riesman[1]. É o tipo de homem que em geral se transformou num poderoso capitalista ou financista das primeiras décadas deste século, constituindo nosso elo com a grande relevância dada à força de vontade individual, que caracterizou o final da Era Vitoriana[2]. Era o período em que o homem podia falar em sua "alma inconquistável" e proclamar: "Sou dono do meu destino". Mas se minha alma fosse mesmo invencível jamais seria capaz de amar plenamente; pois é da natureza do amor abater todas as barreiras. E se preciso agarrar-me à ideia de ser o senhor do meu destino, jamais me entregarei à paixão; pois o amor apaixonado tem sempre trágicas possibilidades. Eros, como vimos nos capítulos anteriores, "quebra a força dos membros", e "domina a inteligência com todos os seus hábeis planejamentos".

Um exemplo da vontade bloqueando o amor pode ser visto no caso do pai de um jovem estudante, paciente meu, tesoureiro de uma grande corporação. Telegrafou-me um dia para pedir-me que "realçasse a afetividade no tratamento do filho", exatamente como se estivéssemos nas reuniões de diretoria de sua companhia. Quando o filho adoeceu na universidade, com uma moléstia sem

---

1. David Riesman, Reuel Denney, e Nathan Glazer, *The Lonely Crowd* (New Haven, Yale University Press, 1950).

2. Tenho consciência de descrever este tipo de modo mítico e que existem muitas exceções – como William James e seus pais – a esta regra. Fazendo todas as concessões ao destino de cada um de nós para detestar a época que nos precedeu, creio que minha afirmativa continua válida.

importância, o pai voou imediatamente para o local, a fim de tomar providências; e mostrou-se furioso quando o filho ficou de mãos dadas e beijou a namorada no relvado de sua casa de veraneio. Ao jantar, contou que havia entrado em negociações para comprar a companhia de um amigo do filho mas, tendo-se irritado com a lentidão das negociações, chamara os possíveis sócios e lhes dissera que "esquecessem tudo". Não demonstrou perceber que estava lançando outra companhia à falência com um estalar de dedos. Esse pai era um cidadão de espírito público, diretor de diversos comitês para incremento cívico e não conseguia compreender por que, quando fora tesoureiro de uma corporação internacional, seus subordinados se referiam secretamente a ele como o "mais duro S.O.B. da Europa". A pronunciada "força de vontade", com que julgava resolver todos os seus problemas, na verdade servia ao mesmo tempo para bloquear sua sensibilidade, desligar sua capacidade de *escutar* aos outros e talvez *especialmente* ao filho. Não é surpreendente que esse filho extremamente talentoso fracassasse na universidade durante vários anos, passasse por um período *beatnik*, e finalmente se torturasse a fim de vencer profissionalmente.

Típico do gênero introvertido, o pai do meu paciente era sempre capaz de cuidar dos outros sem estimá-los, dando-lhes dinheiro, mas não o coração, *dirigindo-os*, mas sem *ouvi-los*. Esta espécie de "força de vontade" era uma transferência para relacionamentos interpessoais do mesmo tipo de poder que se tornara tão eficaz na manipulação das estradas de ferro, transações financeiras, minas de carvão e outros aspectos do mundo industrial. O homem de força de vontade, manipulando a si mesmo, não se permitiu ver porque não conseguia manipular igualmente os outros. Esta identificação da *vontade com a manipulação pessoal* é o erro que coloca a vontade em oposição ao amor.

É uma hipótese sólida, baseada numa grande quantidade de evidência psicoterapêutica, que o remorso inconsciente desses pais por manipularem os filhos leva-os a ser superprotetores e superindulgentes. Seus filhos ganham carros, mas não valores morais, captam a sensibilidade, mas não aprendem a sensibilidade na vida. Os pais parecem saber vagamente que os valores em que se baseava a força de vontade deixaram de ter eficácia, mas não conseguem encontrar novos, nem renunciar à vontade manipuladora. E muitas vezes parecem agir na suposição de que sua vontade basta para a família inteira.

Este excesso de ênfase sobre a vontade, que bloqueia o amor, conduz mais cedo ou mais tarde a uma reação ao erro oposto, *o amor bloqueando a vontade.* Isto é típico da geração cujos pais são do gênero acima descrito. O amor proposto hoje pelo movimento *hippie* parece ser a mais clara ilustração deste erro. "O amor hippie é indiscriminado", diz o princípio comum do movimento. O amor *hippie* dá relevância ao imediato, à espontaneidade, à autenticidade emocional do momento. Tais aspectos são não só reações inteiramente compreensíveis contra a vontade manipuladora da geração anterior, mas também valores em si mesmos. O imediatismo, a espontaneidade e a honestidade do relacionamento no *agora* vital são críticas sólidas e reveladoras do amor e do sexo burguês contemporâneo. A revolta dos *hippies* ajuda a destruir a força de vontade manipuladora que solapa a personalidade humana.

Mas o amor exige também continuidade. O amor cresce em profundidade, em virtude de os amantes viverem encontro após encontro, conflito e evolução durante um certo período de tempo. Tais elementos não podem ser omitidos de qualquer experiência amorosa duradoura e válida. Incluem opção e vontade, sejam quais forem os nomes que a elas se atribua. Amor generalizado é adequado para situações grupais, generalizadas; mas não me sinto distinguido quando sou amado simplesmente por pertencer ao gênero masculino. O amor separado da vontade, ou que a dispensa, é caracterizado por uma passividade que não incorpora e não evolui com sua própria paixão; tende, portanto, à dissociação e termina em algo não de todo pessoal, uma vez que não discrimina plenamente. Tais distinções incluem a vontade e a opção – escolher alguém é deixar de escolher a outrem. Isto é esquecido entre os hippies; o imediatismo do amor no movimento hippie parece terminar num sentimento fugitivo e efêmero.

A espontaneidade é um tremendo alívio após a artificialidade do sexo nos sábados à noite do amor burguês, contra o qual os hippies estão se rebelando. Mas que dizer da fidelidade e qualidades duradouras do amor? A paixão erótica não só exige a capacidade da entrega do próprio ser, a permissão para deixar-se estimular, a força da experiência imediata, como também exige que se leve este acontecimento ao seu próprio âmago, a fim de amoldar e formar a si mesmo e ao relacionamento no novo plano de consciente que emerge da experiência. Isso exige o elemento volitivo. À força de vontade vitoriana faltava a sensibilidade e a flexibilidade que acompanham o amor; no movimento hippie, pelo contrário existe amor sem a força de apoio que acompanha a vontade. Eis outra importante ilustração do fato de que o amor e a vontade são inseparáveis.

A indicação final de que os problemas do amor e da vontade devem andar juntos está na similaridade de suas "soluções". Nenhum dos dois pode ser corretamente enfrentado em nossos dias simplesmente com novas técnicas, remendos de antigos valores, apresentação de velhos hábitos de forma mais aceitável, ou recursos desse tipo. Não nos podemos contentar com pintar o velho prédio de cores novas; são os alicerces que estão destruídos, e as "resoluções", sejam quais forem os novos nomes que a elas se deem, precisam ser diferentes.

Necessário às "resoluções" é uma nova consciência, na qual a profundidade e significado do relacionamento pessoal ocupe um lugar central. Este consciente que tudo abrange é sempre necessário em épocas de transição radical. Na falta de guias exteriores, desviamos para dentro a moralidade; recai sobre o indivíduo uma nova exigência de responsabilidade pessoal. Somos solicitados a descobrir em nível mais profundo o que significa ser humano.

A impotência como exemplo

O problema da potência sexual é particularmente interessante porque representa a *confluência da vontade e do amor.* A impotência é uma expressão do fato de que a pessoa está procurando fazer com que seu corpo realize alguma coisa – o ato sexual – que ele não quer realizar. Ou, falando em outros termos, o paciente está tentando forçar o corpo a amar, quando ele, paciente, não ama. Não se pode querer ser potente; não podemos querer amar. Mas podemos desejar abrir-nos, participar da experiência, permitir a possibilidade de tornar-se uma realidade. A impotência é o fracasso, não da intenção, e sim da intencionalidade. Pois exatamente como a linguagem do sexo é o ingurgitamento e ereção do pênis no homem e a excitação e disposição para o ato na mulher, a linguagem de eros é fantasia, imaginação e um aprofundamento da sensibilidade de todo o organismo. E se a linguagem mais profunda e sutil do segundo cai em ouvidos surdos, a mais direta, insistente e óbvia, a do corpo, assume o comando para comunicar a mensagem por meio da impotência sexual.

O incidente narrado no capítulo anterior, a impotência de Preston, pode ser aqui citado com maiores detalhes para nos fornecer um quadro da dinâmica do problema, assim como do contraste entre eros e sexo. Durante aquela sessão perguntei a Preston que fantasia lhe passara pela mente naquela noite, enquanto se despia, antes de ir para a cama com a garota. Foi-lhe difícil, naturalmente, recordar, uma vez que tais imagens e os sentimentos a elas associados tinham que ser recalcados no esforço de realizar o ato à sua frente. Mas, quando o conseguiu, relatou a seguinte fantasia: a vagina da mulher era uma armadilha para prender ursos; ela tomaria seu pênis, o forçaria a emprenhá-la para ter um filho, prendendo-o assim definitivamente. À medida que contava a fantasia tornou-se evidente que ele vivera a situação não só como se houvesse sido agarrado por uma mulher e – por mais contraditório que pareça – sido seduzido, em lugar de ser ele o sedutor, mas também como uma expressão de seu próprio contrassadismo em relação a ela, uma vez que prosseguiu no ato, excitando-a, somente para desapontá-la. A impotência, portanto, revela-se uma nítida expressão de simbolismos negados, que ocorreram nas fantasias inconscientes de Preston. Tais fantasias não são absolutamente o resultado de caprichos e sim expressões necessárias e justas de sua ansiedade, da necessidade de submeter-se à mulher e de sua vingança contra ela.

Fantasia é uma expressão da imaginação. Tanto uma quanto outra são capacidades pelas quais se atribui significado pessoal ao ato. Imaginação é a sede da intencionalidade e a fantasia uma de suas linguagens. Emprego fantasia aqui não no sentido de algo irreal para onde escapamos, e sim no seu sentido original de *phantastikous,* "capaz de representar", "tornar visível". A fantasia é a linguagem do *self* total, comunicando-se, oferecendo-se, provando. É a linguagem de "eu desejo/eu quero" – a projeção, na imaginação, do *self* na situação. E se a pessoa não consegue fazer isso, não estará presente na situação, sexual ou outra, esteja ou não presente o seu *corpo*. A fantasia assimila a realidade e, em seguida, a impele a uma nova profundidade.

Imaginação e tempo

O lado positivo do emprego da fantasia pode ser verificado em outras sessões com Preston. Tomemos um exemplo em que ele diz:

> **Preston**: Pensei no que estivemos falando, no modo como eu afasto todas as experiências, vivendo por detrás de paredes protetoras. Então realizei um ato da vontade dizendo: "Enquanto viver protegendo a si mesmo será infeliz. Por que não deixo disso?" Foi o que fiz. Então comecei a achar Beverly atraente e nossas relações sexuais passaram a ser muito agradáveis. Mas ainda não havia ereção e fiquei preocupado. Então pensei: "Tenho mesmo que ter relações todas as vezes? Não". E foi então que comecei a tê-las.

O bom relacionamento sexual que passaram a ter então não era, naturalmente, a solução total do problema. As raízes mais profundas do conflito revelaram-se na segunda metade da hora de terapia, depois que ele disse : "Não posso me dar ao luxo de merecer o amor de Beverly". Então, falando sobre a mãe e a irmã, exclamou: "Não posso ceder. Preciso ficar quite com elas. Morrerão. Não cederei". Isto revela, evidentemente, um problema neurótico que precisava ser resolvido. Mas a primeira parte, o "ato da vontade" construtivo, precisava acompanhar o segundo. Assim como os aspectos inconscientes não podem ser ignorados, também o primeiro, que ele chama de "ato da vontade", não pode ser afastado. Os dois polos do problema movem-se dialeticamente, um ajudando ao outro.

Não podemos querer amar, mas podemos querer abrir-nos à oportunidade, *conceber a possibilidade* – o que, como dizem os pacientes, põe em funcionamento o mecanismo. Isto expulsa o que nos impede de conceber, fonte de dificuldades inconscientes e recalcadas. Deixamos então que a imaginação brinque com o assunto, demore-se nele, debata-o na mente, focalize-o, "convide" a possibilidade de amar na fantasia.

Isto nos leva ao problema do *tempo*. Em casos de impotência reconhecemos o velho padrão familiar; a impressão de ser arrastado compulsivamente: "Nós nos despimos *imediatamente*", diz o paciente. Ou então: "Fomos *imediatamente* para a cama e eu fiquei impotente". A fim de realizar algo a respeito do qual estamos em conflito, agimos compulsivamente, procurando apressar-nos, a fim de enganar, ou pelo menos passar à frente dos "cães de guarda" recalcados do consciente, dispostos a nos perseguir. "Se tem que ser feito quando é feito", na clássica expressão de Macbeth em seu momento crucial, "então que seja feito às pressas" (1,7). Precisamos apressar-nos, a fim de não saber conscientemente o que, em outro nível, sabemos que sabemos. O fato de muita gente tender a não dar a si mesmo *tempo* para se conhecer nos casos amorosos é um sintoma geral do mal-estar de nossos dias. Estamos na era do "sexo imediato", diz John Galbraith, referindo-se aos motéis ao longo das estradas.

Quando falei acima que "*voamos* para o sexo, a fim de evitar eros", a palavra "voar" pode ser tomada em diferentes sentidos. Voar significa ir depressa: sentimos a compulsão, sem perceber que é a nossa própria ansiedade que nos impulsiona. Voar pode ser também tomado como fuga – será melhor que se realize rapidamente, antes que as fantasias se apoderem de nós, antes que a voz do conflito se torne tão estridente que arrebate a ereção e o desejo de ter relações. A pressa para se entregar ao sexo serve muitas vezes para anular o erotismo.

Chegamos agora ao relacionamento fundamental entre *eros, tempo e imaginação.* Eros é lento: leva tempo para que o significado do acontecimento penetre, tempo para a imaginação trabalhar e, se não houver "tempo para pensar", pelo menos tempo para sentir e antecipar. É por isso que a pessoa apaixonada gosta de estar sozinha, vagueando consigo mesma, sem concentrar-se, ou procurar trabalhar. Está dando a eros tempo para agir. Esta importância do tempo é uma das características que distingue eros do sexo. Eros talvez pareça alertar-se logo à primeira visão da outra pessoa (amor à primeira vista não é obrigatoriamente neurótico, ou imaturo). Quem é subitamente amado revela uma imagem composta de experiências passadas ou sonhos para o futuro; espontaneamente sentimos que ele ou ela se relaciona com o nosso "estilo de vida" pessoal, que formamos e carregamos durante toda a vida e que se torna mais nítido à medida que conhecemos mais plenamente a nós mesmos. Mas leva tempo para que ocorra o processo de integração, tempo para que eros se entrelace com a multidão de lembranças, esperanças, temores e objetivos que constituem o padrão que reconhecemos como nosso.

União do amor e da vontade

É tarefa do homem unir o amor e a vontade, que não se reúnem graças a uma evolução biológica automática, mas devem fazer parte de nosso crescimento consciente.

Na sociedade, a vontade tende a ser colocada contra o amor. Neste sentido existe uma importante história genética. Temos a memória, uma "reminiscência, no sentido platônico, de um tempo em que estávamos unidos à nossa mãe, na experiência de sugar-lhe o seio. Em seguida, estávamos unidos com o universo, casados com ele e vivíamos a experiência da "união com o ser". Esta união proporcionava uma satisfação, uma calma felicidade, autoaceitação e exaltação. Isso é revivido na meditação Zen, ou de tipo hindu e em algumas experiências com drogas. É uma união com o universo, que surge no misticismo e produz um tranquilo êxtase, uma abençoada sensação de estar completamente aceito pelo universo. Este é a tela de fundo da existência humana, sugerida por todos os mitos do Jardim do Éden, todas as histórias de paraíso, todas as "Épocas Áureas" – uma perfeição profundamente embebida na memória coletiva do homem. Nossas necessidades são providas sem esforço consciente de nossa parte como, biologicamente, na primitiva condição de sugar o seio materno. Esta é a "primeira liberdade", o primeiro "sim"[3].

Mas a primeira liberdade sempre se rompe. E o faz por causa da evolução da consciência humana. Sentimos a diferença de, e o conflito com o nosso ambiente, e o fato de sermos sujeitos num mundo de objetos – onde até a mãe pode tornar-se um objeto. Eis a separação entre *self* e o mundo, o *split* entre existência e essência. Mitologicamente é o tempo em que cada criança repete a "queda" de Adão. Esta primeira liberdade é inadequada porque não se pode nela permanecer se quisermos evoluir como seres humanos. E embora sintamos esta separação com remorso (no sentido de separação do infinito, de Anaximandro), precisamos, porém, prosseguir[4]. Mas permanece a fonte de toda perfeição, o pano de fundo de todas as utopias, o eterno sentimento de que deveria existir em alguma parte um paraíso, e os esforços – sempre criativos, mas sempre condenados ao fracasso – que nos levam a tentar recriar um estado de perfeição como o que vive-

---

3. É por esse motivo que se houver malignidade psicológica por parte da mãe, nessa época – séria depressão ou qualquer outra perturbação – as consequências podem ser tendências paranoides, ou qualquer outra séria desordem na criança.

4. Anaximandro escreveu: "Todo Indivíduo paga uma pena por sua separação do infinito".

mos nos braços maternos. Não podemos – e isso não por intervenção divina, algum acidente casual, ou qualquer ocorrência que poderia ser diferente. Não podemos simplesmente por causa da evolução do consciente humano. Contudo, prosseguimos na busca, como ao escrever um bom capítulo ou criar uma obra de arte. "Caímos" de novo, mas permanecemos prontos para reerguer-nos e reinvestir contra o destino.

É por isso que a vontade humana, em sua forma específica, sempre começa com um "não". Temos que lutar contra o ambiente, ser capazes de uma negativa; isto está inerente à consciência. Arieti observa que toda vontade nasce da capacidade de dizer "não" – um "não" aos pais (mesmo que signifique colocar-se contra eles, representantes do universo pessoal dominador). O "não" é um protesto contra um mundo que nós não criamos, e é também uma assertiva do próprio *self* no esforço de remodelar e reformar o mundo. Querer, neste sentido, começa sempre *contra* alguma coisa – o que em geral se revela especificamente contra a união com a mãe. Não é para admirar que isto ocorra com remorso e ansiedade, como no Jardim do Éden, ou com conflito, na evolução normal. Mas a criança tem que passar por isso, pois é o desdobrar de seu consciente que a impele. E não admira que, embora o afirme num plano, em outra o lamente. É este um dos aspectos da aceitação do demoníaco. No decorrer de uma revivência desse período, um paciente sonhou com um "tigre", que ele interpretava como sua mãe. Mas o terapeuta, com a sabedoria que advém da visão de conjunto, observava continuamente: "O tigre está em *você*". O paciente conseguiu assim desistir de lutar contra ele e assimilá-lo, aceitando-o como parte de sua própria força e, por conseguinte, tornou-se mais positivo como pessoa.

A vontade começa com a oposição, com um "não", uma vez que o "sim" já está presente. O perigo é que esse estágio de evolução da vontade seja interpretado negativamente pelos pais, que estes se mostrem excessivamente zangados, ou interpretem o "não" original do filho como dirigido pessoalmente a eles, podendo assim vir a ser considerados pela criança como um entrave ao seu desenvolvimento e autonomia. E talvez, ouvindo recriminações contra suas escolhas, seja tentada (e, até certo ponto, sucumba mesmo à tentação) a ceder para voltar à "satisfação" (que agora é apenas uma satisfação entre aspas). Este é o anelo nostálgico e autodestruidor para regressar à primitiva união, observado entre os adultos neuróticos. Mas o passado não pode ressuscitar.

É por isso que a união da vontade e do amor é tarefa tão importante, proporcionando ao homem elevado grau de realização. A vontade precisa emergir para destruir a satisfação, possibilitando um novo plano de experiência com as pessoas e o mundo, a autonomia, a liberdade madura e consequente responsabilidade. A vontade surge para estabelecer as bases que possibilitem um amor relativamente maduro. Não mais procurando restabelecer um estado infantil, o ser humano, como Orestes, assume agora livremente a responsabilidade de suas opções. A vontade destrói a liberdade primeira, a união original, não a fim de combater para sempre o universo – embora alguns de nós se detenham nesse estágio. Com o rompimento da satisfação da união *física*, a tarefa do homem torna-se *psicológica:* alcançar novos relacionamentos que serão caracterizados pela escolha da mulher amada, do grupo a que deseja pertencer e da elaboração consciente desses afetos.

Daí ter eu falado em relacionamento de amor e vontade, não como um estado que nos é concedido automaticamente, e sim como uma tarefa a empreender. Na medida em que é conseguido torna-se uma realização, indicando maturidade, integração, inteireza. Nenhuma é obtida sem relação com o seu oposto; o progresso humano jamais é unidimensional. Mas tornam-se marcos e critérios de nossa reação às possibilidades da existência.

12
O sentido de cuidado

Somente o homem verdadeiramente bom
sabe amar e odiar.
Confúcio

Dá-se um estranho fenômeno na Guerra do Vietnã. As fotografias do conflito – filmes de TV ou fotos para jornais e revistas – são diferentes das de qualquer outra guerra. Não há cenas de vitórias, bandeiras fixadas numa colina, como em Iwo Jima, nem marchas triunfais pelas ruas. Entre as listas diárias de mortos e feridos, o contar de corpos, já que nada mais há para contar, surge outro elemento, não um efeito planejado, ou conscientemente escolhido pelo cérebro de alguém. Vem dos fotógrafos – aqueles jornalistas que representam o inconsciente de todos nós, cuja *atitude* sobre a guerra é irrelevante, que tiram uma foto e não outra devido a uma posição do corpo, ou a utilização dos músculos, cuja única preocupação é o interesse humano. Por intermédio dos fotógrafos chegam-nos cenas de feridos cuidando uns dos outros, soldados cuidando dos feridos, um *marine* com o braço passado pela cintura de um camarada ferido, os feridos gritando de dor e confusão. O que se revela nas fotos é, neste plano elementar, *cuidado*.

Numa aldeia vietnamita, segundo recente reportagem de televisão, foram lançadas bombas de gás em escavações e cabanas, a fim de expulsar qualquer vietcong que ali estivesse escondido. Somente mulheres e crianças apareceram. Uma criança, com cerca de 2 anos, forçada a sair com a mãe, aparece sentada no seu colo, olhando para um vigoroso *marine* negro. Tinha o rosto sujo de fumo e fuligem da bomba e via-se que estivera chorando. No momento olhava confusa, incapaz de lágrimas, sem saber o que pensar daquele mundo. Mas a objetiva voltou-se imediatamente para o *marine* negro olhando para a criança, autoritário e meio odioso em seu uniforme de combate. Tinha exatamente a mesma expressão confusa: seus olhos arregalados fitavam a criança, boca entreaberta, e permaneceram fixos no rosto miúdo. Como entender um mundo em que era obrigado a agir assim? Enquanto o locutor dizia que o gás só tem efeitos nocivos durante cerca de dez minutos e não deixa marcas deletérias, o *cameraman* continuava focalizando o rosto do *marine*. Estaria este recordando que também fora criança nalgum estado do sul, expulso de buracos e cabanas onde brincava, uma vez que pertencia também a uma raça considerada "inferior"? Que também vivera a infância num mundo que só podia contemplar de longe e de baixo, que o feria por razões que criança alguma poderia compreender? Veria a si mesmo naquela criança, na sua confusão de menino negro?

Não creio que ponderasse conscientemente tudo isso. Julgo que via apenas outro ser humano, com uma base comum de humanidade, na qual ambos faziam uma pausa momentânea, nos pântanos do Vietnã. Sua expressão era preocupada. Aconteceu que o *cameraman* o avistou – era quase sempre assim que os via – e manteve a objetiva focalizada no seu rosto; numa busca subconsciente de interesse humano, entregou-nos a expressão subconsciente do remorso de todos nós. E enquanto o locutor enunciava com voz modulada as listas intermináveis de mortos e feridos, o *cameraman,* anônimo então e para sempre, representando apenas uma extensão de nossos músculos cegos e inconscientes, de nosso corpo, conservava a lente no rosto do negro vigoroso, olhando para a criança que havia chorado, anônimos ambos no vasto e triste lodaçal da guerra moderna.

Este é um simples exemplo de cuidado: estado composto do reconhecimento de outrem, um ser humano igual a mim; da identificação de mim mesmo com a dor e a alegria de outrem; do remorso, da pena e do conhecimento de nos originarmos de uma humanidade comum a todos.

O cuidado no amor e na vontade

Cuidado é um estado no qual algo tem *importância.* É o oposto de apatia. É a necessária fonte do eros, da ternura humana. É uma felicidade que ele nasça no mesmo ato que a criança. Biologicamente, se esta não receber os cuidados da mãe, dificilmente ultrapassa o primeiro dia de vida. Psicologicamente, conforme sabemos pelas pesquisas de Spitz, a criança recolhe-se a um canto da cama, definha, não evolui, permanecendo num estupor, se não for objeto do desvelo materno.

Para os gregos, Eros não podia viver sem a paixão. Tendo concordado com isso, podemos dizer agora que Eros não pode viver sem carinho. Eros, o demônio, começa fisiologicamente apoderando-se de nós e atirando-nos ao seu redemoinho. E exige o acréscimo do cuidado, que se torna o seu lado *psicológico.* O cuidado aure forças graças ao sentido da dor da natureza humana; se não cuidarmos de nós mesmos seremos magoados, queimados, feridos. É a fonte da identificação: sentimos no corpo a dor da criança, ou a mágoa do adulto. Mas a nossa responsabilidade é impedir que se torne apenas uma questão de sensibilidade nervosa. Não nego o fenômeno biológico, mas o cuidado deve tornar-se um fato psicológico consciente. A *vida* advém da sobrevivência física; a *boa vida,* daquilo que nos inspira cuidado.

Para Heidegger, o cuidado (Sorge) é a origem da vontade. É por isso que ele praticamente jamais fala sobre querer ou desejar, a menos que seja para contradizer as posições de outros filósofos. Pois a vontade não é uma "faculdade" independente, ou um departamento do *self,* e sempre nos envolvemos em complicações quando queremos transformá-la numa faculdade especial[1]. É uma

---

1. Kant declara que "somente um ser racional tem o poder de agir segundo sua ideia das leis – isto é, segundo princípios – e só então tem uma vontade". Heidegger acrescenta imediatamente que "uma vez

função da pessoa total. "Quando plenamente concebidas, as estruturas do cuidado incluem o fenômeno da *selfhood*", escreve Heidegger[2]. Quando não nos cuidamos perdemos nosso ser; cuidar-se é voltar a ser. Se me preocupo com o ser, cuidarei com atenção do seu bem-estar, caso contrário, meu ser se desintegrará. Heidegger "considera o cuidado como o fenômeno básico constitutivo da existência humana"[3]. Assim, é *ontológico*, já que faz do homem um homem. A vontade e o desejo não podem ser os fundamentos do cuidado, e sim vice-versa: nele baseiam-se[4]. Não poderíamos querer ou desejar se inicialmente não tivéssemos cuidado; e se não cuidarmos sinceramente não poderemos desejar ou querer. Querer é cuidado libertado, diz Heidegger[5] – e, acrescentaria eu, dinamizado. A consciência do *self* é por ele garantida.

O transitório é o que possibilita o cuidado. Os deuses do Olimpo não se preocupam – temos aqui a explicação para o que todos verificaram e ponderaram: o fato de sermos *finitos* é o que possibilita o cuidado. Também no conceito de Heidegger, ele é a origem da consciên-

---

que a razão é necessária para se deduzir ação das leis, a vontade nada mais é senão a razão prática". Contudo, ao usar a palavra "poder", indica que a vontade é também compreendida como energia". John Macquarrie, "Vontade e Existência", *The Concept of Willing,* publicado por James N. Lapsley (Nova York, Abingdon Press, 1067), p. 76.

2. Martin Heidegger, *Being and Time,* tradução de John Macquarrie e Edward Robinson (Nova York, Harper & Row, 1962), p. 370.

3. Macquarrie, p. 78.

4. Heidegger, p. 227.

5. Macquarrie, p. 82.

cia. "Consciência é o apelo do Cuidado", e "manifesta-se como Cuidado"[6].

Heidegger cita uma antiga parábola, que Goethe também utilizou no final do *Fausto:*

> Um dia, quando Cuidado atravessava um rio, viu um pouco de argila e, distraído, tomou um punhado e pôs-se a modelar. Enquanto meditava sobre o que havia feito apareceu Júpiter. Cuidado pediu-lhe que nele soprasse o espírito, o que o deus fez de boa vontade. Mas quando Cuidado quis dar à criatura o seu nome, Júpiter proibiu-o, exigindo que tivesse o seu nome. Enquanto os dois discutiam, a Terra ergueu-se e manifestou desejo de conferir à criatura o seu nome, uma vez que fora feita com parte do seu corpo. Pediram a Saturno que fosse o árbitro e este tomou a seguinte decisão, que pareceu justa: "Já que você, Júpiter, deu-lhe o espírito receberá esse espírito por ocasião de sua morte; e já que você, Terra, deu-lhe o corpo, receberá seu corpo. Mas uma vez que Cuidado foi quem amoldou a criatura, esta ficará na sua posse enquanto viver. E já que existe entre vocês uma discussão relativa ao nome, que seja chamada *Homo,* isto é, feita de *humus* (terra)[7].

Esta fascinante parábola ilustra a relevante questão apontada pelo árbitro Saturno, Tempo: embora o homem se chame *Homo* por causa da terra, constitui-se, em suas

6. Heidegger, p. 319.

7. Ibid., p. 242.

atitudes, do Cuidado, que na parábola recebeu o encargo de zelar por ele durante sua estada temporal neste mundo. Isto demonstra também a realização dos três aspectos do tempo: passado, futuro e presente. A terra recebe o homem no passado, Zeus no futuro; mas já que "foi Cuidado quem amoldou esta criatura, ela ficará em sua posse enquanto viver", isto é, no presente.

Esta incursão à ontologia esclarece por que o cuidado e a vontade são tão intimamente relacionados; na verdade são dois aspectos da mesma experiência. E oferece-nos também uma distinção entre desejar e querer. Desejar é como "um simples anseio, a vontade agitando-se durante o sono, mas sem passar do sono à ação"[8], na expressão de Macquarrie. A vontade é uma forma de desejo plenamente desabrochada e amadurecida, enraizada, com ontológica obrigatoriedade, no cuidado. No ato consciente do indivíduo, vontade e cuidado andam juntos e neste sentido são idênticos.

Isso nos dá, na verdade *exige*, uma nítida distinção entre cuidado e sentimentalismo. Sentimentalismo é *pensar sobre* o sentimento em vez de *sentir* genuinamente seu objeto. Tolstoi conta que senhoras russas choram no teatro, mas não se importam que o cocheiro esteja enregelado ao ar livre. O sentimentalismo gaba-se pelo fato de a pessoa sentir tal emoção; começa subjetivamente e ali mesmo termina. Mas cuidado é sempre preocupação

---

8. Macquarrie, p. 82.

com alguma coisa. A pessoa fica envolvida na experiência da coisa ou acontecimento objetivo com o qual se preocupa. E precisa, envolvendo-se no fato objetivo, fazer algo com respeito à situação, tomar uma decisão. É neste ponto que cuidado reúne amor e vontade.

O termo *preocupação* de Paul Tillich – em geral usado com o adjetivo "extrema" – considero também sinônimo do que agora discutimos. Mas prefiro, para nossa atual finalidade, o outro, mais simples e mais direto. Emprego também *compaixão,* que para muitos pode ter conotação com uma forma de cuidado mais sofisticada. Mas a compaixão, o "sentir com" alguém, já é uma emoção, uma paixão que pode ir e vir. Escolho o termo cuidado por ser ontológico e referir-se a um estado do ser.

Cuidado é importante porque é o que nos falta hoje em dia. O que a juventude anda combatendo, em revoluções nas universidades e com a onda de protesto que varre todo o país, é a crescente e arrasadora convicção de que nada tem importância, a sensação de que nada há a fazer. A ameaça é a apatia, a indiferença, a procura de estimulantes externos. Cuidado é o necessário antídoto a tudo isso.

Por mais vulneráveis às críticas que sejam os métodos de revolta estudantil, em última análise constituem uma luta para preservar o "direito que sublinha todos os direitos". A luta é pela existência do ser humano em um mundo onde tudo parece cada vez mais mecanizado, dirigido por computadores e terminando no Vietnã. A rubrica "Não grampeie, mutile ou dobre" é, embora o estudante não saiba, um *acting out* da observação de Heidegger, segundo a qual o homem é ontologicamente constituído pelo cuidado. É a recusa a aceitar o vazio, embora este nos rodeie de todos os lados; é a obstinada insistência na dignidade humana, embora violada em todos os sentidos; e a teimosa afirmação do *self* para dar conteúdo às nossas atividades, por mais rotineiras que sejam.

Amor e vontade, no velho sentido romântico e ético, são dúbios conceitos e, na verdade, podem ser ao mesmo tempo inexequíveis e inúteis naquele contexto. Não podemos apoiá-los hoje com um apelo ao romântico, quando este está desaparecendo, ou por um apelo ao "dever". Ambos deixaram de ser convincentes.

Mas permanece a velha questão fundamental: alguma coisa ou alguém *é importante* para mim? Se não, sou capaz de encontrar alguma coisa ou alguém que seja?

Cuidado é um tipo particular de intencionalidade, que se revela de maneira especial em psicoterapia. Significa desejar bem a alguém; e se o terapeuta não o sente no seu íntimo, ou não crê que venha a acontecer ao seu paciente, perdida está a terapia. O significado original, comum, de "intencionalidade" e "cuidado" encontra-se na pequena palavra *tend,* que é raiz tanto de intencionalidade como o significado de cuidado (*tend*, em inglês, cuidar). *Tend* é raiz de tendência, inclinação, movimento em determinado sentido, e também dar atenção, atender, esperar, demonstrar solicitude. Neste sentido é a fonte tanto do amor como da vontade.

O mito do cuidado

Aludirei agora a um episódio ocorrido em época histórica muito parecida à nossa, e que poderá ajudar-nos a compreender a mitologia do cuidado. Após a época áurea da Grécia clássica, quando mitos e símbolos constituíam uma armadura contra os conflitos íntimos e as dúvidas, encontramo-nos nos séculos II e III a.C., num mundo de colorido psicológico radicalmente diverso ao dos tempos de Ésquilo e Sócrates. Ansiedade, dúvidas e conflitos psicológicos grassam na literatura. E esse mundo não é muito diferente do nosso. Nas palavras de um estudioso da era helênica:

> Se alguém, um dia, acordar descobrindo que por milagre foi transportado a Atenas, nos primeiros anos do século III a.C., encontrará uma atmosfera social e espiritual não de todo desconhecida. Os ideais políticos da cidade-estado – liberdade, democracia, autossuficiência nacional – haviam perdido seus atrativos num mundo denominado por despotismo em larga escala e abalado por crises econômicas e agitação social. Os velhos deuses conservavam seus templos e sacrifícios, mas haviam deixado de inspirar uma fé viva. Os cérebros dominantes do século anterior. Platão e Aristóteles não tinham aparentemente mensagem para a nova geração. Não havia remédio para o ambiente de desilusão, ceticismo e fatalismo[9].

9. Ronald Latham, introdução a Lucretius, *The Nature of the Universe* (Londres, Penguin Books, 1951), p. 7.

Nessa época e no período imediato, os escritores estão verdadeiramente cônscios da *Angst.* Plutarco traça um quadro gráfico do homem ansioso, exibindo os reveladores sintomas do medo, tais como palmas das mãos úmidas e insônia[10]. Epíteto tem um capítulo intitulado "Relativo à ansiedade", no qual apresenta seu diagnóstico do estado de ansiedade e as regras para vencê-lo. "Neste homem, a vontade para obter e para evitar estão desequilibradas, ele não se sente bem, está febril, pois não há o que mais altere a epiderme e faça com que a pessoa estremeça e entrechoque os dentes"[11]. Lucrécio lamenta o fato de que a ansiedade esteja em toda parte - medo da morte, medo da peste, medo de castigos depois da morte, medo de espíritos sobrenaturais. No meio de seu poema *A Natureza do Universo,* olha para o céu "crivado de estrelas faiscantes", e "em seu coração já arrasado por outras desgraças uma nova ansiedade começa a despertar e a erguer-se. E principiamos a cismar se não estamos sujeitos a alguma imponderável força divina, que orienta as brilhantes estrelas em seus diversos caminhos"[12].

---

10. Alguns dos escritores a que nós iremos referir viveram um ou dois séculos mais tarde – Plutarco, segundo século a.C.; Epiteto, grego que vivia em Roma no segundo século a.C. Mas esses homens escreviam, ao que soubessem, no período anterior – Lucrécio explicando Epicuro no terceiro século a.C. e Epiteto interpretando o estoicismo de Zeno. Dependemos, pelo menos para referências, da literatura que sobreviveu, chegando até nós. Dodds e outros sábios acreditam que esses vultos representam fielmente as inclinações e o tom de suas fontes no período helênico.

11. Epicteto, em *The Stoic and Epicurean Philosophers,* ed. Whitney J. Oates (Nova York, Random House, 1940), p. 306.

12. Lucrécio, p. 208.

Este manancial de ansiedades mencionado por Lucrécio lembra a ansiedade contemporânea com discos voadores, luzes noturnas que há quem atribua a visitantes de outros planetas, espíritos etc. Alguns psicoterapeutas de sensibilidade, como C.G. Jung, estão convictos de que a transformação do homem moderno em relação ao espaço produz muito mais ansiedade oculta em meados do século XX do que em geral se admite[13].

Existe mais similaridade entre a época moderna e o período helênico do que estas simples projeções e alucinações. Lucrécio, contemplando o passado no século III, fez uma descrição que, a parte o estilo poético, poderia

13. C. G. Jung, *Memories, Dreams, Reflections,* ed. Aniela Jaffé (Nova York, Vintage Books, 1965), pp. 212, 334. A questão não é a ansiedade a respeito de satélites, espaçonaves e viagens a lua em si mesmos, mas o que representam simbolicamente em nosso relacionamento com os corpos celestes. A mesma espécie de ansiedade surgiu no ponto de transição entre a Idade Média e os tempos modernos, quando surgiram novas interpretações do espaço celeste. O cidadão dos tempos de Galileu e Copérnico não experimentava menos luz e calor do sol, e a terra não era menos terra depois que se provou a teoria de que ela revolve ao redor do sol. Mas houve um profundo impacto na imagem que o homem tinha de si mesmo, do seu relacionamento com a Igreja e com outras formas culturais, através das quais havia criado seu sentido da vida. Concordo com Lewis Mumford quando ele escreve, ao rever a autobiografia de Jung, que este "talvez tenha feito uma avaliação mais realista desses objetos não identificados (discos voadores) do que os que suponham contivessem visitantes de outro planeta". E Mumford prossegue: "Jung os viu como projeções inconscientes da necessidade do homem moderno encontrar a intervenção de poderes mais altos num mundo ameaçado por seus próprios Inventos científicos – mecânicos – alucinação típica de uma era que só pode conceber o céu nas forças que a ameaçavam". Lewis Mumford, *The New Yorker,* 23 de maio de 1964.

ser tirada de um jornal contemporâneo, como um retrato da Grande Sociedade:

> Epicuro viu que, do ponto de vista prático, tudo o que era preciso às necessidades vitais do homem já estava à sua disposição e... sua sobrevivência garantida. Viu homens em pleno gozo da riqueza, reputação, dignidade e autoridade, felizes com a justa fama de seus filhos. Apesar de tudo isso, encontrou corações doloridos em todos os lares, gente incessantemente agitada por angústia mental, incapaz de se tranquilizar, forçada a desabafar-se em queixas recalcitrantes[14].

Lucrécio, num interessante esforço de diagnóstico, concluiu "que a origem dessa doença era seu próprio conteúdo", isto é, o próprio homem, ou a mente humana, estava em falta. Epicuro acreditava, e Lucrécio apoiava-o com a dedicação de um crente convicto, que se o mundo natural for explicado de maneira completamente racional as pessoas ficarão livres da ansiedade.

Sugiro, antes, que a origem da doença é o fato de o homem ter perdido seu mundo. A grande mudança que ocorreu foi a perda da comunicação com esse mundo, com os outros e consigo mesmo, isto é, os mitos e símbolos se desmoronaram. E o ser humano, conforme observaria Epíteto mais tarde, "não sabe situar-se *no mundo*"[15].

Diversas escolas floresceram durante o período helênico, não só a dos estoicos e epicuristas, como a dos

14. Lucrécio, p. 217.

15. O grifo é meu.

cínicos, cirenaicos e hedonistas, ao lado das tradicionais platônica e aristotélica. O que é significativo em relação a estas diversas escolas é que elas não mais se esforçam para descobrir a realidade moral, como a escola socrática, ou construir sistemas de verdade, como as escolas platônica e aristotélica. Seus métodos são antes destinados a ensinar às pessoas a viverem num mundo cheio de conflitos psicológicos e espirituais. *Seus ensinamentos assumem o caráter de franca psicoterapia, boa ou má.*

Várias das escolas consideravam o eixo do problema humano a maneira de controlar as paixões, permanecer acima dos conflitos da vida. Os estoicos e epicuristas elaboraram a doutrina da *ataraxia,* uma atitude de "impossibilidade" em relação à vida, uma calma desapaixonada, sobretudo no caso dos estoicos, por um esforço da vontade e uma recusa em deixar-se tocar pelas emoções comuns da dor, do sofrimento e da morte. Deve-se afirmar o domínio sobre os acontecimentos exteriores, ou, caso tal não seja possível, pelo menos não se deixar por eles afetar. Grande força pessoal – vide o legionário e o governador romanos – resultava muitas vezes da crença e prática do estoicismo.

Mas era uma força conquistada ao preço da supressão de todas as emoções, tanto negativas como positivas. Na tentativa de oferecer uma espécie de psicoterapia, as escolas epicurista e estoica eram semelhantes. "Ambas as escolas gostariam de banir as paixões da vida humana", escreve Dodds: "O ideal de ambas era a ... libertação das emoções perturbadoras e isto devia ser alcançado, num caso, com opiniões corretas a respeito do homem e de Deus; e no outro, sem opinião alguma”[16].

Os epicuristas procuravam a tranquilidade mental e física equilibrando racionalmente seus prazeres e dando especial valor aos intelectuais. Isto *aparentemente* abria as portas a uma vida de gratificação e às alegrias dos sentidos. Epicuro “opôs limites ao desejo e ao medo”, conta Lucrécio, pois “esclareceu que com frequência era totalmente inútil que a humanidade criasse no seu seio ondas de inquietação”[17]. Mas, fossem quais fossem as intenções desse controle pela limitação do medo (o que, é interessante, significava também limitar o desejo), o método, na prática, conduzia à castração dos impulsos dinâmicos. Um escritor da época refere-se até aos epicuristas como eunucos.

A tradição hedonista dava relevância ao prazer encontrado na satisfação sensual. Mas esses mesmos hedonistas iriam descobrir, como os de outros períodos, inclusive o nosso, que a satisfação sensual procurada por si mesma resulta estranhamente insatisfatória. Um mestre dessa escola, Hegésias, desesperado de alcançar a felicidade, tornou-se o filósofo do pessimismo, e suas conferências em Alexandria tiveram que ser proibidas por Ptolomeu, por resultarem em numerosos suicídios. Este é o começo do tempo em que o mestre ou filósofo “concebe sua sala de aulas como um dispensário para as almas doentes”[18].

---

16. Dodds, p. 240.
17. Lucrécio, p. 218.
18. Dodds, p. 248.

O mais marcante de todos esses esforços para ajudar ao homem a enfrentar a ansiedade é o de Lucrécio. Sensível aos sofrimentos humanos e poeta que era, simplesmente não conseguiu ficar insensível à desolação psicológica e espiritual que o rodeava. Por mais que ansiasse por *ataraxia,* sua natureza de poeta não lhe permitia o desligamento e a capacidade de recalque necessários para alcançá-la. "Os temores e ansiedades que agitam o coração humano não temem o clamor das armas ou a violenta chuva de projéteis", escreveu. "Caminham destemidos entre príncipes e potentados. Não se deslumbram com o brilho do ouro ou das túnicas de púrpura"[19].

Sabe que parte desta ansiedade é devida a uma vida sem sentido. "Os homens sentem no espírito um peso que os oprime. Se conseguissem perceber com igual clareza as causas da depressão, a origem desta carga de males que pesa em seu peito, não levariam uma vida como as que vemos em geral – ignorando o que realmente querem e tentando sempre fugir de onde se encontram, como se a simples locomoção pudesse livrá-los da carga"[20]. Psicólogo sensível e poeta, Lucrécio acrescenta, referindo-se a essa tediosa agitação: "Assim agindo, o indivíduo está na verdade fugindo a si mesmo". E prossegue:

> Muitas vezes o proprietário de uma suntuosa mansão, entediado por ficar em casa, parte, só para regressar rapidamente por não se sentir me-

19. Lucrécio, p. 61.
20. Ibid., p. 128.

> lhor no exterior. E se vai para a casa de campo, dirigindo sua carruagem e fogosa parelha, como se corresse para salvar a propriedade de um incêndio. Tão logo transpõe o limiar, põe-se a bocejar, ou se retira sombrio para dormir, procurando o esquecimento, ou regressa correndo à cidade[21].

Lucrécio atira-se com religiosa devoção à explicação da fé que herdara de seu mestre Epicuro, acreditando que a compreensão determinista do universo natural nos curaria de temores e ansiedades.

> Como crianças na escuridão, que estremecem e se sobressaltam por tudo, nós, à luz do dia, somos às vezes oprimidos por temores tão sem fundamento como os horrores que as crianças imaginam ameaçá-las no escuro. Esse temor e escuridão mental não podem ser afastados pelos raios do sol, a luz do dia, mas somente pela compreensão da forma externa e do processo interior da natureza[22].

Lucrécio acreditava que se fosse possível acabar com os deuses e os mitos e ajudar a transformar os homens em pessoas esclarecidas, empíricas e racionalistas estariam dados os passos necessários para libertá-las da ansiedade. Epicuro, vendo à sua volta imagens de deuses em moedas e estátuas, cometera o erro de muitos empíricos, por mais ingênuo que o engano pareça, de crer que eles eram na verdade *objetos.* Cortara o nó górdio, exilando-os para os espaços interplanetários, seguro do contato com a espécie

---

21. Ibid., p. 128.
22. Ibid., p. 98.

humana (pouco suspeitando que a esta altura estaríamos nos aprestando para viajar nesses mesmos espaços!) "Pois é essencial à própria natureza divina gozar da existência imortal em completa tranquilidade, distante e alienada de nossos negócios. É livre da dor e do perigo, vigorosa nos seus recursos, liberta de qualquer necessidade nossa, indiferente aos nossos méritos e imune à ira"[23].

Lucrécio vai mais longe que seu mestre, tentando libertar-se inteiramente dos mitos, esperando assim livrar as pessoas do "infundado temor aos deuses"[24]. "Não existe o desgraçado Tântalo", proclama, "conforme relata o mito... Não existe Títios, jazendo no inferno para sempre, atacado por aves de rapina... Mas Títios está aqui, entre nós – aquele pobre demônio prostrado pelo amor, dividido na verdade por aves de rapina, devorado pelo ciúme, ou despedaçado pelas presas de outra paixão. Sísifo também (não é uma criatura divina, mas) está vivo para que todos o vejam, disposto a conquistar as insígnias do posto... Quanto a Cérbero e as Fúrias, a profunda escuridão, as mandíbulas do inferno arrotando abominável fumaça, tudo isto não pode e não existe em parte alguma...[25] Não há mais Prometeu. Pois o "agente pelo qual o fogo foi trazido à terra e sua luz colocada à disposição dos mortais era o relâmpago"[26].

23. Ibid., p. 79.

24. Ibid., p. 126.

25. Ibid., pp. 126-127.

26. Ibid., p. 204.

Assim, em primeiro lugar, trata as figuras mitológicas como se seus leitores acreditassem fossem elas objetos reais, localizados em algum lugar (o que Ésquilo não acreditava, com certeza). Em seguida, submete-as à psicologia – os mitos são simples expressões figurativas dos processos subjetivos do íntimo de cada pessoa. Argumenta aqui o que todo homem inteligente sabe – isto é, que o mito tem na verdade um polo na dinâmica subjetiva da experiência individual. Mas isso é apenas meia verdade. Omite todas as vastas implicações do mito como a maneira de que o homem dispõe para compreender, e entender-se com o fato perturbador de viver num universo finito, onde o fenômeno de Sísifo está objetivamente presente, tanto para o homem normal como para o morbidamente ansioso. Não é apenas que todo operário lute repetidamente com a mesma tarefa ("e seu destino não é menos absurdo que o de Sísifo", observou Camus). É que estamos todos empenhados num eterno ir e vir, trabalhando e descansando, e trabalhando novamente, evoluindo e nos desintegrando e novamente evoluindo. O mito está presente no próprio pulsar do meu coração, em todas as alterações do meu metabolismo. O reconhecimento do mito como nosso destino é o começo do encontro de um sentido para o fatalismo, que de outro modo não o teria[27].

27. É particularmente difícil para nós, homens modernos, aceitarmos o mito de Sísifo por causa de nossa firme crença no mito de progresso perpétuo. Rejeitamos o mito da providência divina somente para colocar em seu lugar o mito do progresso – "a cada dia e de todas as maneiras tornamo-nos cada vez melhores".

Mas, em sua paixão para explicar os mitos, o próprio Lucrécio é forçado a cair numa nova criação mitológica. Embora pareça irônico, é o destino de todos os que se dedicam ao "mitoclasma", para usar a expressão de Bruner; eles se veem secretamente recriando mitos[28]. De vez em quando Lucrécio proclama que se o leitor se convencer das "causas" naturais da existência, sua ansiedade diminuirá. E, caso não consiga encontrar causas adequadas, o melhor é arranjar *fictícias!* Pois não podemos abandonar esta convicção: "O que quer que os sentidos percebam em qualquer ocasião é igualmente verdade"[29]. E quando a percepção parece decepcionante, "é melhor, na falta de

28. O termo "mitoclasma" é usado por Jerome Bruner em "Mito e Identidade", *The Making of Myth* (Nova York, Putnam, 1962), e encontra referência no capítulo V deste livro. Acho mitociasma uma palavra interessante. Creio que a pessoa se volta contra os mitos destruídos, ou contra um dos pais, com a violência e a mágoa de quem é traída. Os mitos *deveriam* ter-me servido de apoio e, no entanto, fracassaram) Isto se manifesta num Iconoclasma desafiador (por exemplo: "Deus está morto") e num desvio das energias para a destruição dos próprios mitos nos quais a pessoa gostaria de apoiar-se. Isto, por sua vez, conduz ao juramento cheio de desafio: "Viverei sem mitos!" O processo em si mesmo é uma forma de cultuar os mitos bastante viva e significativa, embora autodestruidora. Vemos também esse mitoclasma nos psicanalistas que se voltaram contra sua antiga fé.

29. O absurdo a que o conduz sua fé apaixonada nos efeitos terapêuticos das explicações naturalistas está expresso no seguinte: O Nilo, por exemplo, à diferença de qualquer outro rio do mundo, tem a cheia no princípio do verão e invade todos os campos do Egito. A razão de normalmente irrigar no mais forte do calor talvez seja porque no verão os ventos do norte sopram em suas nascentes, os ventos chamados da estação. Soprando contra as águas, detêm seu curso e, acumulando-as, levantam o nível. Não há dúvida de que essas brisas sopram contra a corrente, vindas das frias estrelas do Polo". Lucrécio, p. 239.

razão, arranjar causas fictícias... a deixar que coisas claramente apreendidas escapem ao nosso poder. Isto é atacar a fé pela raiz – arrancar todo o fundamento em que se baseia a conservação da vida"[30].

Este é o mito do homem tecnológico – uma coleção de suposições, postulando que o ser humano é governado pelo que podemos racionalmente compreender, que suas emoções acompanharão esta compreensão e que a ansiedade e o temor serão assim curados. É um mito muito nosso conhecido nos dias de hoje.

Já que o mito precisa ter sempre uma "forma" estética, podemos considerar todo o poema de Lucrécio como a sua concretização. O próprio Lucrécio é uma personificação de Prometeu desafiando corajosamente o que considerava superstição, ignorância e as religiões que excitam o medo e a ansiedade. O fato de seu próprio mito possuir contradições e sua própria existência desmentir a tese, isto é, que é possível construir um "mito da vida sem mitos", torna-o particularmente importante para a nossa pesquisa.

---

30. Lucrécio, p. 146. Esta missão de causas fictícias recorda-nos o argumento de alguns analistas que afirmam que o paciente deve ser levado a crer na "ilusão da liberdade", a fim de obter o necessário impulso para modificar (isso é discutido no capítulo VII). Além disso, recorda-nos a afirmativa de alguns psicoterapeutas no sentido de que, seja ou não verdadeira uma interpretação dada a um paciente, isso não é relevante para seu valor curativo. O efeito depende da fé e esperança do paciente, entre outras coisas, e não de sua veracidade. É uma verdade parcial, que precisa ser colocada num contexto mais amplo, isto é, o da "intencionalidade" presente no relacionamento terapêutico do momento, como algo determinante para o valor curativo da interpretação.

Dedicado à negação do demoníaco e do irracional, é na verdade uma ironia que sua morte, segundo se crê, tenha sido causada pela participação num ato de magia: "A história tradicional (imortalizada por Tennyson) é que morreu por suas próprias mãos, após enlouquecer com um filtro de amor"[31]. Se isto é verdade ou lenda, vem a dar no mesmo – uma interpretação histórica da morte que "rondava sua vida, pelo mais irracional e demoníaco de todos os símbolos, um filtro de amor".

O esforço de Lucrécio é na verdade corajoso, e nas asas de sua magnífica arte poética parece mover-se majestosamente pela estrada real do esclarecimento. Mas, ao examiná-la mais de perto, descobrimos que a estrada conduz a um abismo, a um repentino vácuo: à morte, simplesmente. De vez em quando, Lucrécio alude à morte em seus poemas, tentando explicar aos leitores que se aceitarem a prova da não existência do inferno, e de que nenhum demônio os queimará, nem lhes dará qualquer castigo eterno, não precisarão temê-la. Mas estas "explicações" das supostas causas da ansiedade não fazem justiça sequer ao próprio Lucrécio, continuamente preocupado com a morte por causa de seus profundos sentimentos humanos, e sua ativa simpatia pela humanidade, e inclusive por si mesmo.

Acontece que esse conflito, que não o deixa em paz, é como o da maioria dos homens: não apenas uma questão de localização de um inferno futuro, mas um produto do

31. Latham, p. 9.

amor, da solidão e da dor humanas. As últimas páginas de seu poema são quadros vívidos e inesquecíveis de uma peste em Atenas, para onde regressa, e revelam a morte tão próxima e horrível como nas primeiras linhas:

> Solitários e apressados funerais, sem um pranteador que acompanhe ao túmulo... Sintoma particularmente perturbador: tão logo alguém se via atacado pela doença desanimava e caía em desespero, como que sentenciado à morte. Com esta expectativa, entregava o espírito no mesmo instante... Toda a nação estava fora de si de terror. Cada qual, ao sofrer um luto, desfazia-se de seus mortos como as circunstâncias permitissem... Homens atiravam seus próprios parentes, entre gritos agudos, às piras construídas para outros, incendiando-os. Com frequência derramavam sangue nessas disputas, de preferência a abandonar seus mortos[32].

As últimas linhas do poema – este quadro de seres humanos na violência de sua dor, preferindo "derramar (seu próprio) sangue... a abandonar seus mortos", tentando em vão agarrar-se aos seres amados – são o mais poderoso símbolo de que a vida humana transcende todas as explicações naturais. É uma prova vívida de que o sentido da existência está nas emoções humanas da compaixão, solidão e amor. Terminamos o poema convictos de que é este o verdadeiro mal, o horror e inevitável fonte de ansiedade, que nem Lucrécio, nem ninguém, pode negar ou mitigar.

---

32. Lucrécio, pp. 254-256.

Mas é um tributo à coragem e sinceridade do poeta que ele jamais se esquive ao enigma da morte, embora não possa resolvê-lo. Segundo "regras" racionais, o fim do poema é exatamente o lugar errado para se colocar tal descrição. Deve-se concluir com algo positivo! Vemos que o poeta é orientado não só pelo "cérebro", como por profunda sensibilidade humana: no final, sua poesia triunfa do dogma. É a beleza de sua arte que o capacita não a "resolver", ou fugir à morte, mas a enfrentá-la até o último minuto. A ansiedade mortal – prototipicamente a origem de toda ansiedade – permanece. No decorrer de sua existência, Lucrécio teve sua quota, e talvez mais do que isso, de temores e ansiedade – fato indubitavelmente ligado à sensibilidade e à graça que o tornaram tão soberbo poeta.

Mas não nos podemos deter aqui. Em certo sentido Lucrécio transcendeu o problema da morte. Transcendeu-o incluindo no quadro *tanto o amor como a morte,* conciliando os irreconciliáveis, unindo as antinomias, conforme Ésquilo realiza tão majestosamente na sua *Oresteia.* Lucrécio o faz em virtude de um novo mito[33], que emerge com especial clareza nas últimas páginas do poema.

Não é o dogma de suas explanações naturalistas, a que já nos referimos e que ele conscientemente *intencionava* transmitir. Minha experiência psicanalítica leva-me a duvidar de que explicações racionais acalmem a ansiedade; outra coisa acontece, isto é, a explicação torna-se o veículo

33. Uso o termo *mythos* para distinguir o mito que tem ainda viabilidade, é parcialmente inconsciente e está em processo de formação. *Mythopele* è o nome desse processo de formação de mitos.

de um mito mais profundo, que se apodera da pessoa em níveis mais íntimos que a racionalidade. A explicação, por exemplo, torna-se parte do mito, segundo o qual, eu, que explico, gosto de você, e você e eu podemos confiar um no outro e nos comunicar. Tal implicação pode ser, e é com certeza, em psicanálise, muito mais importante do que minha "explicação" ou interpretação em si mesma, inteiramente correta, "brilhante" mesmo, ou seja o que for. Observo muitas vezes, ao dar uma explicação a um paciente, numa sessão de psicanálise: o que mais o impressiona no momento não é a verdade teórica ou a falsidade do que eu digo, e sim o fato de minhas palavras revelarem a crença na sua capacidade de alterar um mito positivo. O mito mais profundo em tais explicações talvez seja o fato de podermos confiar no sentido de nosso universo interpessoal, e que a consciência pode, em princípio, ser tocada por este sentido.

Após ler Lucrécio sentimo-nos mais capazes de enfrentar a morte e o amor. Terminamos o poema convictos de que, apesar da morte, existe sentido e nobreza no fato de podermos admitir juntos que não nos reconciliamos com a separação do nosso amor. Pois o amor humano é ainda mais precioso quando visto à luz daqueles atenienses agarrados aos corpos dos seus amados. Juntos no poema, afirmamos nosso amor uns pelos outros e nossa mútua posição contra a morte. O poema não resolveu absolutamente o problema, porém deixa-nos melhor preparados e menos solitários para enfrentá-lo todos reunidos.

Isto ilustra de que modo o mito contém *intencionalidade.* O mito é a linguagem pela qual a intencionalidade é comunicável. O leitor recordará nossa definição original de intencionalidade: a estrutura pela qual a experiência se torna significativa. O que acontece no final do poema de Lucrécio é que nos tornamos cônscios de uma estrutura significativa no relacionamento de nossas vidas umas com as outras e com o universo, onde a morte é um fato objetivo. Vemos aqui uma ilustração de como a *intencionalidade* deve ser claramente distinguida da *intenção* consciente, que, no caso de Lucrécio, era transmitir certas explicações, muitas das quais revelam-se falsas, e a maioria, irrelevantes. Mas, em sua total dedicação à tarefa, uma dimensão mais profunda, da qual ele próprio não tinha plena consciência, entra em cena, revelando-se mais importante do que o que aprendeu de seu mestre Epicuro, mais relevante do que suas intenções voluntárias. Não reside no que ele diz, e sim no poema, onde, em sua totalidade, como homem talentoso, sensível, intuitivo, amante e desejoso, assim como capaz, de raciocinar e escrever, encontra toda a vasta gama da experiência humana.

Trata-se do mito do cuidado. É uma declaração de que, aconteça o que acontecer no mundo exterior, o amor, a dor, a pena e a compaixão humanas são importantes. E que as emoções transcendem até a morte.

Cuidado em nossa época

"No amor, todo homem começa pelo princípio", escreveu Søren Kierkegaard. Este princípio é o relacionamento interpessoal a que chamamos gostar. Embora vá além do sentimento, é aí que começa. Denota uma preocupação que só se revela quando a existência de outrem tem importância para mim; é um relacionamento de dedicação, assumindo a forma extrema de dispor-se a se alegrar, ou pelo contrário sofrer pelo outro.

O novo fundamento do cuidado revela-se no interesse dos psicólogos e filósofos em dar destaque ao *sentimento* como base da existência humana. Precisamos agora estabelecer o sentimento como um aspecto legítimo de nosso relacionamento com a realidade. Quando William James afirma "Sentir é tudo", não quer dizer que nada mais exista além do sentimento, e sim que tudo começa aí. O sentimento compromete a pessoa, une-a ao objeto e assegura a ação. Mas nas décadas que se seguiram a esta declaração "existencialista", o sentimento caiu de moda e passou a ser menosprezado como meramente subjetivo. A razão ou, mais corretamente, as razões técnicas, eram o guia na resolução das questões. Quando ignorávamos, dizíamos "eu senti" como sinônimo de "creio vagamente", sem compreender que só podemos *conhecer* quando *sentimos.*

A evolução da psicanálise levou a uma renovação na primazia do sentimento. E na psicologia acadêmica diversos trabalhos têm sido publicados ultimamente, no sentido de demonstrar a inclinação dos psicólogos e filósofos para uma nova apreciação da questão. Hadley Cantril, com seu *"sentio, ergo sum"*, é um deles, e Sylvan Tomkins, com *"Homo patens"*, é outro. Susan Langer intitulou seu novo livro *Mind, An Essay on Feeling* (Mente, um ensaio sobre o sentimento). E Alfred North Whitehead, mestre da sra. Langer, ao observar que Descartes estava errado com o seu "*Cogito, ergo sum*", diz:

> Nunca temos consciência da simples ideia ou da simples existência. Sinto-me de maneira tão essencial como uma unidade de moções, de alegrias, de esperanças, de temores, de arrependimentos, avaliações, alternativas, e decisões – são todos reações subjetivas ao meu ambiente, quando ajo na minha natureza. Minha unidade, que é o "Eu sou" de Descartes, é o meu processo de amoldar esse material vário num *padrão de sentimentos* consistente[34].

Já disse que o fundamento romântico e ético do amor deixou de nos estar disponível. Precisamos começar do princípio, falando do ponto de vista psicológico, com os sentimentos.

Para demonstrar o modo simples e direto com que o sentimento – o cuidado apontando para o amor – se introduz na entrevista terapêutica, apresento o seguinte excerto de uma sessão psicanalítica. Trata-se novamente de Preston, sobre quem falei detalhadamente em capítulo anterior.

> **Preston**: Sou um Judas. Para meus pais, minha irmã. E para a arte – utilizo-me dela para meus próprios fins... Sinto-me mal, desanimado... Estou doente por falta de carinho.

34. Alfred North Whitehead, em *Alfred North Whitehead: His Reflections on Man and Nature*, ed. Ruth Narda Anshen (Nova York, Harper & Row, 1961), p. 28.

Terapeuta: (Encorajei-o a relaxar e deixar que lhe ocorressem associações).

Preston: Não sou real. Sou um impostor. Não sou eu. Literalmente. Não posso crer em mim mesmo... (Silêncio)... Estou encurralado... Encurralado fora da vida, encurralado com Beverly, encurralado com Jiggs, imobilizado. Mas suponhamos que ela esteja grávida – terei que procurar um novo apartamento... (Silêncio)... Eu não deveria estar falando, não adianta.

Terapeuta: Continue com isso de estar encurralado – pelo menos é real.

Preston: (Concordou. Silêncio de vários minutos. Em seguida, voltando-se ligeiramente, olhou-me do divã). Estou preocupado consigo. Deve ser difícil não saber o que fazer, se deve ou não falar. Seria difícil para o próprio Freud.

Terapeuta: (O que me impressionou foi o tom de voz, muito diferente do costumeiro, vivaz e triunfante. Após um minuto). Terei ouvido um tom diferente quando falou – um sentimento de verdadeira simpatia por mim, em vez de triunfo?

Preston: Sim, foi simpatia. Só havia você aqui comigo. Ambos estamos presos... Parece diferente das sessões anteriores.

Terapeuta: Esta é uma das raras vezes em que percebo, vindo de você, um verdadeiro sentimento humano... em *Waiting for Godot* (que ele mencionara antes), eles sentem algo um pelo outro.

Preston: Sim, é muito importante que tenham esperado juntos.

Essa manifestação de genuína simpatia humana, por simples que fosse, é um ponto crítico em psicoterapia. Para apreciar tal passo podemos considerá-lo contra o fundo do drama moderno. O drama procura às cegas esse estado fundamental. Nossa situação é a seguinte: na atual confusão de episódios racionalistas e técnicos perdemos de vista, e nos despreocupamos do ser humano; precisamos agora voltar humildemente ao simples cuidado. A questão crítica apresentada pelo drama contemporâneo, por exemplo, é a incomunicabilidade. Este é o tema de nossas peças mais sérias, tais como as de O'Neill, Beckett, Ionesco e Pinter. A máscara é totalmente arrancada e descobrimos o vazio, como em *The Iceman Cometh*, de O'Neill. A nobreza do homem, necessária à tragédia, ou a qualquer genuíno humanismo, faz-se sentida no palco pelo fato de que a grandeza desapareceu – o que significa que ficou um vácuo; *está presente como uma ausência.* Tal é o estado paradoxal do sentido da falta de sentido. O vácuo, a ausência e a apatia são as trágicas realidades.

Em *Waiting for Godot* faz parte da essência da peça que Godot não apareça. Esperamos eternamente e o problema permanece. Havia uma árvore aqui, ontem? Haverá amanhã? Beckett – para não mencionar outros dramaturgos e artistas plásticos – sacodem-nos, fazendo-nos perceber nosso sentido humano, forçando-nos a olhar mais profundamente para a nossa condição de homens. E descobrimo-nos preocupados, apesar da aparente falta de sentido da situação. Godot não vem, mas na espera existe preocupação e esperança. É importante que esperemos e que, como os personagens do drama, esperemos num relacionamento humano, partilhando uns com os outros o casaco esfarrapado, os sapatos, o pedaço de nabo. Esperar e preocupar-se e preocupar-se e esperar.

Trata-se de uma situação paradoxal, lucidamente apreendida por T. S. Eliot:

> Disse à minha alma – fica quieta e espera sem esperança.
> Pois a esperança seria errônea; espera sem amor,
> Pois o amor seria pelo objeto errado; existe ainda a fé
> Mas a fé e o amor e a esperança, estão todos na espera,
> Espera sem pensar, pois você não está pronto para pensar:
> E a escuridão será luz, e a quietude será dança[35].

Inúmeros dramas contemporâneos são negativos, com certeza, e alguns trilham perigosamente próximos aos limites do niilismo. Mas é o niilismo que nos força a um confronto com o vazio. Pois para o que tem ouvidos para ouvir, desse vácuo fala uma voz (vácuo refere-se aqui a uma qualidade transcendente) uma compreensão do ser mais profunda e mais imediata. É o mito do cuidado – e, creio muitas vezes, somente ele – que nos permite resistir ao cinismo e à apatia, que são as doenças psicológicas do nosso tempo.

---

35. T. S. Eliot, "East Coker", *Four Quartets* (Nova York, Harcourt, Brace, 1943), p. 15.

Isso aponta para uma nova moralidade, não de aparências e formas, porém de autenticidade no relacionamento. Que os vagos contornos dessa moralidade já se encontrem sobre nós foi revelado por aquela parcela da jovem geração que considera o problema com genuína preocupação. Não estão interessados em dinheiro e sucesso; tais coisas são agora "imorais". Procuram uma honestidade, uma franqueza, uma autenticidade no relacionamento pessoal; estão dispostos a encontrar um genuíno sentimento, um contato, um olhar, um partilhar de fantasias. O critério torna-se o *sentido intrínseco* e deve ser julgado pela autenticidade pessoal – fazer o que se deseja e ceder no sentido de se tornar disponível ao outro. Não surpreende que hoje se desconfie das palavras, pois tais estados só são determináveis pelos sentimentos imediatos.

O erro desta nova moralidade é a falta de conteúdo dos valores. O conteúdo *parece* presente; mas baseia-se, até certo ponto, no capricho e na emoção passageira. Onde a constância? Onde a sensação de confiança e a permanência? É para estas questões que agora nos voltamos.

13
Comunhão mental

> Que retribuam graça por graça,
> Que o amor seja sua vontade comum.
> *Ateneia, resumindo o dever dos atenienses,*
> *na* Oresteia, *de* Ésquilo

Quando procuramos respostas às questões que vimos debatendo descobrimos, o que é estranho, que cada qual parece empobrecer, de certo modo, o problema. Cada resposta nos decepciona. Não faz justiça à profundidade da questão, mas transforma uma preocupação humana dinâmica num simplismo inerte, sem vida. Daí que, no final de "Amor no Mundo Ocidental", Denis de Rougemont diz que "provavelmente não há esperanças".

A única maneira de resolver – em contraste com solver – as questões é transformá-las por meio de dimensões mais profundas e amplas do consciente. Os problemas devem ser abarcados em seu pleno significado, as antinomias resolvidas mesmo com suas contradições. Sobre elas é preciso construir e daí surgirá um novo plano mental. Mais próximos de uma resolução jamais chegaremos; e nem precisamos chegar. Em psicoterapia, por exemplo, não procuramos as respostas por si mesmas, ou soluções definidas para as questões – o que deixaria o paciente ainda pior do que antes da luta. Mas procuramos ajudá-lo a aceitar, abarcar, abraçar e integrar o problema. Com *insight,* Carl Jung observou, certa vez, que os problemas sérios da vida não são jamais resolvidos, e caso pareça que sim, algo importante se perdeu.

Esta é a "mensagem" das três ênfases centrais desta obra: eros, o demoníaco e a intencionalidade. Como a função do eros, tanto no nosso íntimo como no próprio universo, é conduzir-nos às formas ideais, ela liberta em nós a capacidade de buscar, de permitir que sejamos dominados, a fim de preamoldar e construir o futuro.

É a capacidade autoconsciente de reagir ao que *poderia* ser. O demoníaco, aquele lado sombrio que na sociedade moderna habita os reinos subterrâneos, assim como os domínios transcendentais do eros, exige de nós integração na dimensão pessoal do consciente. A intencionalidade é uma atenção imaginativa que sublinha nossas intenções e informa nossas ações. É a capacidade de participar através do conhecimento e da realização proléptica da arte – isto é, senti-la e realizá-la na imaginação. Cada uma dessas ênfases aponta para uma dimensão mais profunda do ser humano. Exige de nós uma abertura, uma capacidade de dar e receber. E cada uma é parte inseparável do fundamento do amor e da vontade.

A nova era que bate à porta é ainda desconhecida; só pode ser vislumbrada através de vidraças embaciadas.

Temos apenas relances do novo continente para onde nos precipitamos. Tolos serão os que pretendam esquematizá-lo, tolos os que tentarem predizê-lo e absurdos os que irresponsavelmente procurarem recusá-lo, dizendo que "o novo homem gostará de seu novo mundo como nós gostamos do nosso". Existe bastante evidência de que muita gente não gosta do nosso e que revoluções, violência e guerras são necessárias para forçar os poderosos a modificá-lo. Mas, seja qual for o novo mundo, não o recusaremos. Nossa responsabilidade é descobrir um plano mental a ele adequado e preencher com sentido humano o amplo vazio impessoal da nossa tecnologia.

A urgente precisão desta mentalidade é notada por pessoas sensíveis em todos os setores e torna-se particularmente verdadeira graça à nova atitude no relacionamento inter-racial, demonstrando que viveremos se transcendermos as diferenças raciais e morreremos em caso contrário. Citando James Baldwin: "Se nós – refiro-me aos brancos e negros relativamente conscientes, *que devem, como os amantes, insistir em, ou criar, a mentalidade de outrem* – não vacilarmos agora em cumprir o dever, talvez consigamos, mesmo sendo apenas um punhado, acabar com o pesadelo racial e transformar a história do mundo. Se não ousarmos tudo agora, a realização daquela profecia, recriada da Bíblia por um escravo, numa canção, descerá sobre nós: "Deus deu a Noé o arco-íris. Não haverá água e sim fogo, da próxima vez"[1].

---

1. James Baldwin, *The Fire Next Time*.

Amor e vontade são formas de comunhão mental. São também afetos – maneiras de *afetar* a outrem e ao mundo. O jogo de palavras não é acidental: pois afeto, significando afeição e emoção, é o mesmo vocábulo usado para *efetuar* uma mudança. Afeto ou afeição é também a maneira de realizar, fazer, formar alguma coisa. Tanto o amor como a vontade são maneiras de criar a mente alheia. É certo que se pode abusar de um ou de outro: o amor pode ser usado como uma maneira de agarrar-se a alguém, e a vontade como um modo de manipular os outros para forçar uma aquiescência. É possível que alguns traços do amor sufocante e da manipulação se revelem no comportamento de todos nós. A carência, tanto do amor como da vontade, termina em separação, num distanciamento entre as pessoas; e, com o tempo, na apatia.

O amor pessoal

Na adoção e transformação das antinomias do amor e da vontade descobrimos que o amor sexual age através do *impulso,* até a *necessidade* e o *desejo.* Freud começou concebendo o sexo como um impulso, um empurrão do passado, um conjunto de energias armazenadas. Este conceito é em grande parte proveniente do fato de serem seus pacientes vítimas do recalque vitoriano. Mas sabemos agora que o amor sexual pode partir do impulso, através da necessidade primária, para o desejo. Como um *impulso,* a sexualidade é essencialmente biológica, tem o caráter de força e é fisiologicamente insistente. A *necessi-*

dade é uma forma menos imperiosa do impulso. Reuniremos aqui os dois como *necessidades,* contrastando-os com o *desejo.*

A necessidade é fisiológica na origem, mas torna-se imperiosa por causa do constante estímulo da sexualidade que nos rodeia por todos os lados. O desejo, pelo contrário, é psicológico e resulta mais da experiência humana (no sentido totalmente organísmico) que da psicológica. A primeira é uma economia de escassez; o segundo é uma economia de abundância. A necessidade nos impele de trás para a frente – tentamos voltar a alguma coisa, proteger algo, e somos então *impelidos* por essa necessidade. O desejo, por outro lado, nos impele a novas possibilidades. A necessidade é negativa, o desejo positivo. É claro que se o amor sexual, ou o sexo específico, não for gratificado quando a pessoa se encontra em constante estado de estímulo durante um certo período de tempo, ele reverterá ao *status* anterior, como necessidade compulsiva e poderá tornar-se então um impulso.

Encontramos, em fontes onde menos esperaríamos, impressionante evidência de que mesmo em planos infra-humanos o sexo não é a necessidade primária que julgávamos fosse. Na extensa obra de Harry Harlow sobre o macaco rhesus fica patente que a necessidade de contato e relação do animal vem antes do "impulso" para o sexo. O mesmo é exato nas experiências de Masserman com macacos, onde o sexo revela não ser o impulso primário avassalador. Não há dúvida de que é uma necessidade primária da raça, cuja sobrevivência biológica dela depende. Mas como o nosso mundo está cada vez menos preso às exigências dessa espécie de sobrevivência biológica – na verdade, nossa ameaça é a superpopulação – e cada vez mais aberto à evolução de valores e opções humanas, descobrimos que esta ênfase não é construtiva e que o indivíduo não depende da sexualidade como necessidade primária.

É na passagem do impulso para o desejo que vemos a evolução *humana* e encontramos o amor pessoal. Se o amor fosse simples *necessidade* não se tornaria pessoal, e não incluiria a vontade: opções e outros aspectos da liberdade autoconsciente entrariam em questão. A pessoa se limitaria a satisfazer a necessidade. Mas o amor sexual se torna *desejo,* envolvendo a vontade; escolhe-se a mulher, fica-se cônscio do ato amoroso e a maneira como é realizado torna-se questão de crescente importância. O amor e a vontade unem-se como tarefa e realização. Para o ser humano, a mais poderosa necessidade não é o sexo em si, e sim o relacionamento, a intimidade, a aceitação e a afirmação.

É neste ponto que o fato de existirem homens e mulheres – a polaridade do amor – torna-se ontologicamente necessário. A crescente experiência pessoal acompanha a crescente conscientização; e esta é uma polaridade, uma opção, um "sim" a isto e um "não" àquilo. É por isso que em capítulo anterior referimo-nos à polaridade negativo-positiva das teorias tanto de Whitehead como de Tillich. O paradoxo do amor é ser o mais alto grau de percepção do *self* como pessoa e o mais alto grau de absorção pelo outro. Pierre Teilhard de Chardin escreve em *O fenômeno humano**: "Em que momento os amantes entram na completa posse de *si mesmos* senão quando *se perdem* um no outro?"[2]

A polaridade ontologicamente revelada no processo da natureza revela-se também no ser humano. O dia se transforma em noite e da escuridão nasce um novo dia: ying e yang são inseparáveis e sempre presentes em oscilação; eu expiro e inspiro. A sístole e a diástole do meu coração ecoam esta polaridade no universo; não é simples poesia dizer que o pulsar do universo, o que constitui sua vida, está refletido no pulsar do coração humano. O ritmo contínuo de cada momento da existência no universo natural está refletido na circulação sanguínea de cada ser humano.

O fato de ser pessoal o amor revela-se no próprio ato amoroso. O homem é a única criatura que faz amor *de frente,* que copula *olhando* para o parceiro. Sim, podemos voltar a cabeça, ou assumir outras posições, mas trata-se de variações sobre o mesmo tema – amar voltado um para o outro. Isto deixa em aberto toda a face anterior da pessoa – os seios, o tórax, o estômago, todas as partes mais tenras e vulneráveis – e também a bondade ou a crueldade do parceiro. O homem pode ver assim nos olhos da mulher as

---

* Cultrix, 1988.

2. Citação de Dan Sullivan em "Sexo e a Pessoa", *Commonweal,* 22 de julho de 1966, p. 641.

nuances de gozo ou espanto, o temor ou o *Angst*; é a postura do desnudamento extremo de si mesmo.

Isso assinala o surgir do homem como criatura psicológica: é a passagem do animal ao homem. Até os macacos copulam por trás. As consequências desta transformação são na verdade muito grandes. Não apenas marcam o ato amoroso como irrevogavelmente *pessoal,* com todas as suas consequências, sendo uma delas que os amantes podem se falar, se quiserem, como acentua a sensação de intimidade na entrega da nossa face mais "íntima" na experiência sexual. Os dois acordes do ato amoroso – a sensação pessoal e a experiência com o parceiro – fundem-se temporariamente. Sentimos o prazer e a paixão e, fitando os olhos do parceiro, lemos o sentido do ato, sem poder distinguir uma da outra as duas paixões. Mas o olhar vibra de intensidade, trazendo um aprofundamento da consciência do relacionamento. Sentimos o que estamos fazendo – que talvez seja brincadeira, exploração, partilhar de sensualidade, amor, em qualquer de suas formas. Mas pelo menos a norma estabelecida por esta posição é pessoal. Será preciso bloquear alguma coisa, fazer algum esforço para tornar o ato *impessoal.* Isto é ontologia na área psicológica: a capacidade de autorrelacionamento constitui o gênero *Homo sapiens.*

O vocábulo banal "relação" é erguido a um plano ontológico nesse ato que nada tem de banal, e no qual macho e fêmea recriam sua contraparte no milenar processo cósmico, virginalmente e com surpresa a cada vez, como se fosse a primeira. Quando Pitágoras fala na música das estrelas refere-se a uma melodia cujo obligato está no ato fundamental do amor sexual.

Um dos resultados desse aspecto pessoal do amor sexual é a variedade. Consideremos, por analogia, a música de Mozart. Em determinadas partes é elegante, em outras é puro prazer sensual, proporcionando verdadeiro gozo. Mas em outras ainda, como no trecho fúnebre ao final do Don Giovanni, ou num dos seus quintetos, Mozart nos abala profundamente: o destino e os elementos demoníacos, a inevitável tragédia, erguem-se diante de nós. Se ele possuísse unicamente o primeiro elemento, este rápido se tornaria banal e enfadonho. Se apresentasse apenas pura sensualidade, seria pegajoso; ou somente o fogo e a música fúnebre, suas criações seriam demasiado pesadas. Mozart é grande porque escreveu nas três dimensões e deve ser ouvido nas três ao mesmo tempo.

O amor sexual não pode também ser apenas brincadeira, mas é provável que um elemento de puro brinquedo deva estar regularmente presente. Graças a esse toque, as relações casuais podem proporcionar gratificação ou sentido no partilhar do prazer e da ternura. Mas se todo o padrão e atitude em relação ao sexo forem apenas casuais, mais cedo ou mais tarde a própria brincadeira se tornará tediosa. O mesmo é exato da sensualidade, obviamente elemento de qualquer amor sexual satisfatório: se for obrigado a carregar toda a carga do relacionamento tornar-se-á pesado. Se o sexo for apenas sensualidade, mais cedo ou mais tarde a pessoa se voltará contra ele. O elemento demoníaco e trágico emprestam profundidade à memorável qualidade do amor, tal como na música de Mozart.

Aspectos do ato amoroso

Façamos um resumo de como o ato amoroso contribui para o aprofundamento do consciente. Primeiro, existe a ternura, que vem da percepção das necessidades e desejos do outro e das nuanças de seus sentimentos. A ternura emerge do fato de duas pessoas ansiosas, como acontece a todos os indivíduos, para vencer a solidão e o isolamento a que somos todos condenados juntamente por sermos indivíduos, poderem partilhar de um relacionamento que, no momento, não é o de dois seres isolados e sim uma união. Nesse ato amoroso, o amante muitas vezes é incapaz de dizer se determinada sensação de gozo é sentida por ele ou pela amada – e também não faz diferença. Ocorre um partilhar que é um novo *Gestalt,* um novo campo de força magnética, um novo ser.

O segundo aspecto do aprofundamento do consciente é a afirmação do *self* no ato amoroso. Apesar de muita gente, em nossa cultura, se utilizar do sexo para obter uma identidade rápida, *Ersatz,* o ato amoroso pode e deve proporcionar um caminho sólido e significativo ao sentimento de identidade pessoal. Normalmente saímos com renovado vigor, uma vitalidade que não advém do triunfo, ou prova da própria força e sim de uma expansão da percepção.

No ato amoroso existe sempre algum elemento de tristeza – para prolongar uma analogia sugerida em capítulo anterior – assim como existe em praticamente tudo que é música, por mais alegre que seja (precisamente porque não dura: ou nós a ouvimos naquele instante, ou estará perdida para sempre). Essa tristeza resulta da lembrança de que não conseguimos perder totalmente o nosso isolamento; e de que a esperança infantil de podermos voltar ao seio materno jamais se tornará realidade. Até nossa crescente autopercepção pode ser um pungente lembrete de que nenhum de nós jamais consegue vencer totalmente a solidão. Mas, graças ao renovado senso de importância pessoal obtido no próprio ato amoroso, podemos aceitar estas limitações que nos são impostas pela finitude humana.

Isso nos conduz imediatamente ao terceiro aspecto, o enriquecimento e a realização – na medida do possível – da personalidade. Começando com a ampliação da percepção do nosso próprio ser e sentimentos, consiste em sentir nossa capacidade de proporcionar prazer à outra pessoa e assim alcançar uma expansão no senso do relacionamento. Somos arrebatados para além de onde nos encontrávamos e em determinado momento tornamo-nos literalmente mais do que éramos. O mais poderoso símbolo imaginável para esta *procriação* é o fato de que um novo ser pode ser então concebido e nascer. Por novo refiro-me não só ao "nascimento" literal, como também ao nascimento de um outro aspecto da própria pessoa. Parcial ou literalmente metafórico, permanece o fato de que o ato amoroso distingue-se por ser procriativo; e, casual ou efêmero, fiel ou duradouro, esse é o símbolo básico da criatividade do amor.

O quarto aspecto do novo consciente reside no estranho fenômeno de que ser capaz de dar ao companheiro no ato amoroso é essencial ao próprio prazer total no ato. Isso parece banal moralismo em nossa era de mecanização do sexo e ênfase no "alívio de tensão" por meio de objetos sexuais. Mas não é sentimentalismo e sim um ponto que qualquer pessoa pode confirmar em sua experiência do ato amoroso – dar é essencial ao próprio prazer. Muitos pacientes em psicoterapia descobrem, em geral com alguma surpresa, que há uma falta quando não podem "fazer alguma coisa", dar algo ao parceiro – cuja expressão normal é a doação na própria relação sexual. Assim como doar é essencial à plena gratificação, o talento de receber é necessário também ao relacionamento amoroso. Se a pessoa não sabe receber, sua doação será o domínio do parceiro. Pelo contrário, se não souber doar, receber a deixará vazia. O paradoxo pode ser provado – a pessoa que só sabe receber torna-se vazia, pois é incapaz de apossar-se ativamente, tornando seu o que recebe. Falamos, assim, não de receber como um fenômeno passivo, e sim de *receber ativamente:* sabe-se que se está recebendo, sente-se, absorve-se esse conhecimento na própria existência, reconheça-o verbalmente ou não, e se é grato por isso.

Um corolário é o estranho fenômeno em psicoterapia: quando o paciente sente alguma emoção – erotismo, ira, alienação ou hostilidade – o terapeuta normalmente acaba sentindo o mesmo. Isto está inerente ao fato de que quando uma relação é genuína, ambos partilham por empatia de um domínio comum de emoção, o que conduz ao fato de na vida diária tendermos normalmente a nos apaixonar por aqueles que nos amam. O significado de "fazer a corte" e "conquistar" reside justamente nisso. O grande *élan* para amar alguém resulta precisamente do fato de que aquela pessoa nos ama. Paixão desperta paixão.

Sei bem de todas as objeções que muita gente levantará ao que acabo de dizer. A primeira é que muitas vezes se sente repulsa por quem se ama. Outra é que a minha afirmativa não leva em conta todas as motivações do que se é impelido a *fazer* pela pessoa amada e que empresta demasiada relevância à passividade. À primeira objeção respondo que é a prova contrária de minha afirmativa: habitamos um *Gestalt* com a pessoa que nos ama e para proteger-nos de sua emoção, provavelmente com boas razões, reagimos com a repulsa. A segunda objeção é uma simples anotação ao que estou afirmando – isto é, que se alguém nos ama fará as muitas coisas necessárias para demonstrar-nos seus sentimentos: as ações não são a causa, mas fazem parte do quadro total. E a terceira objeção será feita somente por pessoas que separam passivo e ativo e que não aceitam nem compreendem o receber ativo. Como todos sabemos, a experiência amorosa é cheia de ardis, desapontamentos e ocorrências traumáticas para a maioria. Mas nem todas as armadilhas do mundo anulam o fato de que determinado afeto dirigido a uma pessoa provoca uma reação, positiva ou negativa. Citando novamente Baldwin, somos "como amantes que insistem, ou criam, o consciente nos outros". Daí que *fazer* amor (sem que o verbo seja nem manipulativo, nem acidental) é o mais poderoso incentivo a uma emoção recíproca.

Para terminar, existe a forma de consciente que ocorre idealmente no momento do clímax da relação sexual. É o ponto em que os amantes são arrebatados para além do isolamento pessoal e ocorre uma alteração no consciente, que ambos sentem como uma união com a própria natureza. Existe um aceleramento na experiência tátil, contato e união, até o ponto em que, por um instante, se perde a sensação de separação, apagada por um sentimento de união cósmica com a natureza. No romance de Hemingway, *Por quem os sinos dobram*, a velha Pilar fica à espera do herói e da jovem que saem para se amar na montanha; e quando regressam pergunta: "A terra estremeceu?" Isto parece ser parte normal da momentânea perda da consciência de si mesmo e do aparecimento de um súbito consciente, que inclui a terra. Não quero que minhas palavras soem demasiado "ideais", pois creio que isso é uma qualidade, embora sutil, de todo ato amoroso, exceto o de tipo mais despersonalizado. Nem desejo parecer "místico", pois apesar das limitações do nosso consciente, creio que isto é parte inseparável da verdadeira experiência amorosa.

Criação do consciente

O amor nos impele a esta nova dimensão de consciência porque se baseia na experiência original do "nós". Contrário à convicção geral, iniciamos a vida não como indivíduos, mas como uma dupla; somos criados pela união de macho e fêmea, literalmente uma só carne, produzida pelo sêmen do pai fertilizando o óvulo materno. A individualidade surge *dentro* e em virtude desse "nós" original. É verdade que ninguém se concretizaria se, mais cedo ou mais tarde, não se tornasse um indivíduo, não afirmasse a própria identidade diante de pai e mãe. A consciência individual é para isso essencial. Embora não comecemos como seres independentes, é necessário – uma vez que perdemos a liberdade primária, o Jardim do Éden, no seio de nossa mãe – sermos capazes de afirmar a nossa individualidade quando o paraíso desmorona e surge o esboço de um homem. Como o "nós" é *organicamente* original, o "eu" é o original no *consciente* humano. Este indivíduo é um homem porque sabe aceitar o desmoronamento da primeira liberdade, por penoso que seja, e afirmá-la e começar a peregrinação em direção à plena consciência. O "nós" original é sempre um pano de fundo contra o qual conduzimos a peregrinação. Segundo W. H. Auden:

> Seja qual for nossa opinião precisamos saber
> Porque todo amante deseja tornar
> Só seu um outro ser:
> Talvez de fato nunca estejamos sozinhos[3].

---

3. W. H. Auden, *Collected Shorter Poems* (Nova York, Random House, 1967).

Dissemos que o sexo salva-se da autodestruição pelo eros, e que tal é a sua condição normal. Mas o eros não pode viver sem *philia,* o amor fraterno e a amizade. A tensão da contínua atração e paixão seriam insuportáveis se durassem eternamente. *Philia* é o repouso na presença da pessoa amada, que aceita o outro como um ser; é simplesmente gostar de estar com o outro, de repousar com ele, do ritmo do seu andar, da sua voz, de toda a sua pessoa. Isso empresta amplitude ao eros, dá-lhe tempo para crescer, tempo para aprofundar as raízes. *Philia* não exige que façamos nada pelo amado, a não ser aceitá-lo, estar com ele e gozar de sua presença. É a amizade nos termos mais simples e diretos. É por isso que Paul Tillich dá tanta importância à aceitação e à habilidade – estranha perda do homem moderno que isto soe estranho – *a aceitar a aceitação*[4]. Somos homens independentes que, levando às vezes demasiado a sério nossa capacidade, agimos e reagimos continuamente, inconscientes de que muito do valor da vida surge apenas quando não forçamos, chegamos de mansinho, não empurramos nem exigimos; não resulta de um impulso de trás para a frente, ou de uma atração em sentido contrário, mas emerge silenciosamente do simples fato de se estar juntos. É a isso que Matthew Arnold se refere nestas linhas:

> Somente – mas é raro –
> Quando a mão amada pousa sobre a nossa,
> Quando, abalados pela correria, ofuscados

4. Tillich, *The Courage to Be,* cap. 6.

Pelas horas intermináveis
Nossos olhos podem ler claro em outros olhos,
Quando os ouvidos ensurdecidos pelo mundo
São pela voz amada acariciados –
Uma porta se abre em nosso peito,
E uma perdida pulsação de novo se faz sentir;
A vista volta-se para dentro, e o coração jaz quieto,
E o que sentimos, dizemos, e o que queremos, sabemos.
O homem toma consciência do fluir de sua vida[5].

É por isso que Harry Stack Sullivan dava tanta importância ao período da "camaradagem" no desenvolvimento humano. Esse período se prolonga por vários anos, dos 8 aos 12, antes que o funcionamento heterossexual do menino ou da menina comece a amadurecer. É o tempo da amizade autêntica entre pessoas do mesmo sexo, o tempo em que os meninos vão para a escola com o braço passado pelos ombros uns dos outros, e quando as meninas se mostram inseparáveis. É o início da capacidade de gostar de alguém tanto quanto de si mesmo. Quando falta esta experiência de companheirismo forma-se um vácuo, afirma Sullivan, e a pessoa não consegue amar heterossexualmente mais tarde. Além disso, Sullivan acreditava que a criança é incapaz de amar alguém *antes* desse período; e afirma que se for forçada a isso *agirá* como se amasse, mas será fingimento. Seja ou não aceita a ideia em sua forma mais extrema, sua importância permanece bastante clara.

---

5. *The Buried Life*, linhas 77-89.

Uma confirmação da importância da *philia* são as experiências de Harry Harlow com os macacos rhesus[6]. Os macacos de Harlow, a quem não se permitiu travar amizades na infância, que nunca aprenderam a brincar com "amigos", de todas as maneiras livres e não sexuais, foram os que mais tarde não conseguiram funcionar adequadamente no setor sexual. O período de brincadeira com seus iguais é, em outras palavras, um pré-requisito essencial ao aprendizado da atração sexual e reação ao sexo oposto, mais tarde. Em seu artigo, Harlow diz: "Acreditamos que o papel da afeição na socialização dos primatas só possa ser compreendido concebendo-se o amor como uma diversidade de sistemas afetivos e amorosos e não como uma única emoção".

À nossa maneira apressada, a *philia* é cultuada como um vestígio de eras passadas, quando as pessoas tinham tempo para a amizade. Vemo-nos tão assoberbados, indo do trabalho para reuniões e daí para um jantar tardio, e daí para a cama, levantando-nos cedo na manhã seguinte, que fica perdida a contribuição da *philia* às nossas vidas. Ou então nós a ligamos erroneamente à homossexualidade; os homens americanos têm um medo todo especial às amizades masculinas, pela possibilidade de conterem algum traço de homossexualidade. Mas devemos recordar pelo menos que a importância da amizade é muito grande na descoberta de nós mesmos durante o período de camaradagem e início do desenvolvimento da identidade.

---

6. Harry Harlow, "Affection in Primates", *Discovery,* Londres, Janeiro de 1966, página não numerada.

Philia, por sua vez, exige ágape. Definimos o último como a estima por outrem, a preocupação com o seu bem-estar para além de qualquer lucro que daí advenha; amor desinteressado, e tipicamente o amor de Deus pelo homem. Caridade, no sentido do Novo Testamento, teve uma tradução deficiente, mas contém os elementos da doação desinteressada. É uma analogia – embora não uma identidade – com o aspecto biológico da natureza que faz com que a gata defenda a sua ninhada, e o ser humano ame seus filhos graças a um mecanismo interior que nada tem a ver com o que o filho possa por ela fazer.

Agapé contém sempre o risco de assumir o papel da divindade. Mas trata-se de um risco que precisamos e podemos correr. Sabemos que as motivações de ser humano algum são puramente desinteressadas; que, no melhor dos casos, são uma fusão de todas essas diferentes espécies de amor. Assim como eu não gostaria que alguém me "amasse" de modo puramente platônico, sem dar atenção ao meu corpo, sem sequer saber se sou homem ou mulher, não quero também ser amado *somente* pelo meu corpo. Uma criança sente a mentira quando lhe dizem que os adultos fazem algo "só para seu bem", e todo mundo detesta que lhe digam que é amado apenas "espiritualmente".

Cada espécie de amor, porém, pressupõe cuidado, pois afirma que algo é importante. Nas relações humanas normais, cada espécie de amor contém um elemento dos outros três, por mais obscuro que seja.

O amor, a vontade e os padrões sociais

O amor e a vontade ocorrem dentro de padrões sociais. Tais padrões são os mitos e símbolos válidos naquele período. Os padrões são os canais através dos quais flui a vitalidade de uma sociedade. Conforme deve saber qualquer pessoa que tenha tentado escrever um soneto, idealmente a forma não anula a criatividade e sim a ela acrescenta. E a atual revolta contra os padrões prova somente o contrário: em nossa era de transição caçamos, exploramos, buscamos e lutamos por afirmar o que quer que encontremos através de novas formas. Numa comparação doméstica, Duke Ellington conta que ao compor uma música precisa ter em mente que seu trombetista não alcança com segurança as notas muito agudas, enquanto que o trombonista é nelas excelente; e compondo com tais limitações, observa: "É bom ter limites". Não só com a libido e eros, como também com todas as outras formas de amor, a plena satisfação significa a morte do ser humano; o amor esgota-se com a morte dos amantes. Faz parte da natureza da criatividade necessitar uma forma para sua força criadora; o obstáculo tem assim uma função positiva.

Esses padrões sociais são modelados e apresentados em primeiro lugar pelos artistas. São eles que nos ensinam a ver, que desbravam terreno, ampliando o nosso consciente, apontando as novas direções da experiência que nos faltou em determinado período. É por isso que contemplar uma obra de arte constitui uma súbita experiência de autorreconhecimento. Giotto, precursor daquele notável renascimento da percepção conhecido como Renascença, viu a natureza sob uma nova perspectiva e, pela primeira vez, pintou pedras e árvores num espaço tridimensional. Esse espaço existiu sempre, mas não era visto por causa da preocupação do homem medieval com o seu relacionamento vertical com a eternidade, refletido nos mosaicos bidimensionais. Giotto ampliou a mente humana porque sua perspectiva, para ser vista, exigia um indivíduo de pé, em determinado ponto. O indivíduo não tinha importância; a eternidade deixara de ser o critério, passando este a ser a própria experiência do indivíduo e sua capacidade de contemplar. A arte de Giotto era um prenúncio do individualismo da Renascença, que desabrocharia cem anos mais tarde.

A nova visão de espaço imaginada por Giotto foi fundamental para as explorações geográficas de oceanos e continentes, feitas por Magalhães e Colombo, que modificaram a relação do homem com o seu mundo, e para as explorações astronômicas de Galileu e Copérnico, que modificaram a relação do homem com os céus. Essas novas descobertas espaciais resultaram numa radical alteração da imagem que o homem tinha de si mesmo. A nossa não é a primeira era a defrontar-se com a solidão resultante da descoberta de novas dimensões do espaço exterior e exigindo similarmente novas dimensões à mente humana. A transformação psicológica e a solidão espiritual desse período foram expressas pelo poeta John Donne:

> E livremente os homens confessaram que este mundo está acabado,
> Quando nos planetas e no firmamento
> Procuram tanta coisa nova...
> "Tudo despedaçado, foi-se toda a coerência;
> Tudo é apenas suprir e tudo relação:
> Príncipe, súdito, pai, filho são coisas esquecidas,
> Pois cada homem sozinho julga
> Que precisa ser um fênix..."[7]

A solidão foi também expressa pela doutrina das mônadas isoladas, sem portas nem janelas por onde se possam comunicar, do filósofo Leibniez. E pelo cientista Pascal:

> Contemplando a cegueira e a miséria humanas, vendo emudecido todo o universo e o homem sem luz, abandonado a si mesmo, por assim dizer à deriva neste canto do universo, sem saber quem aqui o colocou, para que aqui se encontra, ou o que será dele quando morrer, incapaz de qualquer conhecimento, começo a tremer, como alguém que foi arrebatado durante o sono para uma ilha deserta e que despertará sem saber onde está e sem qualquer meio de deixar a ilha[8].

Mas exatamente como esses homens foram capazes de encontrar novos planos mentais que, de certo modo, preenchem os novos reservatórios do espaço, em nossa era uma modificação semelhante torna-se necessária.

---

7. John Donne. "O Primeiro Aniversário: Uma Anatomia do Mundo", *The Complete Poetry of John Donne,* ed. John T. Shawcross (Nova York, Doubleday & Co. Anchor Books, 1967), p. 278, linhas 209-217.

8. Blaise Pascal, *Pensies,* ed. e tradução de O. B. Rawilngs (Mount Vernon, N. Y., The Peter Pauper Press, 1946), p. 7.

Cézanne, em princípios do nosso século, viu e pintou o espaço de maneira nova, sem perspectiva, mas com uma espontânea totalidade, uma imediata apreensão da forma no espaço. Pintou o *ser* no espaço, em lugar de suas *medidas.* Quando olhamos as pedras e montanhas de suas telas não pensamos "Esta montanha está atrás daquela árvore", mas apreendemos o todo imediato que é místico, pois abarca o próximo e o distante, o passado e o presente, o consciente e o inconsciente, numa imediata totalidade de nosso relacionamento com o mundo. Na verdade, fiquei recentemente intrigado ao observar, quando contemplava em Londres um dos óleos de Cézanne, *Le Lac d'Annecy* (eu nunca o vira anteriormente), que ele deu pinceladas da montanha *sobre* a árvore, em completa contradição com o fato literal de que a montanha, conforme a contemplamos, fica a vários quilômetros de distância. Para Cézanne, as formas não se encontram diante de nós, itens compartimentalizados para serem somados, mas são uma presença que se apodera de nós. O mesmo ocorre com os seus retratos – a pessoa nos é apresentada não como um rosto com testa, ouvidos e nariz, mas como uma presença. A eloquência dessa presença empobrece nossa ingênua escravização ao literal e nos revela mais verdades sobre o ser humano do que o realismo. O ponto significativo é que *exige nossa participação no próprio quadro, como se a pintura nos falasse.*

Em Cézanne vemos este novo mundo de espaços e pedras e árvores e rostos. Ele nos conta que o *velho* mundo da mecânica acabou e devemos contemplar e viver em um *novo* mundo espacial. Isto é evidente mesmo em suas maçãs e pêssegos, aparentemente banais, jogados sobre a mesa. Nos meus tempos de universidade costumava ir às aulas atravessando o campus sob elevados olmos, cujo tamanho e força eu admirava. Hoje em dia caminho para meu escritório sob os olmos de Riverside Drive. Entre os dois vi e aprendi a amar os olmos de Cézanne em sua grandeza arquitetural e o que vejo agora todas as manhãs – ou antes, sinto – é totalmente diferente do que sentia no tempo de universitário. Agora as árvores fazem parte de um movimento musical de formas, que nada tem a ver com as suas dimensões literais. As formas brancas e triangulares do céu são tão importantes como os troncos das árvores que lhes dão forma; a pura energia suspensa no ar nada tem a ver com o tamanho, mas consiste nas linhas que os ramos bloqueiam no cinza azulado do Rio Hudson.

O novo mundo revelado por Cézanne é caracterizado por uma transcendência de causa e efeito. Não existe relacionamento linear no sentido de que "A" produz "B", que produz "C"; todos os aspectos das formas nascem simultaneamente de nossa visão – ou não nascem absolutamente. Isso demonstra a nova forma que a vontade assume hoje. A pintura é mística, não literal ou realista: todas as categorias de tempo, passado, presente e futuro, consciente e inconsciente, estão incluídas. E, o que é mais importante, não posso sequer ver a pintura se me colocar totalmente fora dela; só comunica se eu dela *participar*. Não posso ver Cézanne observando suas pedras como uma nítida reprodução de rochas, mas somente contemplando-as como uma série de formas que me falam através do meu corpo, sentimentos e percepções do meu mundo. Este é o mundo que eu devo empatizar. Devo entregar-me a ele, num universo de formas básicas, onde minha vida está ancorada. Este é o desafio ao meu consciente, lançado por aquelas telas.

Mas como saberei se me tornarei a encontrar, caso me introduza na órbita das novas formas e espaços de Cézanne? Esta pergunta explica muito da raivosa, irracional e violenta oposição que muita gente experimenta em relação à arte moderna; ela destrói seu velho mundo e deve, portanto, ser odiada. Jamais conseguirão ver o universo à maneira antiga, jamais o sentirão como no passado; uma vez que a velha mentalidade foi despedaçada não existe possibilidade de ser reconstruída. Embora Cézanne, burguês que era, pareça apresentar formas vigorosas e sólidas, onde a vida se apresenta segura, não nos devemos iludir deixando de perceber que em seus quadros fala uma linguagem radicalmente diversa. Foi este grau de consciência que impeliu Van Gogh à psicose alguns anos antes e foi com isso que Nietzsche a muito custo lutou.

Os quadros de Cézanne são o oposto do "divida e vença" que caracterizou a relação do homem moderno com a natureza, depois que Bacon nos conduziu ao limiar da catástrofe. Existe em Cézanne uma afirmativa de que podemos, e devemos, *querer* e *amar* o mundo como uma totalidade imediata e espontânea. Em Cézanne e nos artistas seus iguais existe uma linguagem de mitos e símbolos que será mais adequada ao amor e à vontade nas novas condições que precisaremos enfrentar.

É a paixão do artista, de qualquer tipo de arte, comunicar o que ele sente de importância, subconsciente e inconsciente, no seu relacionamento com o mundo. "Comunicar" relaciona-se como "comunidade", e ambos, por sua vez, são caminhos para a experiência da comunhão com os semelhantes.

Amamos e queremos o mundo como uma imediata e espontânea totalidade. *Queremos* o mundo, nós o criamos por decisão nossa, nosso fiat, nossa opção; e nós o *amamos,* dispensamos-lhe afeto, energia, força para amar e nos modificar, à medida que o amoldamos e transformamos. É isto que significa estar plenamente relacionado com o próprio mundo. Não sugiro que este não exista *antes* de o amarmos ou querermos; só se pode responder a esta questão baseado nas próprias suposições e, sendo eu nativo do meio-oeste e imbuído de realismo, suponho que exista. Mas não tem realidade, nenhuma relação comigo, assim como eu não exerço sobre ele nenhum efeito; movimento-me como em sonho, vagamente, sem contato válido. Pode-se optar por excluí-lo – como fazem os novaiorquinos ao viajar no *subway* – ou optar por vê-lo, criá-lo. É neste sentido que damos à arte de Cézanne ou à Catedral de Chartres o poder de nos comover.

Que significa isto em relação à nossa vida pessoal, à qual, finalmente, agora voltamos? O microcosmo de nosso consciente é o local onde é *conhecido* o macrocosmo do universo. Ser capaz de ter consciência de si mesmo e de seu mundo é a terrível alegria, a bênção e a maldição do homem.

Pois a mente surpreende o significado de nossos atos, que de outro modo seriam absurdos. Eros, infuso no todo, chama-nos com *sua* força e a promessa de que talvez se torne a *nossa* força. E o elemento demoníaco – aquela voz tantas vezes enigmática, que é ao mesmo tempo a nossa força criadora – conduz-nos à vida se não matarmos essas experiências demoníacas, mas as aceitarmos com o senso da preciosidade do que somos e do que é a vida. A intencionalidade, que consiste no aprofundamento da percepção do próprio ser, é também nosso meio de colocar em ação o sentido apreendido pelo consciente.

Encontramo-nos no ápice mental de épocas anteriores e sua sabedoria está à nossa disposição. A história – aquele tesouro seletivo do passado que cada era transmite à seguinte – formou-nos no presente, a fim de podermos abraçar o futuro. Que importa se nossos *insights,* as novas formas que brincam nas fronteiras de nossa mente, conduzem-nos sempre à terra virginal onde, queiramos ou não, estamos em terreno confuso e estranho? A única saída fica à nossa frente e a opção jaz entre recusá-la ou afirmá-la.

Pois em todo ato de amor e vontade – e em última análise ambos estão presentes em cada ato genuíno – amoldamos simultaneamente a nós mesmos e ao nosso mundo. É o que significa abraçar o futuro.

EDITORA VOZES LTDA.
Rua Frei Luís, 100 – Centro – Cep 25689-900 – Petrópolis, RJ
Tel.: (24) 2233-9000 – E-mail: vendas@vozes.com.br